인류세의
인프라

이 저서는 2025년 대한민국 교육부와 한국연구재단의 지원을 받아 수행된 연구임
(NRF-2025S1A6B5A02003910)

인류세의 인프라

김태희 최일만 심효원 김희원 김성은 고봉준 최인호 박성우 김은주 김소영

앨피

차례

인류세의 인프라
: 환경, 행성, 디지털 미디어

|김태희 · 최일만|

금세기 초 부상한 인류세Anthropocene 담론은 인문학과 사회과학의 여러 분야에 커다란 영향을 미쳐 왔다. 인류세는 인간의 영향에 의해 지구의 지질학적 특성이 규정되는 시대로서, 특히 인간이 유발한 기후변화에서 극명하게 드러난다. 이때 행성planet이 회피할 수 없는 범주로 등장한다. 인류세 개념을 인문학적 관점에서 확장하고 특히 기후변화의 정치적이고 역사적인 의미를 분석한 디페시 차크라바르티Dipesh Chakrabarty에 따르면, 인간중심적 범주인 전구全球 · globe가 지속가능성sustainability의 문제를 제기한다면, 인간 너머의 범주인 행성은 모든 생명의 거주가능성 habitability 문제를 제기하기 때문이다.[1] 한나 아렌트Hannah Arendt가 지구

---

1   Dipesh Chakrabarthy, *One Planet, Many Worlds. The Climate Parallax*, Waltham: Brandeis University Press, 2023, pp. 1–6. globe를 Earth와 구별하기 위하여, 전자는 '전구', 후자는 '지구'로 옮긴다. 참고로 차크라바르티는 전구를 "'전체로서' 이해되는 지구the earth taken 'as a whole'"로 간주하는데, 다만 여기에서는 globe와 planet은 서로 구별하지 않는다(Dipesh Chakrabarty, "The Human Condition in the Anthropocene." *The Tanner Lectures in Human Values* 18, 2015, p. 151). 한편, 중국어 등에서 '전구'의 용례는 다음 논문의 각주 15를 참조할 것. 김원수, 〈역사들의 전구적 전환Global Turn과 새로운 세계사의 과제〉, 《서양사론》131, 2016, 55쪽.

를 "우주에서 인간이 별다른 노력 없이, 그리고 그 어떤 인공물도 없이 움직이고 숨 쉴 수 있는 거주지를 제공하는 유일한 곳"[2]으로 보았다면, 기후변화는 이러한 '인간의 조건'을 파괴한다.

이 지점에서 우리는 인프라의 문제를 제기할 필요성을 절감하고, 이때 궁극적으로 행성을 인프라로 사유할 가능성이 제기된다. 차크라바르티에 따르면, 전구는 "인간에 의해 만들어진 것", 즉 "제국주의, 자본, 그리고 기술의 작업"이다.[3] 그러나 인프라를 인간 삶을 가능케 하는 모든 구조를 뜻하는 것으로 폭넓게 이해한다면, 그리고 인프라가 "인간적인 것과 물질적인 것의 안이한 분리를 거부하는 개념적 곤경의 장소"[4]라면, 인간에 의해 만들어진 개별 시설과 구조들을 넘어 행성 자체를 인프라로 재개념화할 수 있을 것이다. 그리하여 인간에 의해 만들어진 지질학적 시대로서 인류세에 관한 사유는 인간/물질, 자연/문화, 환경/인프라의 이분법을 문제 삼음으로써, 곧 환경Umwelt으로서의 지구를 인프라로서의 행성으로 재사유할 가능성을 제기하는 것이다.

한편으로 인프라는 인류세의 도래를 알리는 가장 강력한 물질적 증거다. 인프라는 인류세를 초래한 핵심 원인이기 때문이다. 인프라 구축 과정에서 막대한 양의 화석연료가 사용되고 자원이 고갈되며, 이는 기후변화와 생태계 파괴를 가속했다. 인프라는 인간의 이동과 물질의 흐름을 가능하게 하지만, 동시에 지구온난화, 생물다양성 손실, 각종 오염 등 지구 시스템 전반에 걸친 광범위한 교란을 일으킨 것이다. 또한 인간

---

2 한나 아렌트, 《인간의 조건》, 이진우 옮김, 한길사, 2020, 78쪽.

3 Dipesh Chakrabarthy, *One Planet*, p. 4.

4 Hannah Appel, Nikhil Anand, and Akhil Gupta, "Introduction: Temporality, Politics, and the Promise of Infrastructure," *The Promise of Infrastructure*, Duke University Press, 2018. p. 27.

이 건설한 방대한 인프라는 콘크리트, 철, 플라스틱과 같은 인공적 물질로 이루어져 있어서 지질층에 인류세의 명백한 흔적으로 남을 것이다. 그뿐 아니라, 인류세에는 인프라의 손상과 노후화가 가속화되고 이를 통하여 지역적이고 지구적인 스케일에서 인류세의 문제가 다시 심화되는 악순환이 일어나므로, "인프라의 성공적 작동이 인간의 '불안정한 삶'을 결정하는 요인으로 간주되든, '인프라의 실패'가 그와 같은 '불안정한 삶'의 원인으로 지목되든, 결국 문제는 인프라"[5]라는 도저한 인식에 도달한다. 기후변화와 같이 "오랜 기간에 걸쳐 광범위하게 일어나는 폭력은 비가시적"이고 "구조적"이므로,[6] 어떤 의미에서는 이러한 기후변화의 폭력 자체가 인류세의 (비가시적이고 구조적인) 인프라라고 간주될 수 있다. 이것이 "인프라 폭력infrastructural violence"[7]이라는 표현의 또 다른 의미이다.

다른 한편 인프라는 인류세의 위기에 대응하기 위한 해결책을 모색하는 중요한 장소이기도 하다. "'불타는 지구'에 동승한 공동 운명의 절멸 상태에서 탈출할 수 있는 '집합적 생존'의 거시적 방책을 찾으려" 하는 "인류세 관점"[8]은 인류세를 야기하는 인프라에 주목하는 '인프라로의 전환infrastructural turn'을 강제한다. 따라서 지구를 착취하는 인프라 실

---

5   Jinhyoung Lee, "Infrastructure Humanities and Infrastructural Text Studies," *International Journal of Diaspora & Cultural Criticism* 15-2, 2025, p. 107.

6   박범순, 〈인류세 시대, 역사의 천사〉, 《에피》 20, 2022, 297쪽.

7   '인프라 폭력'을 (의도적·비의도적으로 폭력적으로 설계된 인프라에 의한) 능동적 폭력과 (인프라의 한계와 누락에서 비롯한) 수동적 폭력으로 구별한다면(Dennis Rodgers, and Bruce O'neill, "Infrastructural Violence: Introduction to the Special Issue," *Ethnography* 13-4, 2012, p. 407), 기후변화는 일종의 (비의도적인) 능동적 인프라 폭력으로 재개념화할 수 있을 것이다.

8   이광석, 〈'탈'인류세의 기후 생태 정치학을 위하여〉, 《문화과학》 109, 2022, 48쪽.

천에서 벗어나, 생태-환경적 시각을 반영한 새로운 인프라 구축이 요구된다는 깨달음에 이르게 된다. 이러한 깨달음을 얻기 위해서는 비가시적 인프라의 가시화 혹은 '인프라 반전infrastructural inversion'[9]이 선행되어야 하지만, 권력이 인프라의 가시성을 통제하고자 한다는 점을 고려하면[10] 이러한 가시화 자체가 정치적 성격을 지닌다.[11]

또한 인프라는 인간과 비인간의 생활세계와 정치 체계 등이 복잡하게 얽혀 있는 공간으로서, 인류세라는 새로운 시대에 인간, 비인간(자연), 기술 시스템 간의 새로운 관계를 사유하고 재정립하는 데 중요한 역할을 할 수 있다. 기후변화와 같은 사건들은 "인간의 문명적 행위들에 대해 비인간 행위주체들이 자신들의 응답-능력response-ability으로 답하는 사건들"[12]이기 때문이다. 그러므로 인류세에는 인간중심주의를 넘어 여러 규모scale를 횡단하는 사유가 요청된다. "깊은 시간과 공간deep time and space의 규모들"을 사유할 뿐 아니라 "미생물, 미소동물, 꽃가루를 나르거나 질병을 일으키는 작은 곤충", "아원자 입자가 방출하는 에너지", "극미량의 유독 화학물질이 건강에 미치는 영향", "지구 대기 구성의 사

---

9   Geoffrey C. Bowker, *Science on the Run: Information Management and Industrial Geophysics at Schlumberger, 1920–1940*, Cambridge, MA: MIT Press, 1994, p. 113.

10 Adam Rothstein, "How to See Infrastructure: A Guide for Seven Billion Primates," *Rhizome*, July 2, 2015. https://rhizome.org/editorial/2015/jul/02/how-see-infrastructure-guide-seven-billion-primate/

11 인프라의 비가시성을 인프라 자체가 지닌 속성이라기보다 인프라를 보고 겪는 패턴이 습관화된 결과라고 이해한다면, 이러한 인프라의 가시화 혹은 인프라 반전은 일종의 '탈습관화defamiliarization'라고 할 수 있다. Katalin Schober, "Afrofuturist Infrastructure as Allegory: Picturing Sustainability in Wanuri Kahiu's Pumzi," *Rethinking Infrastructure Across the Humanities*, transcript Verlag, 2023, p. 239.

12 박일준, 〈실패의 정치·신학 – 인류세 시대의 실패에 대한 종교철학적 성찰〉, 《인문과학》 130, 2024, 58쪽.

소해 보이는 변화" 등에도 주목해야 하는 것이다.[13]

"탄소 근대carbon modernity가 인간의 특정한 존재 방식에 연료를 제공한다는 미명하에 죽음을 가져오는 일이 가속화되고 있다"는 사실을 직시한다면, 우리는 "근본적으로 인간중심적인 사유와 행위가 남긴 유독한 유산"을 인프라에서 발견할 수 있다.[14] 따라서 인문학과 사회과학에서 인프라로의 전환은 "그보다 넓은 반反인간중심주의로의 전환anti-anthropocentric turn의 부분"[15]으로 볼 수 있다.

화석연료와 밀접하게 연관된 인류세는 우리가 이 (인프라) 네트워크의 시간성에 관심을 기울이게 한다. 즉, 다른 연료원으로의 개장改裝이나 전환이 필요한 상황에서 일어나는 심각한 관성에 관심을 기울일 뿐 아니라, 물론 유정, 파이프라인, 유조선 자체보다 오래 살아남을 모든 연소 생성물의 대기 중 여생餘生에도 관심을 기울이게 하는 것이다. 인프라의 시간성을 사유함으로써 우리는 인간 너머의 다른 사유 방식으로 이끌려 간다. 그러한 사유 방식은 다른 시간 규모들, 즉 인간의 생명으로 규모가 (하향) 조정되지 않는 시간들을 지니며, 오로지 이러한 생명들로부터 의미를 도출한다. 인간을 탈중심화하는 것은 부분적으로는 다른 시간 범위

---

13 Lynn Keller, *Recomposing Ecopoetics: North American Poetry of the Self-Conscious Anthropocene*, Charlottesville: University of Virginia Press, 2017, p. 32. 가령 인프라 부산물infrastructure byproduct로서 자동차 타이어에서 나오는 화학물질이 하천의 연어에게 미치는 유독한 영향에 주목하면, 일종의 "규모 변환scalar shift"을 통하여 여러 규모의 얽힘을 확인할 수 있다(Aaron Pinnix, "The Dangers of Infrastructure Byproducts and What We Can Learn From Muriel Rukeyser's 'The Book of the Dead'," *Rethinking Infrastructure Across the Humanities*, transcript Verlag, 2023, p. 227.

14 Dominic Boyer, "Infrastructure, Potential Energy, Revolution," *The Promise of Infrastructure*, Duke University Press, 2018. p. 226.

15 Appel et. al., "Introduction", p. 6.

에 대해, 즉 행성의 생명을 형성하는 다른 사물들의 수명에 대해 사유하는 것인데, 인프라는 그러한 재사유의 중요한 요소 중 하나이다.[16]

총서《인류세의 인프라》는 인간이 환경으로서의 지구 자체를 인프라로 전유해 온 과정을 인류세를 둘러싼 담론들을 중심으로 탐구하고, 생태계를 능동적 행위자로 사고하는 새로운 담론들을 검토한다. 나아가 기후변화 등 지구적 위기를 행성 인프라의 행위로 파악하고, IT와 AI 등이 창출하는 디지털 미디어의 네트워크 세계를 초실재transreality로 사유하는 새로운 시야를 개방한다.

◆ ◆ ◆

1부 '환경과 인프라'는 인류세 담론과 인프라 담론의 교차점에서 환경으로서의 지구를 인프라로서의 행성으로 재사유할 이론적 가능성을 모색하는 글들을 싣고 있다. 인류세가 제기하는 도전은 자연/문화, 인간/비인간 등의 이분법에 기반한 근대적 사유에 대한 비판적 성찰의 필요성을 절실하게 한다. 따라서 행성 인프라는 자연으로서의 환경과 문화로서의 인프라라는 이분법에 도전할 뿐 아니라, 인간과 비인간의 구분너머에서 확장된 타자들과 새로운 관계를 맺기를 요구한다.

김태희의 〈인류세의 기후와 인프라〉는 인류세를 사유하기 위하여 '기후-인프라' 개념을 제안한다. 기후는 "비가시적인 배경"이지만 "위기의 순간에 (불완전하게나마) 가시화·전경화되는 인프라"로 볼 수 있다. 그

---

16 Appel et. al., "Introduction", p. 20.

러나 인프라가 전통적으로 인간에 의해 만들어진 것을 뜻한다면, 기후를 어떻게 이러한 인프라의 의미에 포섭할 수 있는가? 이 글은 이 점을 고찰하기 위하여, 우선 인프라에 대한 학문적 관심의 증대, 혹은 인프라로의 전환에 대한 세 가지 해석을 제시한다. 첫째, 인프라infra-structure에 대한 관심은 구조structure에 대한 관심을 심화하는 것이고, 둘째, 그간의 지구화 이론을 보완하는 것이며, 셋째, 신자유주의로 인한 인프라의 쇠퇴에서 비롯하는 것이다. 그러나 우리가 주목하고 있는 인류세의 맥락에서 무엇보다 중요한 것은 인프라로의 전환이 "인류세에서 가능한 세계들, 그리고 생명, 물질, 지식 간의 새로운 관계들을 사유하는 데 유용"하며 "인류세와 그것을 만든 근대성에 맞서는 투쟁을 위한 개념적 재무장"이라는 사실에 있다. 이 글은 기후를 인프라로 재개념화하기 위하여 인프라에 관한 인문학적·사회과학적 탐구의 기존 성과에 기대어 먼저 인프라의 정의와 범위와 특성을 검토하고, 이를 기초로 기후를 인프라로 재개념화할 가능성을 모색하고 있다. 다시 말해, 이 글은 "다른 것의 움직임을 가능하게 하도록 인간에 의해 만들어진 것"으로 인프라를 정의하고, 물리적 인프라를 넘어 인간의 모든 사회적 삶을 뒷받침하는 물질적·비물질적 기반을 포괄하도록 인프라의 범위를 확장하며, (상대적으로) 움직이지 않고 보이지 않으며 통제되지 않는 것으로 인프라의 특성을 부여한다. 이러한 인프라의 정의, 범위, 특성을 기반으로, 인프라 개념과 환경 개념의 비교를 통하여 기후를 '만들어진 것'의 함의를 담은 인프라로 개념화할 것을 주장한다. 이렇게 기후-인프라 개념을 확립함으로써, 인프라에 관한 인문학, 사회과학의 최근의 연구 성과 및 방법론을 인류세의 기후위기 문제에 적용할 수 있으며 기후를 더욱 급진적으로 정치화하는 데 이바지할 것이라고 주장한다. 기후-인프라라는 개념화는 비인간의 행위성을 강조하는 신유물론과 행위자-네트워크 이론

등의 사유를 기초로 하여 비인간으로서 인프라의 행위성을 강조함으로써 기후의 행위성[17]을 개념화하는 데 이바지할 수 있다는 것이다.

인류세를 사유하기 위한 환경 개념의 검토는 심효원의 〈인류세의 (비)가시성: 윅스퀼의 환경세계와 마시멜로레이저피스트의 〈동물의 눈으로〉를 중심으로〉에서 한층 심도 있게 이루어진다. 이 글은 인류세의 (인간에 대한) 가시성이 인간 지각의 한계라는 문제와 연결된다는 전제에서 출발한다. 인류세를 초래한 "인간중심주의가 인간의 생리학적·감각적 한계와 깊이 연관되어 있"다는 데에 착안하면, "가시적인 것 중심으로 세계를 파악하는 인간 감각으로서의 시각과 그로부터 파생된 이해"로 인류세를 파악할 수 있다. 그렇다면 이러한 인간중심주의를 돌파하는 길은 어디에 있는가? 이 글은 환경(세계) 개념을 창시한 야콥 폰 윅스퀼Jakob Johann von Uexküll을 검토함으로써 이 개념이 "인간의 지각적 능력 너머의 세계에 대한 이해를 강조"한다는 것을 발견한다. 인간은 다른 동물과 마찬가지로 자신의 "지각 체계와 협응할 수 있는 부분들에 한해서만 세계에 참여할 수 있"기 때문이다. 따라서 인간이 지각하는 세계가 인간에게 고유한 지각적 세계라는 것은 "인류세의 비극이 기인한 비가시성"을 사유하는 데로 이끌어 간다. 이 글은 이러한 이론적 통찰을 예술 작품을 통하여 검토하는데, 이는 인프라 인문학을 예술로 확장하는 의미를 지닌다. 작가집단 마시멜로레이저피스트의 작품 〈동물의 눈으로〉는 모기, 잠자리, 개구리, 부엉이 등의 비인간 존재들이 숲을 보는 경험을 상상적으로 그려 낸다. 그러나 이 작품은 비인간 동물의 시각 체계를 '재현'한다는 주장을 내세우지 않는다. 그렇다면 어떻게 "보이는

17　김민재, 〈기후의 행위자성과 시적 감각 – 기형도의 「안개」를 중심으로〉,《문학과환경》24-3, 2025.

세계를 구성함으로써 필연적으로 비시각적인 것들을 배제시키는 인간중심주의적 이분법"을 넘어설 수 있는가? 이 작품은 "어떤 비가시적인 것을 내부적 사고로 뚜렷하게 맥락화하는 앎 없이도 실질적인 효과를 발생시키는 목표"를 가진다. 그리하여 이 글은 인간중심주의의 탈피가 과연 가능한가라는 회의적인 물음을 던지면서도 인류세의 포스트인간중심주의를 "인간으로서 지극히 인간적 능력을 활용해 보이지 않는 것들에 관해, 혹은 그런 것들과 효과를 발생시키기 위해 모든 가능한 상상력을 가시화하고 그 외부적 양상을 감각하는 방편으로 삼는 것"으로 보자고 제안한다. 이처럼 비인간non-human의 세계, 인간 너머more-than-human의 세계, 다종multispecies의 세계를 존재론적이고 인식론적으로 전제한다면,[18] 비인간으로서의 비가시적 인프라가 "특정한 삶의 방식을 지탱하기 위해 다종적 관계망들을 변형하고 재배치"한다는 것을 인식하고, "그것에 얽힌 다양한 존재들의 다종적 모빌리티를 둘러싸고 통제와 저항의 실천들이 일어나고 있는 지점들을 분석"[19]하는 것이 가능해질 것이다. 이런 의미에서 "국가와 자본의 기획으로 나타나곤 하는 인프라는 그 자체로 다종적이며, 다종들이 모여 사는 거주지이자 노동의 장소이고, 다종들을 이동시키는 통로(매체)로서 역할한다. 이때 인프라는 패치(부분)와 행성(전체)을 연결하는 존재로서 완전히 인간적이지도, 그렇다고 비인간적이지도 않다."[20]

---

18 세 개념의 차이에 대해서는 다음을 참조. Catherine Price, and Sophie Chao, "Multispecies, More-than-human, Nonhuman, Other-than-human: Reimagining Idioms of Animacy in an Age of Planetary Unmaking," *Exchanges: The Interdisciplinary Research Journal* 10-2, 2023, pp. 179-182.

19 전원근·김지혜·최희진, 〈인프라를 형성하는 다종, 다종을 형성하는 인프라〉, 《공간과사회》35-2, 2025, 6쪽.

20 김지혜, 〈다종 연구에 인프라스트럭처를 엮기〉, 《공간과사회》35-2, 2025, 14~15쪽.

　　이 글에서 천착한 '인류세의 가시성'의 전제 조건은 물론 인간이 육안을 넘어 관측 장비를 통해 기후변화를 탐지하고 측정하는 것이다. 김희원과 김성은의 〈인류세 시대의 컴퓨팅: 인간과 지구를 매개하는 컴퓨팅 기술〉은 바로 이러한 디지털 장비와 컴퓨팅 기술을 통해 "사람이 인지할 수 없었던 행성 수준의 변화까지도 포착"하는 데에 착안한다. 이 글 역시 "하부구조(인프라)가 구축되는 과정에서 자연적인 환경이 함께 관리, 조정, 재구성되는 모습을 보여 주는 연구들 덕분에 어느 만큼이 인공적인 것이고 어디까지가 자연적인 환경인지 명확하게 구분하기 어렵다"는 인식을 공유한다. 따라서 "분석의 시간적-공간적 스케일을 확장시키면 지금까지 당연하게 받아들여진 자연적인 환경과 인공적인 하부구조의 이분법적 구분이 쉽지 않다"라는 인식에 도달한다. 이 글은 이러한 인식을 컴퓨팅과 인프라의 관계로 확장한다. 우리는 이 관계를 두 가지 관점에서, 즉 '컴퓨팅의 인프라'(컴퓨팅은 물질적 인프라에 의해 뒷받침된다)라는 관점과 '인프라로서의 컴퓨팅'(컴퓨팅은 점점 더 인간 행위를 뒷받침하는 필수불가결한 인프라로 기능하고 있다)이라는 관점에서 접근할 수 있을 것이다. 먼저 '컴퓨팅의 인프라' 관점에서는 "컴퓨팅 기술이 지구 표면을 덮는 여러 기반 시설(인프라)에 의존하고 있다"는 점을 지적한다. 그리하여 "컴퓨팅 기술이 자연적, 기술적 하부구조에 기대어 작동한다는 점을 강조함으로써 기존 과학기술학 연구들이 주장해 왔던 자연과 기술의 이분법 해체를 행성 전반의 차원으로 확장"하는 것이다. 이어서 '인프라로서의 컴퓨팅' 관점은 먼저 "지구를 감싸는 컴퓨팅 하부구조"라는 표현에서 보여지듯이, 컴퓨팅을 거대한 인프라로 보는 데로 나아간다. 나아가 "지구를 하나의 거대한 컴퓨터라고 생각할 수 있을까?"라는 흥미로운 물음을 통하여, 인프라로서의 행성(지구)과 인프라로서의 초실재(거대한 컴퓨터)를 연결할 가능성까지 타진한다. 인프라를 그저 저기 바깥에 존재하는 물리적 실재로 간주하기보다는 거기에 참여하는 인간-비인간 존재자들의 관계에서 구성되는 것으로 보는 관계론적 관점에 입각하면,[21] 지구나 행성과 같은 범주 역시 "자명한 물리적 실재라기보다 이를 계산하는 과정에서 드러나고 생성되는 것"으로 볼 수 있기 때문이다. 그렇다면 여기에서는 행성이 인프라로 구성될 수 있는 것과 마찬가지로 초실재(거대한 컴퓨터)도 인프라로 구성될 수 있다. 그런데 "지구 소모적인 컴퓨팅"에서는 이러한 행성 인프라와 초실재 인프라 사이의 충돌이 극명하게 두드러진다. 이를 통해 "컴퓨팅 기술은 인류세로 특징지을 수 있는 흔적을 포착하는 데 사용되면서도, 그 스스로가 지구에 더 깊은 흔적을 남기는 데 기여"한다. 이것은 바로 인프라가 인류세를 초래하고 심화하는 전형적인 사례인 것이다.

◆ ◆ ◆

제2부 '행성과 인프라'는 인류세 담론 앞에서 더욱 주목받고 있는 생태학의 관점에서 인프라로서의 행성을 고찰한다. 인간이 초래한 기후위기는 생물이 환경과의 관계 속에서 살아가는 방식인 생태학을 해법으로서 요구하고 있다. 그러나 티머시 모턴Timothy Morton 등이 지적하듯이,[22] 자연을 인간중심적으로 사고하는 생태학에는 한계가 있다. 이를 탈피할 때 우리는 인간과 비인간이 동등하게 얽혀 있는 전체로서 행성, 더 나아가

---

21 Susan Leigh Star, and Karen Ruhleder, "Steps Toward an Ecology of Infrastructure: Designs and Access for Large Information Spaces," *Information Systems Research* 7-1, 1996, p. 113.

22 Timothy Morton, *Ecology Without Nature*, Cambridge, MA; London, UK: Harvard University Press, 2007.

서 우주라는 범주를 얻게 된다. 행성과 우주의 눈으로 인간과 비인간의 관계를 고찰할 때, 우리는 인간중심적 생태학 너머를 상상할 수 있다.

최일만의 〈비인간의 대변자로서의 인간: 사물 정치와 행성 정치에서 인간의 책임〉은 기후위기 앞에서 "인간의 책임과 탈인간중심주의의 관계를 살펴보려 한다." 현재 기후위기의 원인으로 인간중심주의가 지목되는 만큼, 탈인간중심주의가 대안으로서 부상되고 있다. 그러나 탈인간중심주의는 비인간의 능동성과 인간의 주변성을 강조하면서 오히려 기후위기에 대한 인간의 책임을 사고할 가능성을 빼앗는 것이 아니냐는 의문도 제기되고 있다. 이에 이 글은 탈인간중심주의적 존재론을 함축하는 브뤼노 라투르Bruno Latour의 행위자-네트워크 이론과 디페시 차크라바르티의 인류세 논의 및 그 정치적 함축을 심도 있게 검토한다. 행위자-네트워크 이론은 인간과 비인간이 동등한 행위자 네트워크를 이루는 존재론을 함축하는데, 이는 비인간의 입장이 대변되는 확장된 민주주의인 '사물 정치'를 요구한다. 또한 차크라바르티는 인류세 개념의 분석을 통해 인간사와 자연사가 행성의 차원에서 통합됨을 보여 주는데, 이는 행성 체계 속에서 인간을 주변화하는 '행성 정치'를 요구한다. 흥미롭게도, 사물 정치와 행성 정치 모두에서 인간은 "비인간이 인간 안에서 모종의 주관성을 얻고 인간이 비인간 안에서 모종의 객관성을 얻음으로써 주관과 객관이 통일되게 할 책임"을 지는 자로서 정치의 중심이 된다. 이에 따라 이 글은 인프라로서의 행성을 중심에 두는 사유가 오히려 인프라에 대한 인간의 책임을 요구함을 잘 보여 준다. 이 글은 이러한 논점을 헤겔Georg Wilhelm Friedrich Hegel에게서 자연과 정신의 변증법과 연결시켜 고찰함으로써 현대적 논의와 전통 철학적 사유 사이에 다리를 놓는다.

행성 범주에 대한 탐구는 고봉준의 〈'행성'의 발견과 행성적 위기: 행성적 사유의 몇 가지 방향성〉에서 더욱 심화된다. 이 글은 어떻게 인류세의 위기가 행성 개념의 발견을 이끌었는지를 밝힌다. 인간의 활동이 인간의 생존을 행성적 규모로 위협하는 시대인 인류세는 "그동안 인류가 의지해 온 '문명'에 대한 믿음이 허구의 산물이었다는 것을 실증했다." 한편으로 행성은 한나 아렌트가 제시한 인공적 대상들의 총체로서의 세계world에 대립한다. 세계는 자연적인 것의 총체와 구별되었으며, 신자유주의에서 말하는 지구화globalzation에서의 지구globe 개념으로 이끌었다. 이에 반해 가야트리 스피박Gayatri Spivak은 인간을 중심에 두는 개념인 지구에 대립하여 "인간과 자연이 얽혀 있는 상태"를 나타내는 행성 개념을 제시한다. 요컨대, 행성 개념은 "행성적 문제를 해결하기 위해 '인간-자연-사회의 새로운 관계 정립을 요구하는 실천적 개념'"이다. 이러한 행성적 사유는 세 가지 방향으로 전개된다. 첫째, 사회과학적 방향에서 행성적 사유는 국민국가 시스템을 넘어서는 행성적 주권 모델을 모색한다. 우리가 생명의 정치와 인간의 정치를 구별할 때, 이러한 사회과학적 방향은 일차적으로 행성적 사유가 이끄는 생명의 정치라기보다는 인간의 정치에 머무른다고 할 수 있을 것이다. 그러나 또한 새로운 녹색공화주의 같은 사유는 인간중심의 정치 논의를 넘어서 비인간을 포괄하는 데에로 나아가고자 한다. 둘째, 인류학적 방향에서 행성적 사유는 비인간중심적인 방식으로 인간과 비인간의 관계를 사유하는 대안적인 담론이다. 이는 인간과 자연의 서구적 이분법을 넘어서는 방식으로 인간과 세계의 관계를 새로이 사유하려 한다. 마지막으로 생태학적 방향에서 행성적 사유는 생태에서도 인간의 중심성을 거부한다. 인간은 여러 생명 중 하나로 생각되고, 지구는 인간을 위한 것이 아니라 인간을 포함한 모든 존재가 서로 연결되어 있는 곳으로 이해된다. 티머시 모턴이 말하듯이, 낭만주의적인 자연 개념은 생태적 사고에 해가 되며, 행성적 관점에서의 생태론은 오히려 "차이를 증폭시키는 상호의존" 으로서의 생물권 개념을 바탕으로 인간과 비인간의 "비폭력적 공존/공생"을 목표로 해야 한다. 결국, 현대 인류가 직면한 다중 위기를 극복하기 위해서는 행성적 사고에 기반한 새로운 삶의 방식을 체득할 필요가 있다.

최인호의 〈인류세의 행성 질서: 마음권의 공화국〉은 국제정치적 관점에서 인류세를 검토한다. 인류세가 국제정치학에서도 중요한 의제로 부상하고 있는데, 인류세가 자연을 배제하고 인간만을 고려하는 근대적 국제정치의 불가능성을 드러내고, "탈주권적 질서로의 전환"을 요구하기 때문이다. 인간과 자연이 뒤얽히는 기후변화의 시기는 주권국가와 인간의 범위를 뛰어넘는 "이종 간 세계시민주의inter-species cosmopolitanism" 를 요구하는 것이다. 우주는 기계적으로 작동하며 인간만이 정치의 영역을 구성한다는 근대적 우주론이 근대적 정치론의 바탕에 자리 잡고 있기 때문에, 인류세의 요구에 응답하기 위해서는 바로 이 우주론 자체를 변화시켜야 한다. 이 글에 따르면, 이러한 새로운 우주론의 단초를 테이야르 드 샤르댕Pierre Teilhard de Chardin의 마음권noosphere 이론에서 찾을 수 있다. 테이야르는 인류의 등장과 발전을 생명과 우주의 발전 과정 속에 놓고, 마음권의 형성을 "인류 발전의 정점"으로 놓는다. 마음권은 인간의 특수한 능력인 성찰성reflection이 통합을 이루어 지구 전체를 덮은 것으로, 생물권 및 대기권과 함께 지구를 감싸는 층위를 이룬다. 이는 근대적 주권론의 한계를 드러내고 인류를 우주 진화의 목적에 종속시킴으로써 대안적 정치 질서를 제시한다. 따라서 이러한 질서는 근대적 정치 질서의 한계를 드러내고 그 안에서의 개인의 우주론적 불안을 풀어 줄 수 있다. 그러나 이 글의 필자가 보기에 테이야르의 이론에는 하나의 약점이 존재한다. 그것은 전체의 의지가 개인의 의지에 우선

한다는 전체주의적 위계를 전제하는 것이다. 따라서 이를 극복하기 위해 이 글에서는 성리학의 성즉리性卽理 원리를 도입한다. 이 원리에서는 개별 인간에 우주 전체가 반영되어 있다. 그렇기 때문에 개별자와 우주의 관계는 부분과 전체의 관계가 아니면서도 둘 사이에는 통일성이 존립한다. 테이야르의 마음권에 성즉리 원리를 도입할 때, "확장된 마음을 가진 개인 행위자들이 자기조직적으로 연합한 우주적인 탈중심의 공화적 질서"로서 "마음권의 공화국"이 드러난다.

◆ ◆ ◆

제3부 '디지털 미디어와 인프라'는 인프라의 외연의 또 다른 확장을 추구한다. 행성과 우주로의 확장이 규모 면에서의 확장이라면, 초실재로의 확장은 실재 너머로의 확장이다. 디지털 기술의 발달은 인간이 활동할 수 있는 가상 세계를 가져다주었다. 여기에서는 매일 수많은 사람들이 온라인 쇼핑몰, SNS, 온라인 커뮤니티, 온라인 미디어에서 거리와 특정 정체성에 구애받지 않고 생산과 소비를 하고 있다. 그러한 한에서 가상 세계는 인간의 삶을 가능하게 하는 기반 구조, 즉 인프라다.

박성우의 〈기술적 대상과 디지털 밀리유의 정치경제학: 질베르 시몽동과 기술문화 연구의 접합〉은 시몽동Gilbert Simondon의 철학을 통해 현재 디지털 문화와 그 정치경제적 함의를 분석하려 한다. 시몽동 자신은 디지털에 대해 직접 언급하거나 저술하지 않았지만, 그의 개념은 현대 디지털 국면을 이해할 수 있는 사고 틀을 제공한다. 디지털 문화는 기술-사회 결합 양태가 "준안정적이며 유동적으로 자리하는 과정"에서 나타난다. 이때 디지털 문화는 기술에 의해 결정되는 것도, 문화에서 결정되는 것도 아니다. 이는 문화와 기술을 대립시키지 않고 오히려 "문화를 기술과 함께 본질적으로 상호 구성적인 맥락 안에서" 사유하려 하는 시 몽동의 사유 방향과 합치한다. 디지털 문화 분석에 필자가 활용하고 하는 핵심 사유는 개체화individuation와 밀리유millieu다. 둘은 분리되지 않으며, 오히려 개체의 진화는 그것의 고유한 진화적 환경, 즉 밀리유의 형성과 하나다. 스티글러Bernard Stiegler는 이를 "나"들을 "우리"로 구성해 내는 포월抱越개체화transindividuation의 과정으로 해석한다. 이를 바탕으로 디지털 문화를 이해한다면, 디지털 데이터나 정보는 단순한 도구나 콘텐츠가 아니라 기술적 밀리유로 이해할 수 있으며, 이에 따라 현재의 디지털 밀리유는 "새로운 포월개체들의 발생적인 존재 양식"이라고 볼 수 있다. 이에 바탕하여 필자는 정치경제적 비판을 시도하는데, 여기에서 개인의 반복적 소비와 데이터의 존재 양식이 주목해야 할 문제로서 드러난다. 디지털 대상들을 "더 많이 소유, 교환, 증여, 소비하면 할수록 우리는 이를 제어하는 능력을 점점 더 잃게" 되며, 우리가 디지털 환경을 점점 더 필요로 하면서도 이를 "직접, 오랫동안 들여다보는 행위"는 적게 하게 된다는 난점이 부각된다. 이러한 인프라로서의 초실재는 우리에게 새로운 관점에서의 관심과 돌봄을 요구한다.

디지털 시대에 대한 정치적 고찰은 김은주의 〈비인간과 인간의 공거 조건으로서 심-폴리스: 행성과 비인간 인프라〉에서 폴리스에 대한 탈인간중심주의적 재사유로 나타난다. 한나 아렌트는 폴리스를 다수의 인간 사이의 행위와 공존을 위한 정치 공간으로 설정하고, 이를 '인간의 조건'으로 둔다. 이러한 아렌트의 폴리스에서 비인간은 배제된다. 그러나 기후위기는 인간의 조건의 유지 가능성에 강력한 의문을 던진다. 행성적 시간성은 자연사와 인간사의 구별, 그리고 비오스(정치적 삶)와 조에(생명 유지)의 구별을 붕괴시킨다. 따라서 이는 인간의 조건을 넘어서 "비인간과 인간의 공거co-habitation 조건"으로 이끈다. 이는 행성을 거주할 수 있는 공간으로 유지해 온 조에의 역량을 인정하게끔 하는 것이다. 나아가 조에의 정치는 동시대의 도시 고찰로 이어진다. 현재의 도시, 즉 디지털 폴리스는 "인간만의 공간이 아니며, 데이터, 알고리즘, 인프라, 환경 조건들이 얽힌 복합적 배치체"이다. 왜냐하면 디지털 폴리스를 유지하는 데이터는 오직 인간에 의해서 생성되는 것이 아니라, 인간과 환경의 상호작용을 통해 발생하는 것이기 때문이다. 그러므로 디지털 폴리스는 비인간과의 공존을 내포하는 디지털 심-폴리스sym-polis로 확장된다. 비인간과 함께sym 살아가는 공간인 심-폴리스는 공동생산 즉 심포이에시스sympoiesis와 불가분하다. 이에 따르면 인간은 더 이상 독존적 주체가 아니라, 인간 행위자와 비인간 행위자의 집합, 즉 홀로바이온트holobiont 속에서 존재한다. 그러므로 심-폴리스에서 주체의 복수성은 비인간까지 확장되고, 비인간 인프라는 정치를 "다종의 협상 장소와 조율의 정치"로 만든다.

김소영의 〈객체지향 존재론에 의한 디지털 휴먼의 존재론적 전회轉回〉는 현대 인류의 위기 앞에서 디지털 존재를 새로이 사유하려 하며, 이를 위하여 그레이엄 하먼Graham Harman의 객체지향 존재론을 참조한다. 모든 존재를 관계주의적 행위자로 간주하는 브뤼노 라투르의 행위자-네트워크 이론과 달리, 하먼의 존재론은 물리적이든 비물리적이든 모든 존재자를 "객체objects라는 분리된 실재적 구성물", 관계, 성질, 작용을 넘어서는 "잉여물"로 본다. 객체를 분석하기 위해 하먼은 실제적 객체, 실제적 성질, 감각적 객체, 감각적 성질이라는 네 가지 범주를 제시한다. 이러한 객체론은 1998년의 아담으로부터 시작하여 꾸준히 등장하고 있는 디지털 휴먼에 대한 이해에 어떤 기여를 줄 수 있을까? 라투르의 방식으로 디지털 휴먼의 관계적 행위성에 주목할 경우, 디지털 휴먼은 인간에 의해 생산된 생명 없는 객체다. 그러나 하먼의 방식으로 디지털 휴먼을 실재적 구성물로 볼 때, 그것은 "물러나 있는 실재 객체(디지털 휴먼)와 접근 가능한 표면 성질(디지털 인터페이스)의 공간 사이에서 이루어지는 상호작용"으로 해석된다. 브라이언트Levi R. Bryant의 구별을 이용하자면, 디지털 휴먼은 전자에서는 타자생산적 객체이나 후자에서는 자기생산적 객체라고 말할 수 있다. 즉, 디지털 휴먼은 자신이 "생산한 정보를 통해 인간과 상호작용"한다. 이러한 존재론적 전회를 통해, 디지털 휴먼은 인간과 공생하고 유대하는 객체로서 제시된다.

◆ ◆ ◆

모빌리티로부터 인프라로 사유를 이동하는 것은 움직임으로부터 움직임을 가능하게 하는 것으로, 즉 더욱 근원적인 곳으로 사유를 확장하는 것이다. 이에 따라 인류세를 인프라적으로 사유하려는 본서의 시도는 다중 위기가 만들어 내는 전 지구적 규모의 운동을 그것을 가능케 하는 바탕으로부터 사유하려는 모험으로 이해된다. 이 모험은 세계가 어떻게 유지되고 흔들리는지를 드러내는 것이다. 인간의 삶은 비인간 인프라와 행성 인프라에 의해 유지되어 왔으며, 인간이 바로 이 인프라를 불안정화하고 있기 때문에 동요하고 있다. 이러한 폭로를 바탕으로 우리는 세계를 다시 구성할 수 있을지를 묻게 된다. 이제 그 대답은 인간적 세계를 구성하는 것이 아니라, 비인간과 공존의 세계를 구성하는 것으로 이어질 것이다.

본서의 연구들은 "따분한 사물boring thing"[23]인 인프라가 실은 얼마나

---

[23] Susan Leigh Star, "The Ethnography of Infrastructure", *American Behavioral Scientist*, 43-3, 1999, p. 377.

흥미로운 월경越境의 문제들을 담고 있는지를 보여 준다. 인프라 고찰은 인간과 환경의 경계를 무너뜨리고, 인간과 비인간의 분리를 문제시하기 때문이다. 이는 필연적으로 윤리와 정치의 재고를 요구한다. 윤리는 인간의 생존을 넘어 다종의 생존 문제가 되고, 정치는 인간의 어울려 삶을 넘어 이질적 존재자들의 공존 문제가 된다. 이는 실제 세계를 넘어선, 그러나 실제 세계에 바탕하고 있는 초실재 인프라에서의 윤리와 정치 문제로 이어진다. 이런 것으로서 인프라는 인류세의 위기에 대한 인간의 다중적 실천적 개입의 장이 될 것이다.

인프라적 고찰이 결국 부각하는 것은 인간의 책임이다. 환경, 행성과 초실재를 인프라로 사유하는 일은 인간의 중심성을 해체하는 동시에, 인간에게 새로운 책임을 부여한다. 그것은 인간중심적 인프라를 탈인간중심적 인프라로 재건하고, 이를 통해 인류세의 다중 위기의 해법을 찾는 것이다. 누차 강조했듯이, 이는 기술적 해법이 아니라, 윤리적·정치적 해법이다. 그것은 우리가 어떤 선과 어떤 정의를 추구할 것이냐는 문제, 어떤 삶을 선택할 것이냐는 문제에 대한 대답이기 때문이다.

참고문헌

김민재, 〈기후의 행위자성과 시적 감각 – 기형도의 「안개」를 중심으로〉, 《문학과환경》 24-3, 2025.

김원수, 〈역사들의 전구적 전환Global Turn과 새로운 세계사의 과제〉, 《서양사론》 131, 2016.

김지혜, 〈다종 연구에 인프라스트럭처를 엮기〉, 《공간과사회》 35-2, 2025.

박범순, 〈인류세 시대, 역사의 천사〉, 《에피》 20, 2022.

박일준, 〈실패의 정치·신학 – 인류세 시대의 실패에 대한 종교철학적 성찰〉, 《인문과학》 130, 2024,

이광석, 〈'탈'인류세의 기후 생태 정치학을 위하여〉, 《문화과학》 109, 2022.

전원근·김지혜·최희진, 〈인프라를 형성하는 다종, 다종을 형성하는 인프라〉, 《공간과사회》 35-2, 2025.

한나 아렌트, 《인간의 조건》, 이진우 옮김, 한길사, 2020.

Appel, Hannah, Nikhil Anand, and Akhil Gupta, "Introduction: Temporality, Politics, and the Promise of Infrastructure," *The Promise of Infrastructure*, Duke University Press, 2018.

Bowker, Geoffrey C., *Science on the Run: Information Management and Industrial Geophysics at Schlumberger, 1920–1940*, Cambridge, MA: MIT Press, 1994.

Boyer, Dominic. "Infrastructure, Potential Energy, Revolution," *The Promise of Infrastructure*, Duke University Press, 2018.

Chakrabarthy, Dipesh, "The Human Condition in the Anthropocene," *The Tanner Lectures in Human Values* 18, 2015.

_________, *One Planet, Many Worlds. The Climate Parallax*, Waltham: Brandeis University Press, 2023.

Keller, Lynn, *Recomposing Ecopoetics: North American Poetry of the Self-Conscious Anthropocene*, Charlottesville: University of Virginia Press, 2017.

Lee, Jinhyoung, "Infrastructure Humanities and Infrastructural Text Studies,"

International Journal of Diaspora & Cultural Criticism 15-2, 2025.

Morton, Timothy, *Ecology Without Nature*, Cambridge, MA; London, UK: Harvard University Press, 2007.

Pinnix, Aaron "The Dangers of Infrastructure Byproducts and What We Can Learn From Muriel Rukeyser's 'The Book of the Dead'," *Rethinking Infrastructure Across the Humanities*, transcript Verlag, 2023.

Price, Catherine, and Sophie Chao, "Multispecies, More-than-human, Nonhuman, Other-than-human: Reimagining Idioms of Animacy in an Age of Planetary Unmaking," *Exchanges: The Interdisciplinary Research Journal* 10-2, 2023.

Rodgers, Dennis, and Bruce O'neill, "Infrastructural Violence: Introduction to the Special Issue," *Ethnography* 13-4, 2012.

Rothstein, Adam, "How to See Infrastructure: A Guide for Seven Billion Primates," *Rhizome*, July 2, 2015. https://rhizome.org/editorial/2015/jul/02/how-see-infrastructure-guide-seven-billion-primate/

Schober, Katalin, "Afrofuturist Infrastructure as Allegory: Picturing Sustainability in Wanuri Kahiu's Pumzi," *Rethinking Infrastructure Across the Humanities*, transcript Verlag, 2023.

Star, Susan Leigh, "The Ethnography of Infrastructure," *American Behavioral Scientist* 43-3, 1999.

Star, Susan Leigh, and Karen Ruhleder, "Steps Toward an Ecology of Infrastructure: Designs and Access for Large Information Spaces," *Information Systems Research* 7-1, 1996.

# 1부

환경과 인프라

인류세의 기후와 인프라

| 김태희 |

이 글은 *International Journal of Diaspora & Cultural Criticism* vol. 15, no. 2 (2025. 9.)에 게재된 원고를 수정 및 보완하여 재수록한 것이다.

기후변화는 인류세Anthropocene를 규정하는 열쇠 말이다. 인간이 유발한 anthropogenic 기후변화야말로 바로 인간이 지구라는 행성을 규정할 만큼 거대한 지질학적 힘이 되었음을 극명히 보여 주며,[1] 따라서 현시대가 인류세, 즉 인류에 의해 결정된 지질시대라는 담론 자체가 주요하게는 기후변화의 규모와 심각성에 대한 인식에 기초하기 때문이다.

그러나 기후변화가 인류세를 규정하는 유일한 열쇠 말은 아니다. "인류세는 '기후변화'의 동의어가 아니며",[2] 마찬가지로 기후위기는 인류세의 다중 위기multiple crises 혹은 복합 위기polycrisis의 일부일 따름이다. 유념할 점은, 인류세에 관한 재현과 담론이 특정 인종과 젠더, 즉 '백인 남성'의 이미지를 중심으로 이루어지고 있지만,[3] 인류세를 더 넓은 의미에서 인류에 의해 형성된 행성적·역사적 체제로 규정한다면 가령 아메리카 대륙의 원주민은 이미 5백 년 넘게 인류세를 겪고 있다는 엄연한 사실이다.[4] 이런 의미에서 인류세는 특정 인종, 민족, 계급, 젠더에게는, 나아가 비인간 생명에게는 기후변화 이전에 이미 도래한 '오래된 미래'일 것이다. 따라서 우리는 인류세의 기후변화를 "그것을 일으키는 인프라, 착취적 관행, 폭력과 얽혀 있는 소외된 삶"[5]과 연결하여 사유해야 한다.

1　Paul J. Crutzen, "Geology of Mankind," *Nature* 415-6867, 2002.

2　줄리아 애드니 토머스, 〈'인류세'는 '기후 변화'와 어떻게 다르며 왜 중요한가〉, 김동진 옮김, 《에피》7, 2019, 191쪽.

3　가브리엘 헥트, 〈아프리카 인류세〉, 조승희 옮김, 《에피》8, 2019, 60쪽. 한편 티머시 모턴과 도미닉 보이어는 인류세에 주요 책임이 있는 이들을 초객체hyperobject에 대응하는 초주체 hypersubject로 명명하고 이에 맞서는 저주체hyposubject를 주창한다(Morton, Timothy, and Dominic Boyer, *Hyposubjects: On Becoming Human*, Open Humanities Press, 2021).

4　조엘 웨인라이트·제프 만, 《기후 리바이어던》, 장용준 옮김, 앨피, 2023, 372쪽.

5　피터 애디·팀 크레스웰·제인 연재 리·애나 니콜라에바·앙드레 노보아·크리스티나 테메노스, 《모빌리티 전환 운동: 저탄소 미래를 위한 공유화 모빌리티》, 김나현 옮김, 앨피, 2025, 19쪽.

이처럼 기후변화와 인류세는 내포가 동일하지 않을뿐더러, 흔히 암묵적으로 상정하듯이 외연이 동일coterminous하지도 않다. 인류세의 다중 위기는 "다른 모든 문제가 종속될 수 있는 가장 중요한 문제로 등장하거나 하나만 있는 것이 아니라 여러 가지 중요한 문제가 있고, 가장 중요한 문제는 재난, 적대감, 위기, 통제되지 않는 과정, 지구의 전반적인 위기가 복잡하게 얽혀 있는 것"[6]을 뜻한다.

따라서 우리는 인류세의 다중 위기를 환경문제로 환원하고, 환경문제를 기후변화로 환원하며, 나아가 기후변화를 이산화탄소 배출 문제로 환원하는 사고를 탈피해야 한다.[7] 이 글은 '기후-인프라climate-infrastructure' 개념을 제안하면서, 이 개념이 인류세의 위기에 대처하는 데 효과적일 수 있음을 보이고자 한다. 인프라는 "일상생활의 미학, 정치적 합리성, 의미, 물질성의 중첩을 검토할 수 있는 유망한 장소"[8]이다. 그러므로 인프라에 대한 검토는 "인류세에서 가능한 세계들, 그리고 생명, 물질, 지식 간의 새로운 관계들을 사유하는 데 유용"[9]하며 "인류세와 그것을 만든 근대성에 맞서는 투쟁을 위한 개념적 재무장"[10]인 것이다.

---

6   Edgar Morin, Anne Brigitte Kern, *Homeland Earth: A Manifesto for the New Millenium*, New York: Hampton Press, 1999, p. 74(김은주, 〈다중위기 시대, 비인간 전회와 회절의 정치〉, 《여성학연구》 34-1, 2024, 8쪽 재인용).

7   줄리아 애드니 토머스, 〈'인류세'는 '기후 변화'와 어떻게 다르며 왜 중요한가〉, 194쪽.

8   Nikhil Anand, "A Public Matter: Water, Hydraulics, Biopolitics," *The Promise of Infrastructure*, Nikhil Anand, Akhil Gupta, and Hannah Appel eds., Duke University Press, 2018, p. 167.

9   Hannah Appel, Nikhil Anand, and Akhil Gupta, "Introduction: Temporality, Politics," *The Promise of Infrastructure*, Nikhil Anand, Akhil Gupta, and Hannah Appel eds., Duke University Press, 2018, p. 27.

10   Dominic Boyer, "Infrastructure, Potential Energy, Revolution," *The Promise of Infrastructure*, Nikhil Anand, Akhil Gupta, and Hannah Appel eds., Duke University Press, 2018, p. 226.

인프라 인문학

'인프라'[11]에 해당하는 영어 단어 infrastructure는 '하부'를 뜻하는 infra 와 '구조'를 뜻하는 structure의 합성어이며,《옥스퍼드 영어사전》에 따르면 "어떤 일undertaking의 아래 놓인 부분을 이르는 총칭"[12]으로 간략히 정의된다. 이 용어가 처음 등장하고 널리 쓰이게 된 역사는 의외로 그리 길지 않다. 1875년 프랑스어에서 처음 등장한 이 용어[13]는 1927년에 야 영어에서 처음 용례가 발견되는데[14] 이는 "미국의 군사적 동원을 용이하게 하는 도로, 수로, 통신 체계의 복합적 네트워크를 서술하기 위한 것"[15]이었다. 〈표 1〉에 따르면 이 단어는 1950년대부터 영어권에서 서서히 퍼지기 시작하여[16] 2010년대에 이르면 영어 문서에서 1백만 개 단

---

[11] 국립국어원은 1995년 '인프라'를 외래어로 쓰는 것을 허용했다(이정, 〈기반 시설, 혹은 사회생태 기간망을 통한 생태적 역사학〉,《개념과 소통》33, 2024, 319쪽).

[12] Oxford English Dictionary, "Infrastructure: Meaning & Use." https://www.oed.com/dictionary/infrastructure_n?tab=meaning_and_use#424930

[13] Oxford English Dictionary, "Infrastructure: Etymology." https://www.oed.com/dictionary/infrastructure_n?tab=etymology#424930

[14] Oxford English Dictionary, "Infrastructure: Meaning & Use." 한편, 1927년 5월 14일《챔버스 대중문학 저널Chambers's Journal of Popular Literature》에 실린 글에서 "터널, 교량, 지하 배수로와 '인프라' 공사"라는 문구로 처음 등장했다(Dominic Davies, *Imperial infrastructure and Spatial Resistance in Colonial Literature, 1880-1930*, Oxford; New York: Peter Lang, 2017, p. 6). 이 용어가 프랑스어에서 영어로 유입된 사정에 대해서는 Mary Bridges, "The Infrastructural Turn in Historical Scholarship," *Modern American History* 6-1, 2023, p. 106 참조. 인프라의 개념사에 관한 포괄적 서술은 Ashley Carse, "Keyword: Infrastructure: How a Humble French Engineering Term Shaped the Modern World," *Infrastructures and Social Complexity*, Penelope Harvey, Casper Bruun Jensen, and Atsuro Morita eds., London: Routledge, 2016을 참조하라.

[15] Geoffrey C. Bowker, "Sustainable Knowledge Infrastructures," *The Promise of Infrastructure*, Nikhil Anand, Akhil Gupta, and Hannah Appel eds., Duke University Press, 2018, p. 212.

[16] 이 단어가 대공황 시대 프랭클린 루스벨트의 뉴딜 정책 후에 비로소 영어에 등장했다는 주

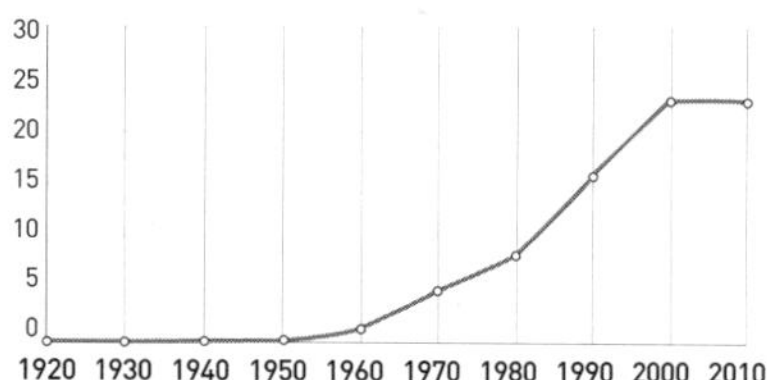

| 표 1 | 1920~2010년 infrastucture 빈도[17]

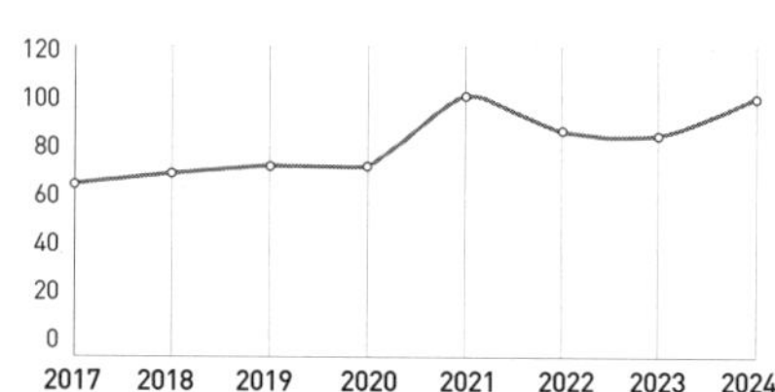

| 표 2 | 2017~2024년 infrastucture 빈도[18]

어 중 20~25번 쓰이면서 가장 빈번히 등장하는 5천 개 단어 중 하나가 되었다. 아울러 〈표 2〉에 따르면 2017~2024년 사이에 용례가 급증하여 현재는 1백만 개 단어 중 100번가량 사용되고 있는데, 이런 현상은 2000년대 들어 학계에서 인프라에 관한 관심이 가파르게 증가한 것과 상관관계를 이루는 것으로 보인다. 가령 역사학에서 이 단어를 사용한 논문은 1970년에는 전체의 1.5퍼센트에 불과했지만, 2021년에는 거의 40퍼센트로 급증했다.[19]

장은 Michael Rubenstein, *Public Works: Infastructure, Irish Modernism, and the Postcolonial*, Indiana: University of Notre Dame Press, 2010, p. 6 참조. 하지만 영어권에서는 1950년대까지도 이 단어에 대한 거부감이 존재했다. 예컨대 1950년 윈스턴 처칠이 반대파에게 '인프라'라는 단어 자체가 존재하지 않는다며 거부감을 드러낸 일화는 Mary Bridges, "The Infrastructural Turn in Historical Scholarship," p. 106 참조.

17 Oxford English Dictionary, "Infrastructure: Frequency." https://www.oed.com/dictionary/ infrastructure_n?tab=frequency#424930

18 Oxford English Dictionary, "Infrastructure: Frequency."

19 Mary Bridges, "The Infrastructural Turn in Historical Scholarship," p. 103. 한편, 미디어 연구나 과학기술학에서 어떻게 '인프라' 개념이 '시스템' 개념을 대신하여 널리 쓰이게 되었는가에 관해서는 Axel Volmar, "From Systems to 'Infrastructuring': Infrastructure Theory and Its Impact on Writing the History of Media," *Rethinking Infrastructure Across the Humanities*, Aaron Pinnix, Axel Volmar, Fernando Esposito, and Nora Binder eds., transcript Verlag, 2023, pp. 53-54 참조.

인프라는 이처럼 비교적 역사가 짧은 용어이지만, 혹은 바로 그런 이유로, 안정적이고 일관적인 정의가 존재하지 않는다.[20] 가령 2021년 미국의 「인프라법Infrastructure Investment and Jobs Act」은 인프라 활성화를 위해 2조 달러 이상을 지출하는 것을 골자로 하는데, 여기에는 도로, 공항, 수로, 통신망, 전기차뿐 아니라, 의료, 직업훈련, 교육, 주택처럼 전통적으로 인프라로 간주하지 않는 프로그램까지 포함되었다. 이 법에서 가령 주택은 '인적 인프라'로 지칭된다. 따라서 반대 진영에서는 "우선 인프라가 무엇인지 정의하는 것부터 시작해야 한다. 인프라는 도로, 교량, 고속도로, 공항, 광대역 인터넷이지, 가정의료가 아니다"라고 반발했다.[21] 그러므로 인프라는 "기본적으로 액션영화에서 때려 부술 수 있는 모든 것"[22]이라는 농담처럼, 매우 다양한 의미와 다양한 범위를 포괄하는 용어라고 할 수 있다.[23]

인문학은 비교적 최근까지도 인프라에 주목하지 않았다. 인프라에

---

20 Stephen C. Slota and Geoffrey C. Bowker, "How Infrastructures Matter," *The Handbook of Science and Technology Studies*, edited by U. Felt et al. 4th ed., Cambridge, MA: The MIT Press, 2017, p. 529.

21 Lav Kanoi, Vanessa Koh, Al Lim, Shoko Yamada and Michael R Dove, " 'What Is Infrastructure? What Does It Do?': Anthropological Perspectives on the Workings of Infrastructure(s)," *Environmental Research: Infrastructure and Sustainability* 2-1, 2022; Bridges, Mary, "The Infrastructural Turn in Historical Scholarship," p. 112.

22 Dominic Davies, *Imperial infrastructure and Spatial Resistance in Colonial Literature, 1880-1930*, p. 258.

23 한편 인문학과 사회과학에서 사용하는 인프라 개념이 점점 더 혼란스러워지고 있는 데에 대한 비판은 Charlotte P. Lee and Kjeld Schmidt, "A Bridge Too Far?: Critical Remarks on the Concept of 'Infrastructure' in Computer-Supported Cooperative Work and Information Systems," *SocioInformatics: A Practice-Based Perspective on the Design and Use of IT Artifacts*, Volker Wulf et al. eds., Oxford: Oxford University Press, 2018, p. 178; David Hesmondhalgh, "The Infrastructural Turn in Media and Internet Research," *The Routledge Companion to Media Industries*, Paul McDonald ed., London: Routledge, 2021, p. 132 참조.

관한 인문학적 연구를 주창한 수전 레이 스타Susan Leigh Star가 "플러그, 표준, 관료적 서식 등의 사물과 연관되는" 인프라는 "따분한 사물boring thing"[24]이라고 한 말은 널리 회자된다. 과거에 인문학이 인프라에 무관심했던 것은 "인프라를 비활성적이고 거의 비가시적이고 기능적으로 보는 근대적 표상"[25] 때문이다. 하지만 "인프라적 사유, 혹은 심지어 인프라주의적 사유"는 "1990년대 후반과 2000년대 초반 기술사회학 내부에서 인프라 개념의 비판적 재해석에서 출발하여 인문학에 중대한 영향을 미쳐 왔다."[26]

이처럼 인프라에 관한 인문학의 연구는 비교적 뒤늦게 시작되었으나 상당히 활기차게 전개되고 있다. 이러한 '인프라로의 전환infrastructural turn'은 기본적으로 이보다 포괄적이고 일반적인 전환, 즉 '물질로의 전환material turn'의 틀 안에서 일어났다.[27] 이때 '물질'은 우선 '담론'과 대비되어 담론의 기초적 조건으로 간주되는바, 담론으로의 환원에 저항한다. 나아가 '물질'은 '형식'과 대비되어 형식이 거기 적용될 수 있는 일차적이고 형식 없는 질료로 간주되는바, 이런 맥락에서 물질로서의 인프라가 일차적이라면 형식은 이차적이다. 가령 "어느 집의 인프라인 전선, 파이프, 석고보드, 강철은 그 위에 놓이는 '형식'을 제한하고 가능하게 하는데" 여기에서는 일차적인 인프라와 이차적인 형식이 선형적 관

---

24 Susan Leigh Star, "The Ethnography of Infrastructure," *American Behavioral Scientist* 43-3, 1999, p. 377.

25 Marco Di Nunzio, "Anthropology of Infrastructure," *LSE Cities, Governing Infrastructure Interfaces-Research Note* 1, 2018, p. 1.

26 Axel Volmar, "From Systems to 'Infrastructuring'," p. 50.

27 Brian Larkin, "Promising Forms: The Political Aesthetics of Infrastructure," *The Promise of Infrastructure*, Nikhil Anand, Akhil Gupta, and Hannah Appel eds., Duke University Press, 2018, p. 177.

계를 맺는다.[28] 이러한 물질로의 전환이 비판하는 대상은 "자연적 세계와 기술적 인공물을 기술적 진보, 경제적 생산, 사회적 구성을 위한 한낱 자원이나 원자재로 보는 관념"[29]인데, 인프라에 주목하는 인문학도 물질로서의 인프라가 그에 기반한 사회적 삶에 선행하며 사회적 삶으로부터 자율적이라는 데 주목한다.[30] 이러한 인프라로의 전환을 통해 인문학자들은 인문학의 전통적인 연구 대상을 이제 "기술, 지리·스케일을 넘나드는 상호연결, 물질성을 우선시"하는 방식으로 새롭게 다룸으로써 "장기적 연결, 숨은 권력의 역학관계, 그리고 체계의 지속성"을 이해하려는 것이다.[31]

그렇다면 인프라에 주의를 기울이는 인문학의 부상은 어디에서 기인하는가? 여기에서는 세 가지 잠정적 해석을 제시할 수 있다. 첫째, 이러한 인문학의 부상은 "상호연관된 행위자, 세력, 제도 간의 관계"를 뜻하는 '구조'에 대한 관심의 증가와 관련된다고 해석할 수 있다. 그러나 그렇다면 '하부-구조infra-structure'가 '구조structure'를 넘어서 더 제공할 수 있는 것은 무엇인가?[32] 다시 말해 '인프라로의 전환' 혹은 "인프라주의"[33]

---

28 Brian Larkin, "Promising Forms," p. 178.

29 Lemke, Thomas, "New Materialisms: Foucault and the 'Government of Things'," *Theory, Culture and Society* 32-4, 2015, p. 3.

30 하지만 '인프라로의 전환'을 '물질로의 전환'의 틀 안에 놓더라도, 물질/담론 혹은 기술/상징을 엄격히 분리하는 것은 경계해야 한다. 이렇게 분리하면 인프라를 "욕망, 의도, 이데올로기, 욕구, 감정, 환상, 형식의 관점에서 이론화할 수 없기"(Brian Larkin, "Promising Forms," p. 178) 때문이다. 따라서 "인프라 연구는 물질성을 강조하는 경향이 있지만, 건축 환경이나 물리적 대상에 초점을 맞추는 것이 인프라적 접근 방식을 채택하는 데 필수조건은 아니다"(Mary Bridges, "The Infrastructural Turn in Historical Scholarship," pp. 112-113).

31 Mary Bridges, "The Infrastructural Turn in Historical Scholarship," p. 104.

32 Mary Bridges, "The Infrastructural Turn in Historical Scholarship," p. 106.

33 "인프라주의"는 '구조주의structuralism'와 대비하여 만들어진 신조어이다(Marshall

에서 '구조로의 전환' 혹은 '구조주의'에 비해 더 진전된 통찰은 무엇인가? 그것은 인프라의 고유한 특징, 즉 "보이지 않거나 숨겨져 있음, 종종 지하에 있고 모호하고 그것 안에서 활동하는 사람들에 의해 당연시됨"[34] 등에서 찾아야 할 것이다. 따라서 "인프라는 거대하고 무거운 시스템들을 넘어서, 기본적 범주와 표준들이 어떻게 형성되었는가, 어떻게 일상적인 것으로 형성되었는가라는 물음으로 넘어간다. 당연시되는 것들은 애초에 어떻게 구성되었는가는 고전적인 현상학적 물음이다. 물은 대체 어떻게 물고기에게 비가시적이 되었는가?"[35]

둘째, 인프라에 주목하는 인문학은 지구화에 관한 이론과 연관되어 등장했다고 해석할 수도 있다. 지구화에 대한 주류 이론에서는 지구화를 '흐름'에 기초하여 이해하는데, 이러한 이해는 국경을 넘나드는 다국적 연결을 유지하는 데 있어서의 물질적 난점과 노력을 간과하고 지구적 연결의 마찰을 무시하는 대체적인 경향이 있다. 이에 비해 인프라를 고려하는 것은 "구조적 불평등, 정체停滯, 마찰, 불균등"을 간과하지 않으면서 지구적 상호연결을 이해하는 길을 제공한다.[36]

Sahlins, "Infrastructuralism," *Critical Inquiry* 36-3, 2010). "인프라로의 전환" 혹은 "인프라주의"는 '구조' 개념에 대해 "지나치게 정적이고 지나치게 형이상학적"이라고 비판적 거리를 둔다. 따라서 구조를 비형이상학적으로 보는 관념으로 회귀하며 "지속적인 구성의 논리"를 옹호한다(Christian Meyer, "From Structure to Infrastructure: Some Glimpses on a Theoretical Movement in the Social Sciences and Humanities," *Rethinking Infrastructure Across the Humanities*, Aaron Pinnix, Axel Volmar, Fernando Esposito, and Nora Binder eds., transcript Verlag, 2023, p. 31; p. 48). '구조'에서 '인프라'로 전환하는 것이 어떠한 차이를 만드는가에 대한 상세한 서술은 Meyer, "From Structure to Infrastructure," pp. 48-49 참조.

34 Mary Bridges, "The Infrastructural Turn in Historical Scholarship," p. 108.

35 John Durham Peters, *The Marvelous Clouds: Toward a Philosophy of Elemental Media*, Chicago: The University of Chicago Press, 2015, p. 36.

36 Mary Bridges, "The Infrastructural Turn in Historical Scholarship," p. 114.

셋째, 이러한 인문학의 대두는 "현재 행성을 가로질러 곳곳에서 벌어지는 인프라 투자에 대한 반응"[37]으로 해석할 수도 있다. 이러한 맥락에서 인프라에 관한 관심 증대가 2008년 이후 신자유주의 거버넌스의 위기 및 정체와 평행하게 일어났음은 우연이 아니다.[38] 이런 해석에 따르면, 케인스주의를 대체한 신자유주의로 인해 지난 30년 동안 인프라가 쇠퇴해 온 것이 인프라에 대한 인문학의 관심을 유발한바, "인프라로의 전환은 인문학을 위한 개념적 뉴딜conceptual New Deal 같은 것"이다.[39]

인프라에 대한 일관적인 정의가 없으며 인프라에 대한 근대적 이론의 계보를 추적하기도 쉽지 않지만,[40] 이런 연구는 창발적 분야emergent field로 확고하게 부상하고 있다.[41] 이처럼 '인프라' 개념에 기초하는 "개념 기반 방법론"은 뚜렷하게 학제적인데, 이는 이런 개념이 "학문 분야들을 가로질러 이동하면서 그 분야들의 안정성을 유지하면서도 커다란

37　Penny Harvey, "Infrastructures in and out of Time: The Promise of Roads in Contemporary Peru," *The Promise of Infrastructure*, Nikhil Anand, Akhil Gupta, and Hannah Appel eds., Duke University Press, 2018, p. 83.

38　Dominic Boyer, "Infrastructure, Potential Energy, Revolution," p. 223.

39　Dominic Boyer, "Infrastructure, Potential Energy, Revolution," p. 224. 한편, 신자유주의의 모빌리티 자체도 인프라의 연결성에 의존한다는 측면을 간과해서는 안 된다(구동현, 〈인프라적 공간을 배회하는 신자유주의라는 유령: 자유화와 시장화를 추동하는 신자유주의의 모빌리티에 대한 비판적 검토〉, 《사회와이론》 50, 2025, 197쪽).

40　가령 인프라에 대한 근대적 이론의 기원을 카를 마르크스에서 찾는 연구에 따르면, 마르크스는 토대Basis, base와 상부구조Überbau, superstructure를 분별하고, 인류의 역사가 '최종 심급'에서는 토대에 의해 결정된다고 강조했는데 이것을 "초기 인프라로의 전환"으로 볼 수 있다(Stephen C. Slota and Geoffrey C. Bowker, "How Infrastructures Matter," pp. 531~532). 실제로 마르크스의 《정치경제학 비판Zur Kritik der Politischen Ökonomie》(1859) 프랑스어 번역(1899)에서는 Basis를 infrastructure로 옮기고 있다(Christian Meyer, "From Structure to Infrastructure," p. 35). 한편 마르크스에게서 이 개념은 부분적으로는 물질적 인프라를 가리키지만, 소유 관련 법률이나 지식 등도 포함한다(Christian Meyer, "From Structure to Infrastructure," p. 41).

41　Stephen C. Slota and Geoffrey C. Bowker, "How Infrastructures Matter," p. 529.

탄력성을 보여 주기"[42] 때문이다. 우리는 이러한 학제적인 신생 분야를 '인프라 인문학infrastructure humanities'으로 통칭한다.[43]

인프라의 정의定義

이 글에서는 우선 인프라 인문학의 선행 연구 및 인프라에 대한 기존 정의들에서 출발하여 기후-인프라를 사유하기 위한 일종의 조작적 정의operational definition를 얻고자 한다. 현재 널리 통용되는 브라이언 라킨Brian Larkin의 간명하면서도 포괄적인 정의는, 인프라는 "다른 것의 움직임을 가능하게 하는 것matter that enable the movement of other matter"[44]이라는 것이다. 이 정의는 상당히 포괄적인데, '움직임'이 모든 존재자 유형에 해당할 수 있으므로, 이러한 움직임을 가능하게 하는 인프라 역시 모든 존재자 유형에 해당할 수 있기 때문이다. 아울러 '것matter'이나 '가능하게 한다enable'라는 표현의 의미도 존재론적으로 다분히 추상적이고 모호하며, 따라서 다양한 해석과 토론에 열려 있다.

---

[42] Peter Adey, Jinhyoung Lee, Giada Peterle, and Tania Rossetto, "Mobility, Infrastructure, and the Humanities," *Mobility Humanities* 3-1, 2024, p. 9.

[43] 인프라 인문학은 인프라에 대한 기술주의적이고 도구주의적인 관점을 극복하고 인프라가 인간의 삶과 관계 맺는 다양한 방식에 주목한다. 가령 인프라는 인간의 삶에 있어서 '순환을 위한 축조물'(대표적으로 Brian Larkin, "The Politics and Poetics of Infrastructure," *Annual Review of Anthropology* 42, 2013)이나 '일상생활의 환경을 창출하는 기반'(대표적으로 Susan Leigh Star, "The Ethnography of Infrastructure")이나 '규제와 통치의 기술' 등으로 볼 수 있으며, 나아가 인간과 비인간을 포괄하는 '생명의 매체medium'로 볼 수도 있다(Maan Barua, "Infrastructure and Non-human Life: A Wider Ontology," *Progress in Human Geography* 45-6, 2021, pp. 1468-1469).

[44] Brian Larkin, "The Politics and Poetics of Infrastructure," p. 328.

또 다른 정의는 인프라를 "우리가 실제로 개입하여 행하고 있는 활동을 지원하고 가능하게 하는 (건물, 조직, 표준 합의 등의) **사전 작업**the prior work"[45](필자의 강조)으로 규정한다. 우선 이 정의는 '우리'라는 말로써 인프라를 인간과 관계하는 것으로 한정하고 있다고 추정할 수 있다. 하지만 그보다 흥미로운 점은 이 정의가 '하부'구조라는 인프라에 대한 일반적인 공간적 표상을 '사전' 작업이라는 시간적 표상으로 대체한다는 점이며,[46] 나아가 이러한 시간성 속에서 사전 '작업'이라는 말을 통해 인프라를 영속하는 세계를 구성하는 작업[47]이 '응고'된 형태로 본다는 점이다. 이런 관점에서 이러한 인프라는 "금융, 기술, 노하우, 그리고 조직적·지정학적 권력의 장기적 축적"[48]이기도 하다.[49]

---

45 Stephen C. Slota and Geoffrey C. Bowker,, "How Infrastructures Matter," p. 529.

46 아래에서 논의할 라킨의 또 다른 정의에서 "공간을 넘어서over space"라는 표현에도 잘 드러나듯이, 인프라는 자연스럽게 공간성과 연계된다. 인프라 작동의 핵심은 바로 공간을 통한 연결이기 때문이다. 그러나 인프라는 공간만큼 시간도 매개한다. 그것은 시간을 구성하고, 특정 유형의 사회적 시간을 가능하게 하지만 다른 유형의 사회적 시간은 불가능하게 만들며, 일부 시간성을 가능하게 하지만 다른 대안을 배제한다(Hannah Appel, Nikhil Anand and Akhil Gupta, "Introduction: Temporality, Politics," pp. 14~15).

47 한나 아렌트,《인간의 조건》, 이진우 옮김, 한길사, 2019. 아렌트에 따르면, 인간의 활동 중에서 노동labour이나 행위action와 구별되는 작업work은 자연을 변형하여 인공적 사물들과 그 사물들로 이루어진 영속적 세계를 만드는 것이다. 인프라를 건설하는 인간의 활동은 이러한 의미에서 '작업'이라고 할 수 있다.

48 Steve Graham and Simon Marvin, *Splintering Urbanism: Networked Infrastructures, Technological Mobilities and the Urban Condition*, New York: Routledge, 2001, p. 8.

49 물론 다양한 형태의 신유물론에서는 인프라가 사회적 관계와 사회적 노동을 '응고congeal'시킨다는 기존의 유물론적 주장에 비판적이다. 이런 주장은 인프라라는 사물을 인간이 수행하는 범주화를 수동적으로 받아들이는 용기로 간주하기 때문이다(Larkin, "Promising Forms," p. 197). 그러나 이러한 신유물론에서 물질과 담론을 분리하고 나아가 사물의 물질적 행위성을 강조하는 것이 자칫하면 사물을 "미학적[감성적] 영역이나 그에 수반되는 정치적 합리성으로부터 완전히 자율적인 물질적 배치"로 보는 오류를 낳을 수도 있다(Larkin, "Promising Forms," p. 197). 이 경우 인프라적 접근은 인프라의 영향을 받는 사람들의 감각과 경험을 무시하는 오류에 빠질 수 있다(Mary Bridges, "The Infrastructural Turn

이처럼 인프라가 '인간'의 활동이 응고된 형태라는 데 주목하는 것은 인프라가 '인간이 만든 것'임을 강조하는 것이다. 여기에서 인프라는 "다른 것의 움직임을 가능하게 하는 것"이라는 정의를 한정할 가능성이 나타난다. 이런 맥락에서 라킨은 인프라를 "물건, 사람, 관념이 흐르기 쉽게 만들고 공간을 넘어 교환되도록 허용하는 **건조**built 네트워크"[50](필자의 강조)로 정의하기도 한다. 이 정의에서 인프라는 인간에 의해 건조된 것일 수도 있고 어떤 비인간 존재에 의해 건조된 것일 수도 있지만, '건조하다' 혹은 '만들다'라는 표현이 대체로 '행위성agency'을 함의하고, '행위성'은 다시 '의도intention' 혹은 '지향성intentionality'을 함의한다면, 이 정의는 의도적/지향적 행위성이 없는 존재에 의해 만들어진 것은 배제하는 것처럼 들린다.

물론 '행위성'에 대한 재개념화를 시도하는 최근의 이론들, 가령 다양한 유형의 신유물론이나 행위자-네트워크 이론 등에서는 이의를 제기할 수 있을 것이다. 다만 이 글에서는 행위성에 대한 이러한 재개념화를 일단 유보하고자 한다. 그 이유는 다음과 같은 의문, 즉 "모든 형태의 행위성이 모든 종류의 가분체dividual에게 민주적으로 분산된다면, 그중 일부는 일시적으로 인간으로, 다른 일부는 기계, 동물, 또는 기타 준행위자로 배치될 수 있다면, 우리는 모든 형태의 인간 내부intrahuman의 판단, 책임성, 윤리적 담론을 영구적으로 괄호 안에 가두어야 하는가?"[51]라는 의문이 아직 선명하게 해소되지 않았다고 판단하기 때문이다. 그리하여 이 글은 인류세에 대한 사유 틀 내에서 인프라를 인간에 의해 만들어진

---

in Historical Scholarship," p. 117).

50   Brian Larkin, "The Politics and Poetics of Infrastructure," p. 328.

51   Arjun Appadurai, "Mediants, Materiality, Normativity," *Public Culture* 27-2, 2015, p. 24.

것으로 특정하고, 라킨의 두 가지 정의를 참조하여 인프라에 대하여 "다른 것의 움직임을 가능하게 하도록 인간에 의해 만들어진 것"이라는 조작적 정의를 활용하고자 한다. 그리고 아래에서 상술하겠지만, 인프라에 대한 관계론적 관점에서 "만들다"라는 개념을 "관계 안에 들이다"라는 의미로 정의할 가능성을 모색하고자 한다.

다시 한 번 강조하지만, 인프라를 '인간'에 의해 만들어진 것으로 제한하는 이러한 정의는 일견 신유물론이나 행위자-네트워크 이론의 평평한 존재론flat ontology으로부터 퇴행하여 인프라를 인간의 의도적/지향적 행위성의 소산으로 한정하는 전통적 관념과 타협하는 것처럼 보인다. 이러한 전통적 관념은 자연과 문화를 준별하는 이분법[52]에 기초하는데, 이에 따르면 인프라는 분명하게 문화에 속한다. 그러나 이러한 전통적 관념에 도전하는 방식에는 적어도 두 가지가 있다. 첫째, "인간에 의해 만들어진 것"이라는 표현 중에서 "인간에 의해"라는 부분을 폐기하고, 행위성을 넓은 의미의 비인간 존재에 개방함으로써 자연과 문화의 경계를 극복하는 것이다. 그러나 이 글에서는 신유물론이나 행위자-네트워크 이론의 이런 방식은 일단 괄호 안에 두고 판단 중지하고자 한다. 둘째, "인간에 의해 만들어진 것"이라는 표현 중에서 "만들어진 것"의 범위를 전통적 의미의 인프라를 넘어 확장함으로써 자연과 문화의 경계를 흐리는 것이다. 인류세의 맥락에서 기후를 인프라로 재개념화하는 이 글은 인간이 행성을 만든다는 인류세 개념과 정합적인 후자의 방식

52　이를 극복하기 위하여 "자연문화natureculture"(Donna J. Haraway, *The Companion Species Manifesto: Dogs, People, and Significant Otherness*, Chicago: Prickly Paradigm Press, 2003) 혹은 '자연-문화 연속체nature-culture continuum'(Rosi Braidotti, *The Posthuman*, Cambridge: Polity, 2013, p. 2)와 같은 개념이 제출된 바 있다.

에 착목한다.[53] 인간의 활동이 행성적 과정에 심대한 영향을 주는 인류세에는 자연과 문화의 이분법이 의문시되고 있으며, 이에 상응하는 환경(자연)과 인프라(문화)의 이분법도 의문시되고 있다.[54] 아래에서 상술하겠지만, 이런 의미에서 인류세의 기후는 (주체로부터 독립적이라는 의미의) '환경'이라기보다 '인프라', 즉 "만들어진 것"이다.[55]

인프라의 범위

앞선 정의에서 인프라를 "다른 것의 움직임을 가능하게 하는 것"으로 본다면, 모든 인프라는 (넓은 의미의) '모빌리티 인프라'이다. 이때 '다른 것'을 존재론적으로 한정하여 '인간의 사회적 삶'으로 구체화한다면, 인프라는 이동·흐름·순환·교류·소통 등의 모빌리티로 이루어지는 인간의 사회적 삶을 가능하게 하는 '하부구조'이다. 따라서 새로운 모빌리티 패러다임new mobilities paradigm은 초기부터 모빌리티 인프라의 물질성에

---

53 이런 의미에서 인류세에는 지구 자체를 "인간이 만든 지구", 즉 일종의 "인공지구"(전치형, 〈인공지능과 인공지구〉,《경향신문》2018년 9월 12일)로 볼 수 있으며, 따라서 "행성 인프라"로 개념화할 수 있다.

54 Mikhail V. Chester, Samuel Markolf, and Braden Allenby, "Infrastructure and the Environment in the Anthropocene," *Journal of Industrial Ecology* 23-5, 2019, p. 1009.

55 "역사적 존재론historical ontology"에 따르면 과학적 탐구의 대상으로서 특정 사물은 역사적으로 그 존재론적 성격이 변화하고 그에 따라 과학적 탐구의 인프라도 변화하는데(David Ribes, and Jessica Beth Polk, "Historical Ontology and Infrastructure," *Proceedings of the 2012 iConference*, 2012, pp. 255-256) 이것을 뚜렷하게 보여 주는 것이 "환경의 '자연사'로부터 '인간에 의해 변형된anthropogenically transformed' 환경의 역사로의" 전환(David Ribes, and Jessica Beth Polk, "Historical Ontology and Infrastructure," p. 260)이다. 이런 의미에서 '기후의 역사적 존재론'에 따르면, 인류세의 기후는 인간에 의해 (주체로부터 독립적이라는 의미의) '환경'에서 '인프라'로 변형된다.

주목해 왔다.

　이 새로운 패러다임은 모든 모빌리티가 특수하고 종종 상당히 착근되고 부동적인 인프라를 포함한다는 것을 강조한다. … 이러한 체계들의 복합적 특성은 다중적 고정성이나 계류에서 유래하는데, 이러한 고정성과 계류는 액체 근대의 유동하는 것들을 가능하게 하는 견고한 물리적 스케일 위에 종종 기초하고 있다. 그러므로 휴대전화, 자동차, 비행기, 기차, 컴퓨터 연결을 비롯한 "이동 기계"는 모두 서로 중첩된 다양한 시간-공간 부동성을 전제한다.[56]

　이러한 의미의 근대적 인프라는 대체로 물질적 인프라를 가리킨다. 역사적으로 보아 19세기의 인프라는 자유주의국가에 물질적 형식을 부여했다. 인프라는 19세기 중반 자유주의 통치 프로젝트에 기반하여 시민적 주체를 파편적인 정치공동체들로부터 자유롭게 하여 근대국가의 단일한 권위에 종속시키는 데 복무한 것이다.[57] 이 용어가 특히 19세기 유럽의 철도 건설을 모델로 등장했다는 역사적 사실로부터, 인프라가 근대적 개념이라는 사실, 나아가 인프라의 전형적 사례가 철도를 비롯한 근대적인 (좁은 의미의) '모빌리티 인프라'라는 사실을 알 수 있다. 존 어리John Urry는 모빌리티 시스템을 "사회적 삶의 인프라", 즉 "사람, 관념, 정보가 장소에서 장소로, 사람에서 사람으로, 사건에서 사건으로

56　Mimi Sheller, and John Urry, "The New Mobilities Paradigm," *Environment and Planning A* 38-2, 2006, p. 210.

57　Nikhil Anand, "A Public Matter," p. 158.

이동하는 것을 가능하게 하는"[58] 것으로 규정하며, 이러한 "부동적 인프라"의 사례로 "보행로, 철로, 공용도로, 전신선, 송수관, 전화교환국, 송신탑, 하수 시설, 가스관, 공항, 라디오 안테나, 텔레비전 안테나, 이동전화 기지국, 위성, 지하 케이블 등"[59]을 들었다. 이러한 맥락에서 어리는 물질적 인프라에 대한 사회과학의 무관심을 비판하면서 '물질로의 전환'을 선도한 바 있다.[60]

그러나 인프라의 범위와 관련하여 "협소한 인프라 대 포괄적 인프라 Narrow v. Expansive Infrastructure"의 구분에 따르면, 인프라는 차츰 물질적 인프라라는 협소한 의미를 넘어서 "현상 간의 상호연관을 설명"하고 "문화적·정치적·경제적 권력의 물질적 상호연관과 얼개"를 고찰하는 데 활용되고 있다.[61] 그것은 "기술적 설비를 훨씬 뛰어넘어 새로운 패러다임으로서 지위"[62]를 부여받고 있는 것이다.

따라서 넓은 의미에서 "이동을 가능하게 하는 시스템"으로서 인프라

58　존 어리, 《모빌리티》, 김태한 옮김, 앨피, 2022, 32~33쪽.

59　존 어리, 《모빌리티》, 46쪽.

60　인프라는 대체로 물질적 인프라를 가리키는 의미로 한정되어 사용되어 왔는데(최기룡, 〈메콩 지역 일대일로 이니셔티브의 사회적 수용성 고찰: 라오스와 캄보디아 초국경 인프라 구축 사례를 중심으로〉, 《아시아리뷰》 14-2, 2024, 88쪽), 이러한 물질적 인프라는 다시 교통 인프라(도로, 다리, 철도, 터널 등), 에너지 인프라(파이프라인, 전력망 등), 에너지 생산 인프라(댐 등), 통신 인프라(해저케이블, 광섬유 케이블 등), 공간 변경을 위한 인프라(관개 시설 등) 등으로 대별된다(90쪽).

61　Mary Bridges, "The Infrastructural Turn in Historical Scholarship," p. 105.

62　Christian Meyer, "From Structure to Infrastructure," p. 31. 그러나 '인프라' 개념의 역사적이고 철학적인 계보를 세밀하게 추적한 이 연구에 따르면, 인프라 개념의 의미가 물질적 인프라에서 비물질적 인프라로 '확장'되었다는 것은 정확하지 않다. 물질적 인프라와 비물질적 인프라는 애초부터 동근원적equiprimordial이기 때문이다(Christian Meyer, "From Structure to Infrastructure," p. 46). 이 주장은 매우 중요하지만, 이 글에서는 더 깊이 논의하기 어렵다.

는 가령 "사회, 경제, 정치적 행위와 이에 의해 형성되는 연결망"까지 포함한다.[63] 따라서 인프라는 모빌리티의 물질적 기반인 철도, 도로, 항만, 수로, 파이프, 통신 케이블 등의 물리적 기반시설뿐 아니라, 모빌리티의 비물질적 기반인 법, 제도, 정책 등까지 포괄하는 넓은 의미로 쓰이게 된다. 이때 '모빌리티' 개념이 포괄적인 데에 상응하여, '인프라' 개념도 인간의 모든 사회적 삶을 뒷받침하는 물질적·비물질적 기반을 포괄하는 넓은 의미로 쓰일 수 있으며(가령 교육 인프라, 복지 인프라, 사회 인프라), 나아가 "행성의 세帶부터 개인·가족·공동체의 가장 친밀한 행위에 이르기까지, 근본적으로 상이한 스케일들을 가로지르는 사유"[64]를 뒷받침한다.[65]

---

63 고민경·백일순, 〈이주 중개인을 통해서 본 이주 인프라의 형성 과정〉,《한국지역지리학회지》25-2, 2019, 208쪽. 이런 의미에서 가령 이주 인프라migration infrastructure와 같은 개념이 등장하는데, 이주 인프라는 다시 하위 인프라들, 즉 사회 인프라, 기술 인프라, 상업 인프라, 규제 인프라, 인도주의 인프라 등으로 이루어진다(209쪽). 여기에서 알 수 있는 것은 인프라에 물질과 비물질을 포괄하여 다양한 스케일의 다양한 존재 유형이 개입한다는 사실, 그리고 인프라가 개념적 관계에서나 실질적 관계에서 중층적일 수 있다는 것이다.

64 Hannah Appel, Nikhi Anand, and Akhil Gupta, "Introduction: Temporality, Politics," p. 20.

65 이러한 포괄적 의미에서 사회적 삶의 인프라는 "단지 물질적 구조의 토대일 뿐 아니라, 의미와 의미 있는 행위를 만드는 일을 매개하고 가능하게 하거나 불가능하게 하는 토대적 체계"(Lav Kanoi, Vanessa Koh, Al Lim, Shoko Yamada, and Michael R Dove, " 'What Is Infrastructure? What Does It Do?' ")이다. 이러한 일반적 의미의 토대적 체계로서 인프라의 특징은 "새로운 작업의 시작에 있어 우리가 다시 고려할 필요가 없는 시스템, 기술, 조직, 만들어진 인공물"(Stephen C. Slota and Geoffrey C. Bowker, "How Infrastructures Matter," p. 529)이라는 데 있다. 한편, 이런 포괄적 의미의 인프라를 라킨은 "건조 사물, 지식 사물, 인간 사물"(Brian Larkin, "The Politics and Poetics of Infrastructure," p. 329)로 구별한다. 여기에서 특히 인간 사물people things을 인프라에 포함시키는 것은, 곧 인프라로서의 인간(AbdouMaliq Simone, "People as Infrastructure: Intersecting Fragments in Johannesburg," *Public Culture* 16-3, 2004; Rosalind Fredericks, "Vital Infrastructures of Trash in Dakar," *Comparative Studies of South Asia, Africa and the Middle East* 34-3, 2014), 인프라로서의 신체(Luis Andueza, Archie Davies, Alex Loftus, and Hannah Schling, "The Body as Infrastructure," *Environment and Planning E: Nature and Space* 4-3, 2021), 인프라로서의 비

인프라의 특성

인프라를 "다른 것의 움직임을 가능하게 하도록 인간에 의해 만들어진 것"으로 조작적으로 정의하고 그 범위를 물리적 인프라를 넘어서 확장한 후, 이제 기후를 인프라로 재개념화하기 위한 다음 단계로서 인프라 인문학에서 주목하는 인프라의 특성을 살펴보자. 스타는 인프라의 일반적 특성을 다음과 같이 아홉 가지로 규정한다.

① 어딘가에 내장되어 쉬 드러나지 않고, ② 쓰는 방식은 대개 자명하며, ③ 일회적이거나 국지적이지 않고, ④ 어딘가에 소속되어 학습되고, ⑤ 실행 관습과 연결되고, ⑥ 표준을 구현하고, ⑦ 이미 설치된 것 위에 더해지며, ⑧ 고장이 나면 보이고, ⑨ 단번에 전체적으로 고쳐지지 않고 조금씩 보수된다.[66]

스타의 이러한 특징화를 염두에 두면서도 이 글에서는 인프라의 특징을 (상대적인) 부동성, 비가시성, 통제 불가능성으로 정리하고자 한다. 첫째, 다른 것을 움직이게 하는 것으로서 인프라 자체는 그 개념상 (움직이는 것에 대해 상대적으로) 움직이지 않아야 한다.[67] 그러므로 모빌리

인간 생명(Maan Barua, "Infrastructure and Non-human Life")으로 이어진다.

[66] Susan Leigh Star, "The Ethnography of Infrastructure," pp. 381-382(이정, 〈기반 시설, 혹은 사회생태 기간망을 통한 생태적 역사학〉, 327쪽 재인용). 한편 스타의 이보다 앞선 연구에서는 마지막 특성을 제외한 여덟 가지 특성만 제시한다(Susan Leigh Star, and Karen Ruhleder, "Steps Toward an Ecology of Infrastructure: Designs and Access for Large Information Spaces," *Information Systems Research* 7-1, 1996, p. 113).

[67] 다른 것을 움직이게 하는 인프라 자체가 움직인다면, 이런 인프라의 움직임을 뒷받침하는 또 다른 인프라가 있어야 하므로, 일종의 무한소급infinite regress에 빠질 것이다. 이러한 철

티는 (상대적) 임모빌리티에 의존한다고 할 수 있다. 인프라는 "사람과 상품의 이동을 가능하게 하지만, 그 자체로는 움직이는 것처럼 보이지 않는다."[68]

둘째, 인프라는 일상적 상황에서 (상대적으로) 비가시적이며, 문제가 생길 때에야 비로소 가시화된다. 인프라에 대한 사유에서 이러한 (상대적) 비가시성은 가장 자주, 그리고 가장 중요하게 논의되어 온 것이다. 인프라는 "순환을 가능하게 하고 순환의 중요한 교점이 될 수 있지만, 그렇게 함으로써 순환 자체에서 사라진다."[69] 물론 이러한 비가시성은 꼭 물리적 비가시성을 뜻하는 것은 아니다. 가령 땅속에 묻힌 상수도관은 물리적으로 비가시적이지만, 도로는 물리적으로 가시적이다. 그러므로 인프라로서 도로가 '비가시적'이라는 말은 도로가 정상적으로 작동할 때는 대체로 주목되지 않는다는 의미이다. 따라서 '하부infra'라는 접두어는 단순히 상부와 분리된 하부라는 뜻이 아니라, "그러한 배열도 그것의 사회적 환경social surroundings 안으로 퇴적되고, 그것의 디자인 논리와 분산 패턴이 일상생활의 조직화에 있어서 '제2의 자연'이 된다"[70]라

학적 · 개념적 논의는 이 글에서 더 추적하지 않지만, 다만 스타가 인프라를 정의하면서 "연구될 수 있는 것은 언제나 관계 혹은 관계들의 무한소급이다. 결코 '사물'이 아니다"라는 말을 인용한 것은 시사적이다(Susan Leigh Star, "The Ethnography of Infrastructure," p. 379).

68 Akhil Gupta, "The Future in Ruins: Thoughts on the Temporality of Infrastructure," *The Promise of Infrastructure*, Nikhil Anand, Akhil Gupta, and Hannah Appel eds., Duke University Press, 2018, p. 74. 그러나 인프라에 관한 "역학적 관점dynamic view"에서는 인프라의 "운동과 과정에, 그리고 갱신과 폐허화 사이의 끊임없는 투쟁에 초점"을 맞춤으로써 인프라를 "끊임없이 움직이고 항상 변화하며 덧없고 종종 포착하기 어려운 것"으로 이론화한다(Gupta, "The Future in Ruins," p. 73). 외관상 부동적인 인프라가 실은 이동적이라는 것을 공항 터미널을 사례로 잘 보여 주고 있는 Peter Adey, "If Mobility Is Everything Then It Is Nothing: Towards a Relational Politics of (Im)mobilities," *Mobilities* 1-1, 2006을 참조하라.

69 Akhil Gupta, "The Future in Ruins," p. 74.

70 Julie Y. Chu, "When Infrastructures Attack: The Workings of Disrepair in China," *American*

는 뜻이다.

인프라가 우리의 일상적 인식을 벗어난다는 데에서 한 걸음 더 나아가, 우리의 인식 '가능성'까지 벗어난다는 급진적 입장, 즉 인프라의 가시성은 불가능하다는 입장까지 밀고 나가면 초객체hyperobject 논의와 만난다. 초객체는 존재론적으로 "사람들과 비교하여 시간과 공간에 있어 광대하게 분포된 사물들"[71]이다. 초객체는 이처럼 비지역적nonlocal인 존재이므로 어느 시점에 특정 지역에 현현하더라도 그 현현이 초객체 자체와 동일한 것은 아니다.[72] 이러한 초객체의 존재론적 특성으로부터 인식론적 특성이 도출된다. 우리는 특정한 순간에 "초객체의 부분만 볼 수 있다"[73]는 것이다.

이처럼 우리의 인식을 근본적 의미에서 넘어서 있는 초객체의 대표적인 사례가 기후변화이다. 기후변화는 지구적으로 발생하지만, 그 영향은 지역마다 다르게 분포하며 그 문제의 규모와 양상을 전체적으로 파악하는 것은 불가능하다. 티머시 모턴은 기후변화를 초객체의 대표적 사례로 들고 있는데,[74] 우리는 기후변화뿐 아니라 기후 자체도 이러한 초객체의 다양한 특성이 있다고 판단한다. 전통적으로 기후는 존재라기

Ethnologist 41-2, 2014, p. 353. 물론 이러한 비가시성은 인프라가 순조롭게 작동하는 곳에서 더 두드러진다. 가령 파이프가 벽 안에 숨겨져 있고 전기는 콘센트로 공급되며 천연가스 밸브를 돌려 오븐을 데우는 글로벌 노스의 대부분 지역에서는 인프라가 눈에 잘 띄지 않는다. 하지만 글로벌 사우스에서는 인프라가 간헐적으로만 작동하거나 아예 작동하지 않는 것이 '정상' 조건일 수 있는데, 이런 곳에서 인프라는 상대적으로 가시적일 수 있다(Akhil Gupta, "The Future in Ruins," p. 66; Chu, "When Infrastructures Attack," p. 365).

[71] Timothy Morton, *Hyperobjects: Philosophy and Ecology after the End of the World*, Minneapolis: University of Minnesota Press, 2013, p. 1.

[72] Timothy Morton, *Hyperobjects*, p. 1.

[73] Timothy Morton, *Hyperobjects*, p. 4.

[74] Timothy Morton, *Hyperobjects*, p. 2.

보다 "존재의 배경"으로 여겨졌지만,[75] 인류세에는 장애와 위기를 통해 전경화되는 '객체'이자, 그럼에도 완전히 가시화될 수 없는 '초'객체임이 드러나고 있다. 이 글에서는 '초객체' 논의를 심화하기보다는, 기후가 평소에는 비가시적인 배경이다가 위기의 순간에 (불완전하게나마) 가시화·전경화되는 인프라라는 점에 초점을 맞추고자 한다.

마지막으로, 인프라는 (상대적으로) 통제 불가능하다. 이러한 인프라의 특성은 인프라의 물질성 및 규모에서 도출되는 것이다. 인프라에 대한 도구주의적·기술주의적 접근은 인프라를 비교적 용이하게 통제할 수 있는 가치중립적인 기술적 도구처럼 생각하는 경향이 있지만, 실제로 인프라는 완강하고 물질적이며 통제하기 어려운 것이다. 인프라의 물질성 및 규모에서 도출되는 이러한 특성은 인프라의 (상대적) 변화 불가능성과 회복 불가능성으로도 나타난다. 인프라의 정치성과 시간성에서 중요한 함의를 지니는 이러한 특성은 가령 남아공에서 아파르트헤이트 종식 혹은 전환 담론 아래에서 지속되는 차별에 큰 영향을 끼쳤다.[76]

요컨대, 이 글에서는 인프라의 일반적 특성을 움직이는 것을 움직이게 하는 (상대적으로) 움직이지 않는 것, 보이는 것을 보이게 하는 (상대적으로) 보이지 않는 것, 통제되는 것을 통제되게 하는 (상대적으로) 통제되지 않는 것으로 파악하고자 한다.

---

75 박일준, 〈객체지향의 철학: 초객체와 네트워크 그리고 공생〉, 《인문논총》 55, 2021, 14쪽.

76 Antina von Schnitzler, "Infrastructure, Apartheid Technopolitics, and Temporalities of 'Transition'," *The Promise of Infrastructure*, Nikhil Anand, Akhil Gupta, and Hannah Appel eds., Duke University Press, 2018, p. 142.

환경으로서의 기후

이제 인프라의 정의·범위·특징에 대한 고찰을 기반으로 하여 '인프라로서의 기후'에 대해 논하고자 한다. 그러나 기후-인프라를 본격적으로 논의하기 전에 먼저 기후를 환경으로 간주하는 관점과 인프라로 간주하는 관점을 비교함으로써 기후-인프라 개념의 의의를 선명하게 드러낼 필요가 있다.

기후는 일반적으로 환경Umwelt, environment, 즉 인간과 비인간을 둘러싼um 객관적 세계Welt로 개념화되어 왔다. 그런데 인간이 환경을 규정하는 거대한 힘이 된 인류세에는 이러한 개념화의 한계가 드러난다. 그렇다면 기후위기를 사유하기 위하여 기후를 환경이 아니라 인프라로 재개념화하고 이에 따라 기후위기를 '인프라 위기infrastructure crisis'로 개념화한다면, 어떤 차이가 드러날 것인가?[77]

기후를 인프라로 보는 관점과 환경으로 보는 관점의 차이에 대해 두 가지 방식으로 고찰할 수 있다. 환경의 주체와 무관한 개념(주체무관 개념)에 기초하는 방식과 주체와 유관한 개념(주체유관 개념)에 기초하는 방식이다. 앞에서 자연/문화의 이분법에 기초한 환경/인프라의 이분법

---

[77] "인프라 위기"라는 표현은 1981년 발간된 패트 초트Pat Choate와 수전 월터Susan Walter의 저서《폐허 속의 미국America in Ruins》에서 사용되어 반향을 일으켰으나 그 이후 비교적 영향력이 줄어들었다(Kristen L. Sanford, Joel A. Tarr, and Sue McNeil, "Crisis Perception and Policy Outcomes: Comparison Between Environmental and Infrastructure Crises," *Journal of Infrastructure Systems* 1-4, 1995, p. 196). 그러나 최근 사회과학과 인문학에서 인프라에 관한 관심이 늘어남에 따라 인프라 '위기'라는 표현의 적실성을 둘러싼 논쟁이 점화된 바 있다. 이러한 논쟁에 대해서는 특히 Kristen L. Sanford, Joel A. Tarr, and Sue McNeil, "Crisis Perception and Policy Outcomes"; Cromwell III, John E., Elisa Speranza, and Haydn Reynolds, "The Infrastructure 'Crisis'?" *Journal-American Water Works Association* 99-4, 2007을 참조하라.

을 언급했는데, '환경' 개념 역시 다양하게 규정되지만 대체로 자연에 속하는 것으로 간주된다. 환경의 주체무관 개념에 따르면, 자연과 문화의 이분법에 기초하여 환경은 자연적 체계로 여겨지고 인프라는 인위적 체계로 여겨진다. 이러한 관점에서 환경은 인간 주체의 활동에 (존재론적으로나 인식론적으로나) 선행하고 그로부터 독립적인 객관적 자연이다. 물론 환경도 인간 주체의 활동에 영향을 받는데, 환경오염, 환경파괴, 환경 개선 등은 모두 이러한 관념의 발현이다. 그럼에도 기본적으로 환경은 인간에 선행하고 그로부터 독립적인, 인간을 둘러싼 자연적 체계라는 데는 변함이 없다. 따라서 환경의 주체무관 개념에 기초하여 인프라와 환경의 관계를 논하는 담론은 대개 이러한 인프라/환경 이분법에 기초하여 인프라(문화)가 환경(자연)에 끼치는 영향 등을 다룰 뿐이다.[78]

그러나 인프라와 환경의 이분법은 점차 의문시되고 있다. "인간 활동의 규모와 범위가 극적으로 증대되어 자연적 체계들이 점점 더, 그리고 어떤 경우에는 완전하게 인간에 의해 관리되고 있다는 증거가 늘어남"에 따라 "자연적 체계들이 점점 더 인간의 디자인 공간"이 되고 있기 때문이다.[79] 특히 인문학자들이 "다종으로의 전환multispecies turn"을 통해 "비인간 세계들의 인프라하기infrastructuring of non-human worlds"에 주목하고 "비인간의 정치적 삶"을 연구하기 시작하면서, 인프라와 환경의 경계는 점점 더 모호해지고, 두 개념 모두 예전에 '맥락context' 같은 개념이

---

[78] Martin W. Doyle, and David G. Havlick, "Infrastructure and the Environment," *Annual Review of Environment and Resources* 34-1, 2009; Anna Krakowiak-Bal, and Magdalena Vaverkova eds., *Infrastructure and Environment, Springer International Publishing*, 2019.

[79] Mikhail V. Chester, Samuel Markolf and Braden Allenb, "Infrastructure and the Environment in the Anthropocene," p. 1006.

차지하던 영역을 넘나들게 되었다.[80] 따라서 환경을 인간에 선행하고 인간을 둘러싸는 자연적 체계로 보는 주체무관 개념에 제한한다면, 인류세에는 (기후와 같은) 자연적 체계를 환경으로 보는 관점으로부터 인프라로 보는 관점으로 전환해야 한다.

그러나 환경의 주체유관 개념에 입각한다면, 기후를 환경으로 보는 관점과 인프라로 보는 관점은 애초부터 크게 구분되지 않는다. 이런 환경 개념에서는 환경 자체가 한낱 자연적 체계로 간주되지 않으며, 더욱 중요하게는 주체에 선행하며 주체로부터 독립적인 객관적 자연으로 간주되지 않는다. 환경 자체가 그 정의상 이미 주체유관적이기 때문이다.

에른스트 헤켈Ernst Haeckel은 자신이 창시한 생태학ecology을 "유기체와 그것의 **환경**적 외부 세계의 **관계**에 관한 과학"[81](필자의 강조)으로 규정한다. 여기에서 분명하게 드러나는 점은 생태 개념 자체가 그것이 둘러싼 주체와의 관계를 본질적으로 내포하는 용어라는 점이다. 야콥 폰 윅스퀼Jakob Johann von Uexküll은 이러한 주체유관성을 더욱 심화하여, 환경Umwelt을 어떤 생명체나 특정 생물종에게 '의미 있는' 물리적 세계라고 규정하는데, 따라서 이러한 환경 개념은 생명체나 특정 생물종에 대한 '의미'와 무관하게 존재하는 자연Natur 개념과 구별된다.[82]

이러한 윅스퀼의 생물학적 통찰은 원칙적으로 생명체에만 국한되는 것은 아니다. 가령 행위자-네트워크 이론에 있어서는 "엄밀히 말하면

---

80 Van Kanoi, Vanessa Koh, Al Lim, Shoko Yamada, and Michael R Dove, "'What Is Infrastructure? What Does It Do?'" 다종 연구multispecies research와 인프라 연구의 관계에 관한 포괄적 해명은 김지혜, 〈다종 연구에 인프라스트럭처를 엮기〉,《공간과사회》35-2, 2025를 참조하라.

81 김남수, 〈보생명과 움벨트 개념 탐색: 환경 교육의 관점에서〉,《환경철학》16, 2013, 3쪽.

82 김태희, 〈체화된 인공지능의 상황과 환경에 대한 현상학적 성찰〉,《현상학과 현대철학》83, 2019, 13쪽.

해당 행위자와 연결망을 구성하지 않은 채 존재하는 별개의 '환경'이라는 것은 존재한다고 보기 어렵"다.[83] 따라서 환경의 주체유관 개념에 착목하는 인프라 연구는 이질적 네트워크들의 작동에 관한 행위자-네트워크 이론의 관심을 계승한다.[84]

요컨대, 환경의 주체무관 개념이 자연/문화 이분법에 기초한다면, 환경의 주체유관 개념에서는 환경이 자연에서 멀어지면서 문화에 접근한다거나 아예 자연/문화의 경계가 흐려진다고 볼 수 있다. 그렇다면, 이런 환경의 주체유관 개념과 인프라 개념은 전적으로 같은가? 두 개념은 어떤 차이가 있으며, 이에 기초하여 기후를 환경으로 개념화하는 것과 인프라로 개념화하는 것은 어떤 차이를 만드는가?

인프라로서의 기후

인프라의 정의·범위·특징에 대한 고찰을 통해 우리는 기후를 인프라로 재개념화할 가능성에 접근했다. 여기에서 기후 인프라climate infrastructure라는 개념이 대두되는데, 이 개념은 주로 '기후위기 극복을 위한 인프라'라는 의미로 (드물지만) 간혹 쓰이고 있다. 가령 기후 인프

83　이준석, 〈새로운 기술-환경 거버넌스를 위한 고찰: 환경현상학 및 행위자-연결망 이론의 접점에 대한 탐구〉,《환경 사회학연구 ECO》19-1, 2015, 342쪽.

84　Brian Larkin, "The Politics and Poetics of Infrastructure," p. 331; 최학락,《현대 한국 무속의 신령 연구》, 서울대학교 박사학위논문, 2024, 7쪽, 비판인류학 등에서 행위자-네트워크 이론 수용은 대개 인프라 연구에 집중되었는데, 이는 물질성이 정치적 과정에 미치는 영향을 탐색하기 위한 것이다(조문영, 〈행위자-네트워크-이론과 비판인류학의 대화: '사회'에 관한 논의를 중심으로〉,《비교문화연구》27-1, 2021, 408~409쪽).

라는 "탄소제로를 위해 필요한" 인프라를 뜻한다.[85] 이런 의미에서 기후와 인프라에 대한 담론은 기후에 영향을 주고 기후로부터 영향을 받는 인프라에 관한 담론이며, 따라서 자연으로서의 기후와 문화로서의 인프라는 여전히 분리된다. 기후 회복력 있는 인프라climate-resilient infrastructure, 그린인프라green infrastructure 등이 이런 담론의 범위에 속한다. 우리는 이와 달리 기후 자체를 인프라로 개념화한다는 점을 강조하여 '기후-인프라'로 표기하고자 한다.

우리는 환경의 주체유관 개념에 기초하여, 인프라가 이러한 의미의 환경과 친연성이 있음을 확인했다. 이에 따르면 인프라는 환경과 마찬가지로 주체유관적이다. 그렇다면 양자의 차이는 무엇인가? 인프라가 아래에서infra 떠받친다는 의미라면 환경은 주위를um 둘러싼다는 의미에서, 양자의 차이는 공간적 상상의 차이일 뿐인가?

앞서 인프라를 "다른 것의 움직임을 가능하게 하도록 인간에 의해 만들어진 것"으로 정의하여 인프라가 '만들어진 것'이라는 측면을 강조한 바 있다. 환경의 주체유관 개념 역시 주체와 환경의 상호작용을 강조하지만, 인프라를 인간이 만든 것으로 보는 조작적 정의는 주체의 '구성Konstitution'이라는 측면을 더욱 강조한다.[86] 따라서 행성을 구성하는 인간의 거대한 힘이 드러나는 인류세 국면에는 환경으로서의 기후에 비하여 인프라로서의 기후가 더 적실한 개념이라고 할 수 있다.

그렇다면 인프라는 '건조 환경built environment' 혹은 '건조 생태built

---

85 J. B. Ruhl, and James E. Salzman. "The Greens' Dilemma: Building Tomorrow's Climate Infrastructure Today," *Emory Law Journal* 73-1, 2023, p. 6.

86 이러한 환경의 주체유관성이 현상학의 '구성' 개념과 교차한다는 데 대해서는 김태희. 〈체화된 인공지능의 상황과 환경에 대한 현상학적 성찰〉, 23~25쪽 참조.

ecology'[87]라고 규정할 수도 있다. 이것은 인프라가 환경 개념 아래에 포섭되는 하위 개념임을 뜻한다. 그러나 앞서 살펴본 것처럼 환경의 주체유관 개념에 따르면 모든 환경은 주체유관적이고 따라서 주체에 의해 어떤 의미로든 '만들어진' 측면이 있다면, 이런 규정은 난점을 지닌다. 대안적인 관점은 인프라와 환경이라는 두 개념의 외연은 동일하지만, 인프라가 '만들어진 것'임을 강조한다는 점에서 두 개념의 내포에 차이가 있다는 것이다. 그렇다면 인프라가 그 정의상 '만들어진 것'임을 강조한다는 것은 어떤 차이를 만드는가? 이런 강조를 통해 무엇보다 환경의 두 개념이 지닌 모호성에서 선명하게 벗어날 수 있고, 따라서 자연/문화 이분법에서 더 분명하고 더 멀리 벗어날 수 있다. 인프라를 이루는 것들은 "자연물이면서 동시에 인공물이며, 사물이면서 사회, 제도와 분리되어 존재하지 않는 '다중성'과 '혼종성'을 갖"[88]기 때문이다.

따라서 인류세에 있어서 기후를 인간에 의해 만들어진 것으로 보는 기후-인프라 개념은 인프라 인문학의 유용한 자원들을 동원mobilize할 수 있는 장점을 지닌다. 인프라 인문학, 특히 물질적 인프라에 관한 인문학적 탐구는 "물질적 인프라를 인간의 삶을 가능하게 하거나 증강하는 것으로 보는 일반적 이해"를 공유하면서도 "인프라가 무엇을 전제하는지, 누구를 위해 만들어졌는지, 어떻게 사용되는지, 어떤 영향을 미치는지 연구함으로써 인프라를 포괄적인 사회역사적·환경적 맥락 안에서 관계적으로relationally 본다."[89] 인프라에 대한 이러한 새로운 접근을

87   Michelle Murphy, "Chemical Infrastructures of the St Clair River," *Toxicants, Health and Regulation since 1945*, Soraya Boudia and Nathalie Jas eds., Routledge, 2015, p. 104.

88   이정, 〈기반 시설, 혹은 사회생태 기간망을 통한 생태적 역사학〉, 327쪽.

89   Van Kanoi, Vanessa Koh, Al Lim, Shoko Yamada, and Michael R Dove, " 'What Is Infrastructure? What Does It Do?' "

기후에 적용한다면, 우리는 기후를 이러한 사회역사적·환경적 맥락 안에서 관계적으로 볼 수 있다. 이러한 맥락에서 앞서 언급한 인프라의 특징, 즉 상대적(관계적)인 부동성·비가시성·통제 불가능성 역시 인프라로서의 기후에 적용할 수 있다. 그렇다면 기후는 그것을 토대로 살아가는 인간(그리고 비인간)의 삶에 비하여 상대적으로(관계적으로) 부동적(장기적)이고 비가시적(배경적)이며 통제 불가능(회복 불가능)하다고 말할 수 있다.[90]

인프라가 "근본적으로 관계적 개념"이라는 관계론적 관점에 따르면, 인프라는 "조직된 실천과의 관계에서 인프라가 되며" 따라서 "사용과 분리된 사물이 아니라 관계적 속성으로만 나타난다."[91] 따라서 인프라는 "저기 밖에" 이미 주어져 있는 것이 아니다. "인프라를 정의하는 행위"는 곧 "범주화하는 순간", 즉 "어떤 네트워크를 논의하고, 그 네트워크의 어떤 측면을 논의하며 어떤 부분은 무시할지를 정의하기 위해 그 이질적 네트워크들을 찢고 들어가는 순간"[92]이기 때문이다. 따라서 "인프라란 **무엇**인가?(What Is Infrastructure?)"라는 질문을 "**언제** 하나의 인프라인가?(When Is an Infrastructure?)"(필자의 강조)라는 질문으로 바꾼다면,[93] 모든 종류의 물질적·사회적 체계는 그것이 들어가는 관계에 따라서 인프

---

90 또한 앞서 언급한 (실질적 관계에서) 인프라의 '중층성'을 감안하면, 기후는 인간이 만든 다른 인프라들과의 관계에 있어서 그것의 작동을 가능하게 하는 인프라라는 의미에서 '인프라의 인프라infrastructure of infrastructure'라고 할 수도 있다. 이것은 가령 파나마 고지대 삼림의 원거리 유역이 파나마운하라는 인프라에 상대적으로 '인프라의 인프라'로 작동하는 것과 마찬가지이다(Hannah Appel, Nikhil Anand and Akhil Gupta, "Introduction: Temporality, Politics," p. 8).

91 Susan Leigh Star and Karen Ruhleder, "Steps Toward an Ecology of Infrastructure," p. 113.

92 Brian Larkin, "The Politics and Poetics of Infrastructure," p. 330.

93 Susan Leigh Star and Karen Ruhleder, "Steps Toward an Ecology of Infrastructure," pp. 111-112.

라가 될 수 있지만 그렇게 되지 못할 수도 있다. 따라서 관계론적 관점에 입각한다면, 인프라를 '만든다'라는 것은 단순히 그 물질적·비물질적 존재를 생산한다는 의미이기보다 그것을 '관계 안에 들인다'라는 의미이다.[94]

관계론적 관점에 입각하면, 인프라는 특정 인간이나 사물에 의해 독점적으로 결정되기보다는, 다양한 행위자들 사이의 관계가 변화하거나 안정화됨으로써 '구성'된다. 물론 인프라에 대한 관계론적 관점을 해석하는 데에는 어려움이 없지 않다. 이 관점에 대한 "현상학적 해석"을 본격적으로 시도한 연구에 따르면, 이런 관점은 보통 "기술과 조직적 실천 간의 관계"로 이해되곤 했지만, 때로는 "상당히 모호하고 심지어 이해할 수 없다"라는 평가를 받기도 한다.[95] 가령 인프라는 사물인 동시에 사물 간의 관계라는 "기이한 존재론"을 지니며, 이러한 이중성 때문에 인프라는 기술과 달리 "그 기반 위에서 다른 객체들이 작동하는 토대를 창조하는 객체이고 이런 일을 할 때 체계로서 작동한다."[96] 따라서 이러한 '관계'의 본성이 무엇인가에 대해 많은 논의가 이루어졌다. 가령 인프라를 사회적 삶에서 접촉, 순환, 구획의 선을 미리 그리는 일종의 "관계들의 관계", 즉 "이차 수준의second-order 분배 행위자"로 보는 논의가 있다. 이 경우 인프라는 전체-부분 관계를 지니는 사회기술적 '체계system', 노드들의 연결로서의 '네트워크network', 이질적 연합으로서의

---

94 다시 강조하지만, 이것은 현상학의 '구성' 개념과 공명하는데, '구성'은 어떤 존재자의 존재나 속성 등을 창조하는 것이 아니라 그것을 주체와의 지향적 관계로 들이는 것이기 때문이다.

95 Kai Reimers, Stefan Schellhammer, and Robert B. Johnston, "Infrastructure as a Home for a Person: A Phenomenological Interpretation of Star and Ruhleder's Relational View," *MIS Quarterly* 46-3, 2022, p. 1551.

96 Brian Larkin, "The Politics and Poetics of Infrastructure," p. 329.

‘배치assemblage’ 등으로 다양하게 서술되었다.[97]

이러한 인프라의 "기이한 존재론"과 관련하여 인프라가 ‘관계’라는 주장은 이해하기 어렵다는 시각도 있지만, 이러한 모호한 존재론적 지위는 인프라 자체의 특징일 수 있다. 이 경우 인프라가 관계라는 것은 인프라가 원칙적으로 부분적으로만 존재하며 서로 다른 사람에게 서로 다른 것을 의미한다는 의미, 나아가 전문가나 연구자 역시 작업이나 연구 과정에서 인프라를 공동으로 구성한다는 의미일 수 있다.[98] 예컨대 "도로는 운전자에게는 인프라이지만, 도로 표면을 유지하는 사람들에게

---

[97] Julie Y. Chu, "When Infrastructures Attack," p. 353. ‘인프라’ 개념과 가령 ‘시스템’, ‘네트워크’, ‘플랫폼’, ‘기술’ 등의 유사 개념 간의 차이는 중요한 분석 대상(Axel Volmar, "From Systems to ‘Infrastructuring’," p. 52)이지만, 이 글에서 더 깊이 논의하기는 어렵다. 다만, 예컨대 인프라가 ‘기술’과 다른 점은 다른 객체가 가동하는 토대를 만든다는 점이다(Brian Larkin, "The Politics and Poetics of Infrastructure," p. 329). 또한, ‘시스템’은 인프라이거나 인프라로 기능할 수 있지만, 인프라가 반드시 시스템 형태를 취하는 것은 아니라는 분석(Axel Volmar, "From Systems to ‘Infrastructuring’," p. 54)도 유념할 필요가 있다. 이에 따르면 "인프라는 무엇보다 철도 건설이라는 이 말의 원래 의미에 있어, 자연(여기에서는 토지)의 고르지 않음을 상쇄하는 토대foundation, 혹은 비유적 의미에서는 일상생활의 우연성을 상쇄하는 토대"이며, 그래서 "보다 일반적으로는 평탄화levelling 효과를 수행하는 것으로 볼 수 있는데, 따라서 그보다 훨씬 큰 목표들을 추구하기 위하여 반복적으로 그것에 의지할 수 있고 그것 위에 건설할 수 있는 어떤 것"(Axel Volmar, "From Systems to ‘Infrastructuring’," p. 54)이다. 다른 한편, 인프라가 "시스템"이나 "구조"와 다른 점을 "**사회적** 형식의 움직임 혹은 양식화에 의해 정의되기 때문"(필자의 강조)이라고 보는 관점도 있는데, 이런 관점에서 인프라는 "생활을 조직하는 것의 살아 있는 매개living mediation, 즉 구조의 **생활세계**lifeworld of structure"(필자의 강조)(Lauren Berlant, "The Commons: Infrastructures for Troubling Times," *Environment and Planning D: Society and Space* 34-3, 2016, p. 393)이다. 여기에서 흥미로운 점은 현상학에서 기원하는 ‘생활세계’ 개념을 통해 인프라의 주체유관성을 시사한다는 점이다. 생활세계/생명세계Lebenswelt는 기본적으로 생명Leben에 의해 구성되고 의미 증여되는 세계Welt이기 때문이다(김태희, 〈체화된 인공지능의 상황과 환경에 대한 현상학적 성찰〉, 23쪽).

[98] Kai Reimers, Stefan Schellhammer, and Robert B. Johnston, "Infrastructure as a Home for a Person," p. 1553.

는 그렇지 않다."[99] 그래서 "어떤 사람의 인프라는 다른 사람에게는 주제topic 혹은 어려움"[100]이다. 인프라는 그 자체로 관계에서 벗어나 자족적으로 존재하는 것이 아니라, "언제나 다른 것과 관계하는other-regarding 것이어서, 의미 있는 사회적 형식으로 완성되기 위해서 언제나 다른 흐름이나 과정을 가리키는 부분적 대상"[101]인 것이다. 아울러 인프라를 다루는 전문가 역시 "업무에 대한 부분적 지식만 가지고 있으며, 인프라 프로젝트의 물질성과 우연성에 끊임없이 양보할 수밖에 없다."[102] 그러므로 대체로 인프라는 한편으로 기술과 실천 간의 관계를 의미하는 동시에, 다른 한편으로 그 인프라와 사용자 간의 관계를 의미한다.[103] 또한 인프라의 관계적 특성에 주목하면, 인프라는 늘 어떤 다른 것과의 관계에서 그 '아래'에 자리 잡은 것임을 알 수 있다. 따라서 이러한 관계적 특성을 통해 인프라의 상대적/관계적 비가시성, 즉 비교적 눈에 띄지 않게 작동하고, 다른 구조나 사회적 배치 속에 깊이 뿌리박혀 그로부터 구분되지 않으며, 시스템이나 구성 요소가 고장날 때에만 비로소 가시화된다는 특성을 더 깊이 이해할 수 있다.[104]

인프라에 대한 관계론적 관점에 입각한 인프라 인문학은 기후-인프라 개념을 통하여 인류세의 기후위기를 바라보는 유용한 자원들을 제

---

99 Penny Harvey, "Infrastructures in and out of Time," p. 84.

100 Susan Leigh Star, "The Ethnography of Infrastructure," p. 380.

101 Julie Y. Chu, "When Infrastructures Attack," p. 352.

102 Hannah Appel, Nikhil Anand, and Akhil Gupta, "Introduction: Temporality, Politics," p. 13.

103 Kai Reimers, Stefan Schellhammer, and Robert B. Johnston, "Infrastructure as a Home for a Person," p. 1555. 한편, 후자(인프라와 사용자의 관계)와 관련하여 하이데거의 도구 논의에 기초하여 인프라를 세계 혹은 집home으로 보는 논의는 Kai Reimers, Stefan Schellhammer, and Robert B. Johnston, "Infrastructure as a Home for a Person," pp. 1554~1559를 참조하라.

104 Susan Leigh Star, "The Ethnography of Infrastructure."

공한다. 가령 미디어 연구를 미디어 인프라로 재개념화기를 주장하는 이희은의 논의는 기후를 기후-인프라로 재개념화하려는 우리의 시도에 유용하다. 이에 따르면 미디어를 인프라로 이해하려는 관점에서는 인프라라는 물질적 조건에 주목함에 따라 미디어 인프라의 "규모, 차이, 비균질성, 관계, 노동, 관리 유지, 리터러시, 정동 등을 함께 탐색"[105]한다. 나아가 인프라 인문학은 인프라의 정치성을 강조한다. "자본이 상상하는 매끄러운 공간, 전문가들이 단순한 기술적 세부 사항으로 제시하는 인프라 아래에서 울려 퍼지는 여러 이질적인 목소리를 들을 수 있게"[106] 하기 때문이다. 기후-인프라 개념 역시 기후의 인프라적 특성에 주목함으로써 기후를 만드는 인간의 다양한 활동, 정동, 정치 등에 주목하게 해 줄 것이다.

여기에서 인프라의 정치성에 대해서는 좀 더 살펴볼 필요가 있다. 인프라는 그 범주화에서부터 이미 정치적이다. 인프라를 하나의 견고한 '사물'이 아닌 '관계'로 파악하는 관계론적 관점에서 본다면, "언제 하나의 인프라인가"를 둘러싼 물음부터 이미 정치적 쟁점이 되는 것이다.[107] 인프라를 가치중립적인 기술적 도구로 보는 도구주의적이고 기술주의적 관점에는 계몽주의적 믿음이 침윤되어 있다. 사물, 사상, 사람의 자유로운 흐름이 진보와 자유의 가능성을 창출하므로, 이를 뒷받침하는 인프라는 곧 미래를 실현하는 것이라는 믿음이다.[108] 이런 관점에서 인

---

105 이희은, 〈5G 이동통신과 미디어 테크놀로지의 물질성: 인프라로서의 미디어 네트워크를 향한 탐색적 연구〉, 《문화와 정치》 6-2, 2019, 246쪽.

106 구동현, 〈인프라적 공간을 배회하는 신자유주의라는 유령〉, 201쪽.

107 Van Kanoi, Vanessa Koh, Al Lim, Shoko Yamada, and Michael R Dove, " 'What Is Infrastructure? What Does It Do?' "

108 Brian Larkin, "The Politics and Poetics of Infrastructure," pp. 332-333.

프라는 "사회성, 거버넌스와 정치, 축적과 강탈, 그리고 제도와 열망이 형성되고 재형성되고 수행되는 결정적 장소"[109]이다.

"언제 하나의 인프라인가"라는 물음은 곧 "무엇을 인프라로 간주하는가"라는 물음 혹은 "무엇을 관계 안에 들이는가"라는 물음으로서 항상 정치적 쟁투의 현장이다.[110] 인프라 권력을 확장하기 위한 인프라 작업 infrastructure work에서는 물질적 행위자를 자기의 네트워크에 들이는 것이 중요하다.[111] 따라서 '하나의 인프라'뿐 아니라 인프라 개념 자체를 둘러싸고 그 안에 무엇을 포함하거나 배제하는가를 둘러싼 명시적이거나 암묵적인 전투가 벌어진다.[112] 인프라 인문학은 인프라를 가치중립적인

---

109 Hannah Appel, Nikhi Anand, and Akhil Gupta, "Introduction: Temporality, Politics," p. 3.

110 서구적 농업 인프라인 댐 건설, 하천 우회, 직선화, 가두기, 삼림 개간, 습지 배수, 종 박멸 등에 기초하여, 화전식 경작과 같은 전통적인 비서구적 농업 인프라를 인프라로 간주하지 않은 식민지 인프라의 역사에 대해서는 Van Kanoi, Vanessa Koh, Al Lim, Shoko Yamada, and Michael R Dove, " 'What Is Infrastructure? What Does It Do?' "를 참조하라.

111 김종영·박현준·이광호, 〈경계 작업에서 인프라 작업으로: 혼종 한의학과 의료기기 사용 분쟁의 정치〉, 《과학기술학연구》 21-1, 2021, 38쪽. 한편, 최학락은 일제강점기 우물 인프라가 상수도 인프라로 전환되는 "인프라의 역사"에서 위생 이데올로기의 작동 방식을 분석하고 있다(최학락, 《현대 한국 무속의 신령 연구》, 44쪽 이하). 상수도 인프라는 "동원된 정치적 발언의 양식으로 작동을 시작"했지만, 총독부는 1930년대 안보 이데올로기를 들어 상수도의 대안으로 다시 우물에 주목했으며, 나아가 우물은 무속 인프라의 일부로도 작동 했다. 이처럼 인프라(들)의 역사는 이데올로기 간의 경합을 보여 준다. (특히 식민지에서) 이러한 수리 인프라hydraulic infrastructure를 둘러싼 국가와 시민 간의 경합과 타협에 관해서는 Nikhil Anand, "A Public Matter"도 참조하라.

112 Van Kanoi, Vanessa Koh, Al Lim, Shoko Yamada, and Michael R Dove, " 'What Is Infrastructure? What Does It Do?' "; Michelle Murphy, "Chemical Infrastructures of the St Clair River," p. 104. 인프라를 둘러싼 정치사회적 차별과 투쟁은 흑인이 많이 거주하는 미국 미시건주의 디트로이트와 플린트에서의 단수 사건을 통해 극명하게 나타난 바 있으며, 나아가 팔레스타인에서 벌어지는 전쟁은 "흔히 물탱크, 변압기, 도로, 전자통신, 무선 송신기, 공항 활주로가 표적이 되는 인프라 전쟁infrastructural warfare"(Hannah Appel, Nikhi Anand, and Akhil Gupta, "Introduction: Temporality, Politics," pp. 1-3)이기도 하다. '인프라 전쟁'에 대해서는 베트남전쟁 당시 미군의 북베트남 인프라 파괴를 서술한 다음의 설명을 참조하라(Christina Schwenkel, "The Current Never Stops: Intimacies of Energy

기술적 도구로 여기는 도구주의적이고 기술주의적인 관점과 달리, "인프라가 가져오는 미래는 항상 특정한 정치 행위자들에게 유리하게 작용하기" 때문에 "정치적으로 중립적인 인프라란 없다"라는 데 주의한다.[113] 이러한 인프라의 정치성을 유념한다면, 기후를 인프라에 포함하거나 배제하는 것 자체도 정치적 사안일 수 있다. 기후-인프라 개념을 통해 기후를 인프라에 포함하는 것은 기후를 더욱 급진적으로 정치화하는 데 이바지할 것이다.

결론

2025년 3월 24일 서울 한복판에서 발생한 지름 20미터, 깊이 20미터의 대형 땅꺼짐은 시민들에게 커다란 시각적 충격을 안겼다. 그 사건은 표면상 물리적으로 가시적인 도로 인프라의 갑작스러운 와해였지만, 그

Infrastructure in Vietnam," *The Promise of Infrastructure*, Nikhil Anand, Akhil Gupta, and Hannah Appel eds., Duke University Press, 2018, pp. 101). 또한 남아공에서 아파르트헤이트 정책이 인프라 차별에 근거하였고 반아파르트헤이트 투쟁 역시 인프라를 투쟁 대상이자 지형으로 삼은 데 대해서는 다음을 참조하라(Antina von Schnitzler, "Infrastructure, Apartheid Technopolitics, and Temporalities of 'Transition'," pp. 137~142). 인프라를 대상으로 하는 저항에 대한 일반적 설명은 다음을 참조하라(Bridges, "The Infrastructural Turn in Historical Scholarship," pp. 117~118).

113 Akhil Gupta, "The Future in Ruins," p. 66. 라투르가 (클라우제비츠를 비틀어) 과학은 다른 수단으로 하는 정치Science Is Politics By Other Means(Bruno Latour, *The Pasteurization of France/Irreductions*. Cambridge, MA: Harvard University Press, 1988, p. 229)라고 했던 표현은 "SIPBOM"라는 약칭으로 과학기술학STS의 구호가 된 바 있다(Eve Seguin, and Dominique Vinck, "Introduction: Science Is Politics by Other Means Revisited," Perspectives on Science 31-1, 2023, p. 1). 인프라 인문학은 이를 원용하여 '인프라는 다른 수단으로 하는 정치'라는 구호를 내걸 수 있을 것이다.

것은 물리적으로 비가시적인 상하수도 인프라, 지하철 인프라, 지하 고속도로 인프라와 중첩되어 있었다.[114] 인프라 간의 충돌로 일어난 이 사건은 징후적이다. 이 땅꺼짐 사고의 인프라들처럼, 인프라는 (상대적으로) 눈에 보이지 않으며 눈에 보이더라도 주목되지 않으며, 장애나 사고를 당할 때 비로소 드러난다. 정확히 말하면 인프라는 처음 설치될 때와 붕괴할 때 드러나며 그 중간의 시간에는 눈에 보이지 않는다.[115]

인프라에 대한 비판적 고찰을 시도하는 인프라 인문학은 인프라의 비가시성에 맞서 "인프라적 관계들의 변화"를 전경화하는 "인프라 반전 infrastructural inversion"[116]을 방법론으로 활용한다. 우리가 "건물을 볼 뿐 벽의 석고는 보지 못하고, 글자를 볼 뿐 그 글자를 쓴 잉크는 보지 못한다"[117]라면, '인프라 반전'은 이러한 전경/배경 관계를 뒤집는 것이다. 이는 가시적 활동으로부터 그것을 뒷받침하는 비가시적 인프라로 시선을 돌림으로써 전경/배경 관계를 반전하는 게슈탈트 변환이며, 인프라가 눈에 보이지 않게 소실점으로 사라지는 경향에 대항하는 저항이다. 따라서 그것은 "권력관계들로 이루어진 거대 체계 내부의 물질성, 정보, 기술을 전경화하고 … 체계에 잠복한 잠재성과 성향disposition을 강조하며 … 피상적 분석으로는 종종 드러나지 않는 권력 역학관계를 드러낸

---

114 김수혁, 〈깊은 '땅꺼짐'에 안 먹히는 얇은 서울시 대책〉, 《시사IN》, 2025년 4월 22일.

115 Julie Y. Chu, "When Infrastructures Attack," pp. 352~353. 따라서 인프라의 구축과 붕괴뿐 아니라, 그 사이의 시간에도 주목하게 하는데, 이런 관점에서 인프라 인문학은 기술 혁신에만 초점을 맞추지 않고 "고장, 유지, 수리"도 면밀히 고려해야 한다(Steven J. Jackson, "Rethinking Repair," *Media Technologies: Essays on Communication, Materiality, and Society*, Tarleton Gillespie, Pablo J. Boczkowski, and Kirsten A. Foot eds., MIT Press, 2014, p. 226).

116 Geoffrey C. Bowker, *Science on the Run: Information Management and Industrial Geophysics at Schlumberger, 1920–1940*, Cambridge, MA: MIT Press, 1994, p. 113.

117 Tim Ingold, "Materials against Materiality," *Archaeological Dialogues* 14-1, 2007, p. 9.

다."[118] 또한 이는 "가시적인 것과 비가시적인 것을 분리하는 기술과 기법을 탐구하는"[119] 메타적이고 성찰적인 작업이기도 하다. 가시성/비가시성은 인프라의 존재론적 속성이 아니라 기술적·정치적·재현적 과정의 일부로 발생하는 관계론적 속성이기 때문이다.[120] 이는 감각적인 것의 분배distribution of the sensible가 "공적 공간에서 무엇이 가시적이고 무엇이 가시적이지 않은지를 정의한다"[121]라는 주장과 공명한다. 기후-인프라 개념을 통해 기후를 인프라로 포섭하는 것은 기후를 전면적으로 전경화하는 '인프라 반전'의 일환이다. 이를 통해 인프라 인문학은 기후를 정치화하고 사회적으로 맥락화할 수 있으며, 인류세가 겪고 있는 기후위기를 인프라 위기로 재개념화할 수 있다.

이러한 기후위기는 복합 위기를 이루는 여러 위기 중 하나이다. 2023년 세계경제포럼WEF은 세계가 직면한 위기 상황을 복합 위기라고 진단한 바 있다.[122] '복합 위기'는 세계적 차원에서 여러 가지 위기 상황이 동시에, 그리고 중첩되어 나타나서 상호 영향을 미침으로써 미래의 불확실성과 통제 불가능성이 커지는 상황이다. 인류세의 위기는 개체 스케일, 사회 스케일, 행성 스케일을 가로지르며 서로 영향을 주고받는다는 의미에서 전형적인 복합 위기이다. 이러한 복합 위기 중에서 특히 불평등, 기후변화, 인공지능에 초점을 맞추어 본다면, 불평등은 인류의 유서

---

118 Mary Bridges, "The Infrastructural Turn in Historical Scholarship," pp. 112-113.

119 Arjun Appadurai, "Foreword," *Infastructural Lives: Urban Infastructure in Context*, Colin McFarlane and Stephen Graham, eds, London and New York: Routledge, 2015, p. 13.

120 Brian Larkin, "Promising Forms," p. 186.

121 Jacques Rancière, *The Politics of Aesthetics: The Distribution of the Sensible*, New York: Continuum, 2006, p. 12.

122 World Economic Forum, "Global Risks Report 2023," 2023.

깊은 문제이지만 기후변화와 인공지능으로 인하여 더욱 심각해질 위험이 있다. 아울러 인공지능 개발은 그 자체가 기후변화를 심화시킬 위험을 내포하지만, 다른 한편 기후변화에 대처하는 기술적 도구로서 기대를 받기도 한다. 그러나 인공지능에 기초한 "그린 리바이어던"[123]은 인간의 자유를 침해할 위험을 비롯하여 여러 가지 윤리적, 정치적 문제를 야기한다. 이처럼 우리는 기후변화에 대처하면서 인공지능의 문제, 불평등의 문제 등을 함께 해결해야 하는 곤경에 처해 있는 것이다.

그러므로 기후변화에 대처하면서 정의正義의 문제를 도외시해서는 안 된다. 인프라 인문학이 재개념화한 기후-인프라의 관점에서는 '기후 정의'를 인프라로부터 "영향받는 사람들의 공동체communities of the affected"[124]와 관련한 '인프라 정의'[125]로 재개념화할 수 있다. 인프라는 "마치 법률처럼 작동하여" "기회와 한계를 모두 창출하고, 누군가의 희생에 기반하여 누군가의 이익을 증진한다."[126] 따라서 "다른 것의 움직임을 가능하게 하도록 인간에 의해 만들어진 것"인 인프라는 실은 모빌리티를 가능하게 할 뿐 아니라 불가능하게 하기도 하며,[127] 누군가에게는 교량이지만 누군가에게는 장벽이다.[128] 그렇다면, "인프라에 관한, 인

---

123 마크 코켈버그, 《그린 리바이어던: 기후위기와 AI 시대에 인간의 자유는 어디까지 가능한가》, 최영호 · 김동환 옮김, 씨아이알, 2023.

124 Noortje Marres, *Material Participation: Technology, the Environment and Everyday Publics*, New York: Palgrave Macmillan, 2012.

125 Hannah Appel, Nikhil Anand, and Akhil Gupta, "Introduction: Temporality, Politics," p. 21.

126 Paul N. Edwards, "Infrastructure and Modernity: Force, Time, and Social Organization in the History of Sociotechnical Systems," *Modernity and Technology* 1, 2003, p. 191.

127 Peter Adey, Jinhyoung Lee, Giada Peterle, and Tania Rossetto, "Mobility, Infrastructure, and the Humanities," p. 1.

128 Susan Leigh Star, "The Ethnography of Infrastructure," p. 388. 한편, "모빌리티 인프라"가 어떻게 다른 인간, 나아가 비인간 생명에게 "임모빌리티 인프라"가 되는가를 공항에서

프라를 통한, 인프라에 맞선 주장들이 어떻게 형성되고 조직되고 경청될 수 있는가?"[129]라는 물음을 놓쳐서는 안 된다.

또한 인프라 인문학은 기후위기가 인프라 위기에서 인프라 재난으로 전개되는 방식에 주목해야 한다. 미셸 머피Michelle Murphy는 "무엇을 인프라로 정의하는가는 열린 물음"이라는 관점에서 인프라를 "인간과 비인간의 활동으로부터 출현하는 관계들을 구조화하는 배열" 혹은 "인간, 사물, 단어, 비인간을 패턴화된 국면들conjunctures 안에 들이는, 관계들의 공간적 배열"[130]로 재정의하고, "화학적 인프라chemical infrastructure"라는 개념을 창안하여 환경문제의 시간성을 분석하는 데 활용할 것을 제안했다. 화학적 인프라로서 화학물질들은 오랜 시간 동안 넓은 공간에 서서히 퍼져 나가며 환경과 인체에 영향을 미친다. 여기에서 극명히 드러나듯이, 인프라 재난은 인프라의 지연된 시간성 때문에 일종의 '느린 폭력' 혹은 '느린 재난'으로 나타나는데, 이것은 특히 계급·인종·민족·젠더·장애 등의 관점에서 배제되는 자들에게 집중된다.[131] 따라서 인프라 위기로 재개념화된 복합 위기의 시대에 "정치의 문제는 동시대 실존의 불균등, 양가성, 폭력, 그리고 일상적 우연을 관리하기 위한 인프라

의 구금시설을 통해 보여 주는 연구는 Kaya Barry, and Samid Suliman, "Detention Centres and Wetlands: Considering More-than-human Infrastructures of Immobility," *Mobility Humanities* 3-1, 2024 참조.

129 Paul Edwards, Geoffrey Bowker, Steven Jackson, and Robin Williams, "Introduction: An Agenda for Infrastructure Studies," *Journal of the Association for Information Systems* 10-5, 2009, p. 372.

130 Michelle Murphy, "Chemical Infrastructures of the St Clair River," p. 104.

131 김주희·이두갑, 〈법정에 선 대기오염의 "화학적 인프라": 서울 대기오염 소송(2007~2014)을 중심으로〉, 《ECO》 24-2, 2020, 137쪽.

의 재발명이 된다."[132]

　화학적 인프라와 마찬가지로 기후-인프라의 시간성은 특히 중요하다. 인류세의 기후-인프라는 화석연료와 긴밀하게 관련되므로, 인프라 위기로서의 기후위기에 있어서는 인프라의 관성, 그리고 모든 연소 생성물의 대기 중 잔존 수명을 고려해야 한다. 이러한 "인프라 시간성의 사유"는 "다른 시간 규모들scale, 즉 인간의 삶으로 규모화(규모 축소)되고 오직 이런 삶으로부터 의미를 끌어내는 것이 아닌 시간들"을 고려하는, "인간을 넘어서는 사유 방식"을 유발한다.[133]

　이처럼 인프라 인문학은 다양한 행위자의 "인프라하기" 실천을 연구의 출발이자 중심으로 삼고 이들 행위자와 관련하여 무엇이 인프라로 간주되고 무엇이 그렇게 간주되지 않는지에 주목함으로써 인프라의 관점에서 배제되고 차별받는 집단을 확인하는 정치적 작업이다.[134] 그러므로 기후를 인프라로 사유한다면 "인프라 정치Infra Politics"[135]를 포함하여

132　Lauren Berlant, "The Commons," p. 394.

133　Hannah Appel, Nikhil Anand, and Akhil Gupta, "Introduction: Temporality, Politics," p. 20.

134　Axel Volmar, "From Systems to 'Infrastructuring'," p. 63.

135　Hannah Appel, Nikhil Anand, and Akhil Gupta, "Introduction: Temporality, Politics," p. 20. 이러한 '인프라 정치'는 인프라라는 "결정적 장소를 관통하여 정치가 합리성으로부터 실천으로 번역된다"(p. 20)라는 함의를 지닌다. 한편, 본래 제임스 C. 스콧이 제안한 '하부정치infrapolitics' 혹은 '인프라 정치' 개념은 예속된 자들이 착취와 예속을 줄이기 위해 구사하는 "위장되고 관심을 끌지 못하며 공언되지 않은 저항"(James C. Scott, *Domination and the Arts of Resistance: Hidden Transcripts*, New Haven: Yale University Press, 1990, p. 198)으로서, "그보다 가시적인 정치적 행동들의 문화적·구조적 기반underpinning"(p. 184)이다. 니힐 아난드는 사회적 관계에 주안점을 두는 스콧의 이 개념을 확장하여 도시 인프라의 "은폐되고 지하에 있는 물질들의 정치"(Nikhil Anand, *Hydraulic City: Water and the Infrastructures of Citizenship in Mumbai*, Duke University Press, 2017, p. 245)를 고찰한 바 있다. 이러한 '인프라 정치' 개념의 확장은 곧 인간에게 국한된 정치 개념을 비인간으로 확장하는 것으로 해석될 수도 있는데, 도시 인프라 역시 "도시의 정치적 삶에의 활기찬/필수적인 참여자vital participant"이기 때문이다(p. 246).

인프라 인문학의 모든 자원을 활용할 수 있다. 요컨대, 인프라는 "인간 행위자와 비인간 행위자 간의 관계, 물질적 정치, 사건과 지속, 과거와 미래, 공간과 시간"에 관한 이론과 논쟁을 매개하므로, 인프라에 주목하는 인문학은 "인간을 지우지 않으면서도 인간주의의 한계를 우회하고 … 하나의 단일 관점을 취하지 않는 역동적이고 개방적인 스케일 감각을 허용"[136]하는데, 이것이야말로 인류세의 기후변화를 사유하는 데 절실하게 요청되는 것이 아닐 수 없다.

---

136 Penny Harvey, "Infrastructures in and out of Time," p. 83.

가브리엘 헥트, 〈아프리카 인류세〉, 조승희 옮김, 《에피》 8, 2019.

마크 코켈버그, 《그린 리바이어던: 기후위기와 AI 시대에 인간의 자유는 어디까지 가능한가》, 최영호·김동환 옮김, 씨아이알, 2023.

조엘 웨인라이트·제프 만, 《기후 리바이어던》, 장용준 옮김, 앨피, 2023.

존 어리, 《모빌리티》, 김태한 옮김, 앨피, 2022.

줄리아 애드니 토머스, 〈'인류세'는 '기후 변화'와 어떻게 다르며 왜 중요한가〉, 김동진 옮김, 《에피》 7, 2019.

피터 애디·팀 크레스웰·제인 연재 리·애나 니콜라에바·앙드레 노보아·크리스티나 테메노스, 《모빌리티 전환 운동: 저탄소 미래를 위한 공유화 모빌리티》, 김나현 옮김, 앨피, 2025.

한나 아렌트, 《인간의 조건》, 이진우 옮김, 한길사, 2019.

고민경·백일순, 〈이주 중개인을 통해서 본 이주 인프라의 형성 과정〉, 《한국지역지리학회지》 25-2, 2019.

구동현, 〈인프라적 공간을 배회하는 신자유주의라는 유령: 자유화와 시장화를 추동하는 신자유주의의 모빌리티에 대한 비판적 검토〉, 《사회와이론》 50, 2025.

김남수, 〈보생명과 움벨트 개념 탐색: 환경 교육의 관점에서〉, 《환경철학》 16, 2013.

김수혁, 〈깊은 '땅꺼짐'에 안 먹히는 얕은 서울시 대책〉, 《시사IN》, 2025년 4월 22일.

김은주, 〈다중위기 시대, 비인간 전회와 회절의 정치〉, 《여성학연구》 34-1, 2024.

김종영·박현준·이광호, 〈경계 작업에서 인프라 작업으로: 혼종 한의학과 의료기기 사용 분쟁의 정치〉, 《과학기술학연구》 21-1, 2021.

김주희·이두갑, 〈법정에 선 대기오염의 "화학적 인프라": 서울 대기오염 소송(2007~2014)을 중심으로〉, 《ECO》 24-2, 2020.

김지혜, 〈다종 연구에 인프라스트럭처를 엮기〉, 《공간과사회》 35-2, 2025.

김태희, 〈체화된 인공지능의 상황과 환경에 대한 현상학적 성찰〉, 《현상학과 현대철학》 83, 2019.

박일준, 〈객체지향의 철학: 초객체와 네트워크 그리고 공생〉, 《인문논총》 55, 2021.

이정, 〈기반 시설, 혹은 사회생태 기간망을 통한 생태적 역사학〉, 《개념과 소통》 33, 2024.

이준석, 〈새로운 기술-환경 거버넌스를 위한 고찰: 환경현상학 및 행위자-연결망 이론의 접점에 대한 탐구〉, 《환경 사회학연구 ECO》 19-1, 2015.

이희은, 〈5G 이동통신과 미디어 테크놀로지의 물질성: 인프라로서의 미디어 네트워크를 향한 탐색적 연구〉, 《문화와 정치》 6-2, 2019.

전치형, 〈인공지능과 인공지구〉, 《경향신문》 2018년 9월 12일.

조문영, 〈행위자-네트워크-이론과 비판인류학의 대화: '사회'에 관한 논의를 중심으로〉, 《비교문화연구》 27-1, 2021.

최기룡, 〈메콩 지역 일대일로 이니셔티브의 사회적 수용성 고찰: 라오스와 캄보디아 초국경 인프라 구축 사례를 중심으로〉, 《아시아리뷰》 14-2, 2024.

최학락, 《현대 한국 무속의 신령 연구》, 서울대학교 박사학위논문, 2024.

Adey, Peter, "If Mobility Is Everything Then It Is Nothing: Towards a Relational Politics of (Im)mobilities," *Mobilities* 1-1, 2006.

Adey, Peter, Jinhyoung Lee, Giada Peterle, and Tania Rossetto, "Mobility, Infrastructure, and the Humanities," *Mobility Humanities* 3-1, 2024.

Anand, Nikhil, "A Public Matter: Water, Hydraulics, Biopolitics," *The Promise of Infrastructure*, Anand, Nikhil, Akhil Gupta, and Hannah Appel, eds., Duke University Press, 2018.

________, *Hydraulic City: Water and the Infrastructures of Citizenship in Mumbai*, Duke University Press, 2017.

Andueza, Luis, Archie Davies, Alex Loftus, and Hannah Schling, "The Body as Infrastructure," *Environment and Planning E: Nature and Space* 4-3, 2021.

Appadurai, Arjun, "Mediants, Materiality, Normativity," *Public Culture* 27-2, 2015.

________, "Foreword," *Infastructural Lives: Urban Infastructure in Context*, McFarlane, Colin and Stephen Graham, eds, London and New York: Routledge, 2015.

Appel, Hannah, Nikhil Anand, and Akhil Gupta, "Introduction: Temporality, Politics," *The Promise of Infrastructure*. Anand, Nikhil, Akhil Gupta, and Hannah Appel, eds., Duke University Press, 2018.

Barry, Kaya, and Samid Suliman, "Detention Centres and Wetlands: Considering More-than-human Infrastructures of Immobility," *Mobility Humanities* 3-1, 2024.

Barua, Maan, "Infrastructure and Non-human Life: A Wider Ontology," *Progress in Human Geography* 45-6, 2021.

Berlant, Lauren, "The Commons: Infrastructures for Troubling Times," *Environment and Planning D: Society and Space* 34-3, 2016.

Bowker, Geoffrey C., *Science on the Run: Information Management and Industrial Geophysics at Schlumberger, 1920–1940*, Cambridge, MA: MIT Press, 1994.

_____, "Sustainable Knowledge Infrastructures," *The Promise of Infrastructure*. Anand, Nikhil, Akhil Gupta, and Hannah Appel, eds., Duke University Press, 2018.

Boyer, Dominic, "Infrastructure, Potential Energy, Revolution," *The Promise of Infrastructure*, Anand, Nikhil, Akhil Gupta, and Hannah Appel, eds., Duke University Press, 2018.

Braidotti, Rosi, *The Posthuman*, Cambridge: Polity, 2013.

Bridges, Mary, "The Infrastructural Turn in Historical Scholarship," *Modern American History* 6-1, 2023.

Carse, Ashley, "Keyword: Infrastructure: How a Humble French Engineering Term Shaped the Modern World," *Infrastructures and Social Complexity*, Harvey, Penelope, Casper Bruun Jensen, and Atsuro Morita, eds., London: Routledge, 2016.

Charlotte P. Lee and Kjeld Schmidt, "A Bridge Too Far?: Critical Remarks on the Concept of 'Infrastructure' in Computer-Supported Cooperative Work and Information Systems," *SocioInformatics: A Practice-Based Perspective on the Design and Use of IT Artifacts,* Volker Wulf et al. eds., Oxford: Oxford University Press, 2018.

Chester, Mikhail V., Samuel Markolf, and Braden Allenby, "Infrastructure and the Environment in the Anthropocene," *Journal of Industrial Ecology* 23-5, 2019.

Choate, Pat, and Susan Walter, *America in Ruins: Beyond the Public Works Pork Barrel*, Council of State Planning Agencies, Washington D.C., 1981.

Chu, Julie Y., "When Infrastructures Attack: The Workings of Disrepair in China," *American Ethnologist* 41-2, 2014.

Cromwell III, John E., Elisa Speranza, and Haydn Reynolds, "The Infrastructure 'Crisis'?" *Journal–American Water Works Association* 99-4, 2007.

Crutzen, Paul J., "Geology of Mankind," *Nature* 415-6867, 2002.

Davies, Dominic, *Imperial infrastructure and Spatial Resistance in Colonial Literature, 1880-1930*, Oxford; New York: Peter Lang, 2017.

Di Nunzio, Marco, "Anthropology of Infrastructure," *LSE Cities, Governing Infrastructure Interfaces-Research Note* 1, 2018.

Doyle, Martin W., and David G. Havlick, "Infrastructure and the Environment," *Annual Review of Environment and Resources* 34-1, 2009.

Edwards, Paul N., "Infrastructure and Modernity: Force, Time, and Social Organization in the History of Sociotechnical Systems," *Modernity and Technology* 1, 2003.

Edwards, Paul, Geoffrey Bowker, Steven Jackson, and Robin Williams, "Introduction: An Agenda for Infrastructure Studies," *Journal of the Association for Information Systems* 10-5, 2009.

Fredericks, Rosalind, "Vital Infrastructures of Trash in Dakar," *Comparative Studies of South Asia, Africa and the Middle East* 34-3, 2014.

Graham, Stephen, and Simon Marvin, *Splintering Urbanism: Networked Infrastructures, Technological Mobilities and the Urban Condition*, New York: Routledge, 2001.

Gupta, Akhil, "The Future in Ruins: Thoughts on the Temporality of Infrastructure," *The Promise of Infrastructure*, Anand, Nikhil, Akhil Gupta, and Hannah Appel, eds., Duke University Press, 2018.

Haraway, Donna Jeanne, *The Companion Species Manifesto: Dogs, People, and Significant Otherness*, Chicago: Prickly Paradigm Press, 2003.

Harvey, Penny, "Infrastructures in and out of Time: The Promise of Roads in Contemporary Peru," *The Promise of Infrastructure*, Anand, Nikhil, Akhil Gupta, and Hannah Appel, eds., Duke University Press, 2018.

Hesmondhalgh, David, "The Infrastructural Turn in Media and Internet Research," *The Routledge Companion to Media Industries*, Paul McDonald ed., London: Routledge, 2021.

Ingold, Tim, "Materials against Materiality," *Archaeological Dialogues* 14-1, 2007.

Jackson, Steven J., "Rethinking Repair," *Media Technologies: Essays on*

Communication, Materiality, and Society, Gillespie, Tarleton, Pablo J. Boczkowski, and Kirsten A. Foot, eds., MIT Press, 2014.

Kanoi, Lav, Vanessa Koh, Al Lim, Shoko Yamada, and Michael R Dove, "What Is Infrastructure? What Does It Do?': Anthropological Perspectives on the Workings of Infrastructure(s)," *Environmental Research: Infrastructure and Sustainability* 2-1, 2022.

Krakowiak-Bal, Anna, and Magdalena Vaverkova, eds., *Infrastructure and Environment*, Springer International Publishing, 2019.

Larkin, Brian, "The Politics and Poetics of Infrastructure," *Annual Review of Anthropology* 42, 2013.

__________, "Promising Forms: The Political Aesthetics of Infrastructure," *The Promise of Infrastructure*, Anand, Nikhil, Akhil Gupta, and Hannah Appel, eds., Duke University Press, 2018.

Latour, Bruno, *The Pasteurization of France/Irreductions*. Cambridge, MA: Harvard University Press, 1988.

Lemke, Thomas, "New Materialisms: Foucault and the 'Government of Things'," *Theory, Culture and Society* 32-4, 2015.

Marres, Noortje, *Material Participation: Technology, the Environment and Everyday Publics*, New York: Palgrave Macmillan, 2012.

Meyer, Christian, "From Structure to Infrastructure: Some Glimpses on a Theoretical Movement in the Social Sciences and Humanities," *Rethinking Infrastructure Across the Humanities*, Pinnix, Aaron, Axel Volmar, Fernando Esposito, and Nora Binder eds., transcript Verlag, 2023.

Morin, Edgar, Anne Brigitte Kern, *Homeland Earth: A Manifesto for the New Millenium*, New York: Hampton Press, 1999.

Morton, Timothy, *Hyperobjects: Philosophy and Ecology after the End of the World*, Minneapolis: University of Minnesota Press, 2013.

Morton, Timothy, and Dominic Boyer, *Hyposubjects: On Becoming Human*, Open Humanities Press, 2021.

Murphy, Michelle, "Chemical Infrastructures of the St Clair River," *Toxicants, Health and Regulation since 1945*, Boudia, Soraya and Nathalie Jas eds.,

Routledge, 2015.

Oxford English Dictionary, "Infrastructure: Etymology." https://www.oed.com/dictionary/infrastructure_n?tab=etymology#424930

—————————————————, ""Infrastructure: Frequency." https://www.oed.com/dictionary/infrastructure_n?tab=frequency#424930

—————————————————, "Infrastructure: Meaning & Use" https://www.oed.com/dictionary/infrastructure_n?tab=meaning_and_use#424930

Peters, John Durham, *The Marvelous Clouds: Toward a Philosophy of Elemental Media,* Chicago: The University of Chicago Press, 2015.

Rancière, Jacques, *The Politics of Aesthetics: The Distribution of the Sensible*, New York: Continuum, 2006.

Reimers, Kai, Stefan Schellhammer, and Robert B. Johnston, "Infrastructure as a Home for a Person: A Phenomenological Interpretation of Star and Ruhleder's Relational View," *MIS Quarterly* 46-3, 2022.

Ribes, David, and Jessica Beth Polk, "Historical Ontology and Infrastructure," *Proceedings of the 2012 iConference*, 2012.

Rubenstein, Michael, *Public Works: Infastructure, Irish Modernism, and the Postcolonial*, Indiana: University of Notre Dame Press, 2010.

Ruhl, J. B., and James E. Salzman. "The Greens' Dilemma: Building Tomorrow's Climate Infrastructure Today," *Emory Law Journal* 73-1, 2023.

Sahlins, Marshall, "Infrastructuralism," *Critical Inquiry* 36, 2010.

Sanford, Kristen L., Joel A. Tarr, and Sue McNeil, "Crisis Perception and Policy Outcomes: Comparison Between Environmental and Infrastructure Crises," *Journal of Infrastructure Systems* 1-4, 1995.

Schwenkel, Christina, "The Current Never Stops: Intimacies of Energy Infrastructure in Vietnam," *The Promise of Infrastructure*, Anand, Nikhil, Akhil Gupta, and Hannah Appel, eds., Duke University Press, 2018.

Scott, James C., *Domination and the Arts of Resistance: Hidden Transcripts*, New Haven: Yale University Press, 1990.

Seguin, Eve, and Dominique Vinck, "Introduction: Science Is Politics by Other Means Revisited," *Perspectives on Science* 31-1, 2023.

Sheller, Mimi, and John Urry, "The New Mobilities Paradigm," *Environment and Planning A* 38-2, 2006.

Simone, AbdouMaliq, "People as Infrastructure: Intersecting Fragments in Johannesburg," *Public Culture* 16-3, 2004.

Slota, Stephen C., and Geoffrey C. Bowker, "How Infrastructures Matter," *The Handbook of Science and Technology Studies*, edited by U. Felt et al. 4th ed., Cambridge, MA: The MIT Press, 2017.

Star, Susan Leigh, "The Ethnography of Infrastructure," *American Behavioral Scientist* 43-3, 1999.

Star, Susan Leigh, and Karen Ruhleder, "Steps Toward an Ecology of Infrastructure: Designs and Access for Large Information Spaces," *Information Systems Research* 7-1, 1996.

Volmar, Axel, "From Systems to 'Infrastructuring': Infrastructure Theory and Its Impact on Writing the History of Media," *Rethinking Infrastructure Across the Humanities*, Pinnix, Aaron, Axel Volmar, Fernando Esposito, and Nora Binder eds., transcript Verlag, 2023.

von Schnitzler, Antina, "Infrastructure, Apartheid Technopolitics, and Temporalities of 'Transition'," *The Promise of Infrastructure*, Anand, Nikhil, Akhil Gupta, and Hannah Appel, eds., Duke University Press, 2018.

World Economic Forum, "Global Risks Report 2023," 2023.

인류세의 (비)가시성

:윅스퀼의 환경세계와
마시멜로레이저피스트의 〈동물의 눈으로〉를 중심으로

| 심효원 |

인류세의 (비)가시성

:윅스퀼의 환경세계와

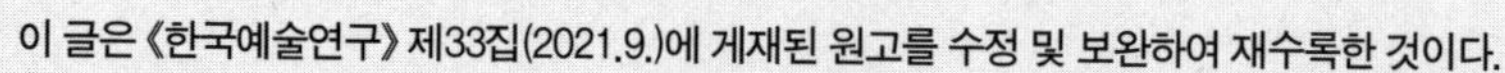

이 글은 《한국예술연구》 제33집(2021.9.)에 게재된 원고를 수정 및 보완하여 재수록한 것이다.

인류세와
인간중심주의

이 글은 한 가지 시각문화적 논의의 일환에서, 인류세를 가시적인 것 중심으로 세계를 파악하는 인간 감각으로서의 시각과 그로부터 파생된 이해로 파악한다. 인류세를 가시성과 비가시성으로 풀어 나가기 위해 19~20세기 에스토니아 출신 생물학자 야콥 폰 윅스퀼Jakob Johann von Uexküll의 '환경세계Umwelt'[1] 개념을 기본적으로 참고한다. 이 개념은 흔히 동물로 총칭되는 비인간 생명과 인간이 각자 지닌 생물학적 체계의 다름을 강조하는 적절한 시작점이 될 수 있다. 인류세가 인간이 아닌 지구상의 존재들을 타자로, 다시 말해 공감이나 존중을 하지 않아도 되는 동원, 소유, 착취의 대상으로서 보는 것에서 초래된 비극이라는 것은 틀림없는 사실이다. 관련 논의들은 대부분 인간중심주의에 대한 비판이 담긴 윤리적 반성이 담겨 있다. 그런데 이를 환경세계의 맥락으로 바라본다면, 지금과 같은 인간중심주의가 인간의 생리학적·감각적 한계와 깊이 연관되어 있음을 더 분명히 드러낼 수 있다.

먼저 인류세에 대한 간략한 개요부터 시작해 보자. 인류세Anthropocene란 파울 크뤼천Paul Crutzen과 유진 스토머Eugene F. Stoermer에 의해 처음 제안된 용어다. 이는 인류가 산업 활동을 통해 지구환경 변화의 주요 행위자가 되었고, 그 결과 신생대 4기 홀로세Holocene와 구분되는 새로운 시대를 설정해야 한다는 주장에서 비롯되었다.[2] 최근까지 인류세를 공식

---

1 'Umwelt'는 원용어의 뉘앙스를 보다 정확하게 살린다는 취지에서 '둘레세계'로도 많이 번역되지만, 본 연구는 일차적인 참고문헌으로 삼은 한글 번역본을 따라 '환경세계'를 택했다.

2 Eugene F. Stoermer and Paul Crutzen, "The 'Anthropocene,'" *Global Change Newsletter* 41,

층서학적 용어로서 승인하기 위해 연구와 논의가 이루어졌지만, 2024 년 국제지층위원회ICS와 국제지질과학연합IUGS에서 최종 부결되었다.[3] 하지만 그 대신 이 용어는 여러 학문 분야와 공공 영역에서, 지구온난화 와 환경오염 등으로 발생하는 전 지구적 위기를 직시하고 동시대를 진 단하기 위해 광범하게 쓰이는 중이다. 그것은 최근 십여 년 간 대중 대 상의 교양교육 분야뿐 아니라 인문학과 예술 분야에서 자기반성적으로 과거와 현재를 바라보고 앞으로의 포스트인간중심주의를 구상하는 담 론을 형성했다. 지구와 인간의 오랜 궤적을 상호관계적으로 살핀다는 점에서 자연스럽게 간학제적 방법론이 동원되며, 자연과학과 인문과학 을 망라하는 크고 작은 범위에서 학문 영역을 불문한 논의가 광범위하 게 이루어지고 있다. 그중 하나의 방향성을 꼽자면 인간-비인간의 이분 법을 넘어서고 인간 우위적 관점에서 탈피하며 나아가 인간 사회가 일 부인 가장 큰 단위의 세계 전체를 조망하려는 시도이다.

19~20세기 에스토니아 출신 생물학자 윅스퀼의 선구적인 사유는 이 렇게 오늘날 여러 포스트인간중심주의적 통찰들의 중요한 구심점이 될 수 있다. 그는 일찍이 생물학적 관점이 포함된, 인간과 비인간을 아우르 는 다종의 공생·공존적 틀을 제시했다. 구체적으로 그는 수없이 많은 종이 조화롭게 연결되어 있는 세계를 환경세계 개념으로 풀어 나갔다. 환경세계는 동물의 지각기관이 외부 대상들과 결합하여 일련의 특징을 형성하며, 그로 인해 각자의 종이 세계를 함께 공유하고 있어도 각자 다 른 세계를 살아가고 있음을 의미한다. 이 사상은 해러웨이Donna Haraway

Stockholm: IGBP, 2000, pp. 17-18.

3 Subcommission on Quaternary Stratigraphy. https://quaternary.stratigraphy.org/working-groups/anthropocene

와 들뢰즈Gilles Deleuze를 포함한 동시대 사상가들이 다양한 관계와 영토와 관련한 사유를 전개하는 데 영향을 미쳤고, 더 광범위하게는 마르틴 하이데거Martin Heidegger, 메를로퐁티Maurice Merleau-Ponty의 현상학적 논의, 그리고 사이버네틱스, 동물행동학ethology, 생태학, 기호학 등[4]의 학문 분야에서 하나의 중요한 초석이 되었다.

본 연구 역시 환경세계의 현재적 의미를 탐색하며, 동시대적 상황을 비추기 위해 동원한다. 대략의 구성은 이렇다. 먼저 환경세계 관련 내용을 전반적으로 짚어 보고, 시각이 우리의 앎을 구성하는 중요한 감각이면서 세계를 보는 여러 버전의 하나에 불과하다는 사실을 상기한다. 이러한 견지에서 현재 인류세의 가시성과 비가시성의 문제를 다룬다. 특히 가시성의 비가시성이 교차하는 지점과, 좀 더 사회적 맥락에서 그 둘 간의 성격을 바꾸는 의도적인 사용으로서의 가시화에 주목한다. 마지막으로 동시대 시각 기술에 대한 대안적 사용법을 보여 준 영국 거점의 작가집단 마시멜로레이저피스트Marshmallow Laser Feast의 VR 영상작품 〈동물의 눈으로In the Eye of the Animal〉를 분석함으로써 환경세계와 인류세 사이의 연관성을 더욱 선명하게 드러내고 재맥락화하여 동시대적 시의성을 부여한다.

---

4   Tim Elmo Feiten, "Mind After Uexkull: A Foray Into the Worlds of Ecological Psychologists and Enactivists," *A Front. Psychol.*, March 2020, p. 2.

윅스퀼의
'환경세계' 개념

윅스퀼의 환경세계는 수없이 많은 종만큼이나 각자의 감각 체계에 따라 다양하게 펼쳐지지만 서로 조화롭게 연결된 세계를 의미한다. 이는 동물의 지각기관이 외부 대상들과 결합하여 일련의 특징을 형성한다는 것을 전제로 한다. 이를테면 인간에게 "'푸름'의 감각은 하늘의 푸름이 되고, '초록'의 감각은 잔디의 초록이 된다."[5] 인간의 지각적 특징에 푸름과 초록이 존재하는데, 우리는 하늘과 잔디에 이 지각적 특징을 부여하고, 나아가 이 특징들로 하늘과 잔디를 구분할 수 있다는 것이다. 윅스퀼의 도식에 따르면 동물의 내부세계는 지각기관과 작동기관으로 나뉘는데, 바깥의 대상은 그 각각의 특징을 소유해야만 동물의 행동과 관계할 수 있다. 따라서 지각기관이 단순한 동물에게 환경은 단순할 것이며, 반대의 경우는 복잡할 것이다.[6] 이렇게 환경은 동물의 지각 체계와 얼마나, 어떻게 공명하는지에 따라 각자 다르게 펼쳐진다. 이는 우리가 외부의 것들로 여기는 특징들이 내부세계의 지각적 체계의 발현이며, 내부세계는 외부세계에서 얻을 수 있는 지각 신호들로 조정되고 그 관계를 밖으로 전개한다는 것을 의미한다.

이 전제에서 특별한 점은 동물의 내부세계와 바깥의 외부세계가 일방향적 흐름이 아님을 지적했다는 점에 있다. 생물의 감각 체계에는 일련의 특징이 있지만 그들의 삶은 선험적 차원에서 주어진 기능의 작용

---

5 야콥 폰 윅스퀼,《동물들의 세계와 인간의 세계: 보이지 않는 세계의 그림책》, 정지은 옮김, 도서출판b, 2012, 19쪽.

6 야콥 폰 윅스퀼,《동물들의 세계와 인간의 세계》, 19~21쪽.

에 따른 수동적인 경험이 아니다. 그것은 순환의 도식을 이룬다. 윅스퀼은 "눈이 태양에 대해 만들어지지 않았다면 / 결코 눈은 태양을 바라보지 못할 것이다"라는 괴테의 금언을 "태양이 눈에 대해 만들어지지 않았다면 / 태양은 어떤 하늘에서도 빛나지 않을 것이다"[7]로 바꿔 말한다. 여기서 인간의 눈과 하늘의 태양은 각각 동물의 내부세계와 바깥세계에 대응한다.

여기서 환경은 각자 독립적으로 전개되는 것이 아니며 서로 어우러진 조화다. 생명들은 각자의 환경세계에 따라 개별적으로 움직이는 것처럼 보이지만 위와 같은 전체성에 집중해 그것들이 생성하는 관계적 맥락에서 파악되어야만 한다. 여러 생물들이 공유하고, 그들의 환경세계들에 의해 전개되는 공간의 의미는 그 숫자만큼이나 무한대에 가깝게 확장될 수 있지만, 무엇보다 중요한 것은 환경세계로 인한 관계들이기 때문이다. 이 관계들은 기본적으로 생물들이 공통의 대상에 각각의 지각 체계를 기반으로 각각 다르게 부여하는 계획 또는 역할에서 비롯된다.[8]

윅스퀼은 인간이 다른 동물만큼이나 우리의 지각 체계와 협응할 수 있는 부분들에 한해서만 세계에 참여할 수 있다고 주장한다. 가령 우리는 꿀벌이 찾는 꽃으로부터 노란색이라는 공통된 특성을 발견할 수 있다. 하지만 오감의 체계, 물질을 경험하는 체계가 모두 다르고 꿀벌의 시각 체계는 인간의 그것처럼 꽃을 노란색으로 보지 않는다. 그에 따라 이렇게 다양하고 조화로운 세계를 인간 기준의 감각 체계에 한정지어 이해하는 "그런 착각은 살아 있는 전 존재들을 포함하는 유일한 세계에

7 　야콥 폰 윅스퀼, 《동물들의 세계와 인간의 세계》, 219쪽.

8 　야콥 폰 윅스퀼, 《동물들의 세계와 인간의 세계》, 145~149쪽.

대한 믿음에 근거"[9]하는 것에서 나온다고 윅스퀼은 말한다.

우리가 우리의 한계들로부터 해방될 수 있는 것은 우리 인간의 공간을 수백만 광년의 공간으로 팽창시키면서가 아니라 오히려 우리가 우리의 개별적인 환경세계들 바깥에서 다른 인간들의 환경세계들과 동물들의 환경세계들이, 이 모두를 포함하는 하나의 장에 뿌리내리고 있다는 사실을 인식하면서이다.[10]

그는 위와 같이 개별적인 환경세계 바깥에서 모두가 각자의 방식으로 공존하는 조화로운 환경세계에 대한 인식이 필요하다는 결론을 내린다. 배치의 차원에서 환경세계는 시간과 공간에 이은 세 번째 차원이고, 사물이 정확한 도구를 통해 이해의 도모가 이루어진다고 하더라도 그것은 우리에게 "감각의 지각적 특징들로, 그리고 표상들로 남아 있을 것이다."[11]

환경세계 차원에서의 감각의 작용들은 우리가 볼 수 있도록 드러난 사물의 모습으로 그 속성을 온전히 파악하거나 정의할 수 없음으로 이어진다. 예를 들어 떡갈나무는 그것을 사용하는 존재들의 서로 다른 지각적·작동적 용도에 의해 다른 의미가 있다. 여우와 올빼미에게는 '보호'를, 인간 삼림감시인에게는 '벌목'을, 여자아이에게는 '위험'을, 다람쥐에게는 '타고 오르다'를, 새들에게는 '지탱물'을 의미한다. 또한 그 영역을 물리적으로 사용하는 작동에 의해 떡갈나무는 구멍, 껍질 등으로

---

9 야콥 폰 윅스퀼, 《동물들의 세계와 인간의 세계》.

10 야콥 폰 윅스퀼, 《동물들의 세계와 인간의 세계》, 234쪽.

11 야콥 폰 윅스퀼, 《동물들의 세계와 인간의 세계》, 245쪽.

부분화되거나 크고 작음, 단단하고 무름의 반대되는 성질로 특징지어진다.[12] 따라서 그 다양한 의미 사이에는 일관되거나 전체를 아우르는 공통점은 존재할 수 없다.

한국에 소개된 저서 《동물들의 세계와 인간의 세계》의 제목에서처럼 그는 인간과 동물을 구분하는 이분법을 취하고 있기는 하다. 하지만 최소한 수록된 두 편의 글에서 인간의 지각적 특성 혹은 습관을 동물과 비교했던 것은, 인간의 지각적 능력 너머의 세계에 대한 이해를 강조하는 것으로 나아간다. 이는 당시 동물 기계론주의에 대한 비판이자 나아가 인간 중심의 세계관 탈피를 주장함에 다름 아니었다. 예를 들어 손으로 잡을 수 있는 크기의 사과는 작고, 코끼리는 육지 동물 중에 가장 크다는 일반적인 특징들은 철저히 인간 규모를 기준으로 한다는 사실을 환기시킨다.

인간이 보는 세계가 여러 버전 중에 하나라는 것은 인류세의 비극이 기인한 비가시성을 생각해 보도록 한다. 인류 최대의 관심사로서 바이러스 확산이나 지구 등의 인간 아닌 타자·비인간 행위자의 작용들은 인간의 육안으로 거의 보이지 않는다는 난제가 있기 때문이다. 이는 (인간의 눈으로 보기에) 너무 작고 지구 역시 (인간의 눈으로 보기에) 너무 크다. 그렇기에 바이러스는 실체가 있는 존재임에도 불구하고 수많은 공포영화에서 인류의 삶을 위협하는 유령이나 괴물과 동격으로 그려지거나, 지구는 그리스 로마 시대나 낭만주의 철학에서는 신성한 의인화된 존재(어머니 지구)로서, 지금은 우주에서만 그 온전한 전체 모습을 담을 수 있는 거리상 난제만큼 우리의 삶과는 동떨어진 자연과학적

---

12   야콥 폰 윅스퀼,《동물들의 세계와 인간의 세계》, 128~132쪽.

인 것 또는 지구공학 기술을 통해 언제든 쓸 수 있는 타자화된 자원으로 여겨지곤 한다.

인류세의 가시성과
비가시성

이러한 인간중심주의적 가시성과 비가시성 논의에는 육안은 물론이고 시각 기술과 장치까지 포함되어야 한다. 근대 초 야코프 메티어스Jacob Metius가 유리 렌즈를 가공하여 망원경을 만들어 낸 이후로, 각종 광학 장치의 탄생으로 진일보한 시각화 기술은 육안으로 볼 수 없었던 것들의 모습을 드러내게 하여 과학적 발전에 기여했다. 그러나 이 역시 천문학, 해양학, 화학, 물리학 등을 포함한 과학적 지식 역시 각자의 환경세계이며 전체 자연에서 적은 부분만을 밝혀낼 뿐이라고 윅스퀼은 단언한다.[13] 비슷한 맥락에서, 최신 동시대 시각화 기술이라고 할지라도 공간 면에서 인과관계를 명확히 밝힐 수 없으며 시간 면에서 인간 수명을 훨씬 뛰어넘는 방대한 범위를 지닌 비시각적 작용까지는 비출 수 없다는 한계가 있다. 특히 지구에서 느리고 꾸준히 일어나는 작용들은 인간의 눈으로 그 변화를 감지할 수 없다. 빙하가 녹고 온도가 올라가는 등의 현재 환경 파괴의 현상이 바로 그 경우다. 롭 닉슨Rob Nixon은 그것을 '느린 폭력slow violence'으로 명명하며 이를 "눈에 보이지 않게 일어나는 폭력"[14]이라고 정의했다. 그리고 "비가시성에서 비롯되는 표현적·서

---

13 야콥 폰 윅스퀼,《동물들의 세계와 인간의 세계》, 133~135쪽.
14 롭 닉슨,《느린 폭력과 빈자의 환경주의》, 김홍옥 옮김, 에코리브르, 2020, 18쪽.

사적·전략적 과제에도 주의를 기울여야 한다고 믿는다"[15]고 말한다.

마찬가지로 동시대 시각문화학자 T.J. 디모스T.J. Demos의 〈인류세에 반대하며Against the Anthropocene〉이라는 글에 따르면, 인류세란 보이는 것과 보이지 않는 것 사이의 팽팽한 긴장 관계에서 비롯된다.[16] 나아가 그에게 이러한 시각성이 어떠한 의도로 인해 가공되거나 연출된 결과일 수도 있다는 점이 중요하다. 이는 자연을 이미지화하는 인류세 관련 시각화가 근대 이래 자연을 지배하는 기술유토피아주의적 입장을 강화할 수 있다는 우려로 이어진다. 특히 시각화 관련 기술은 자연과 이미지를 둘 다 지배하려 하기에 문제적이다. 디모스는 2010년 BP사의 멕시코만 석유 유출 사고의 사례를 든다. '딥워터호라이즌Deepwater Horizon'이라는 시추 시설이 폭발하면서 수개월간 대규모 원유가 바다로 흘러들어갔다. 당시 미국 국민들은 현장 사진과 강제 공개된 라이브 영상 스필캠을 통해 그 처참함의 규모를 가늠할 수 있었다. 그런데 이 비극적 사건은 시간이 흐르면서 가시적인 스펙터클과는 정반대의 국면을 맞이한다. 사건으로부터 머지않아 BP사가 거대 방송사 CBS의 시각 자료와 보도를 통해 사건 종료를 주장했던 것이다. 외견상 평범하고 잔잔한 해안가 풍경은 "광범위한 정화 작용, 조기 복구 작업과 자연적 회복 과정으로 걸프만의 많은 부분이 기본 상태로 돌아왔다. 만약 사고가 일어나지 않았더라도 이 정도 상태였을 것"[17]이라고 내세울 수 있는 조건으로 작동했다. 그러나 전체 석유 유출량의 75퍼센트 이상이 잘게 흩어졌고 멀

---

15 롭 닉슨, 《느린 폭력과 빈자의 환경주의》, 19쪽.

16 T.J. 디모스, 〈인류세에 반대하며: 오늘날 시각문화와 환경〉, 《디어 아마존》, 심효원 옮김, 일민미술관·현실문화, 2021, 49~65쪽.

17 T.J. 디모스, 《디어 아마존》, 64쪽 재인용.

리 떠내려갔다거나 하는 이유들로 시각적으로 포착 불가능하며, 그것이 미칠 장기적 영향은 애초에 가시적으로 파악될 수조차 없다. 바로 이 지점에서 디모스는 피터 갤리슨Peter Galison과 캐럴라인 존스Caroline Jones의 '비가시성invisibilities' 개념을 인용한다. 그들은 국가, 기업, 미디어 분야에서의 전 지구적 자본주의와 초국가적으로 확산된 정치학이 바로 '보이지 않음' 즉 '무이미지unimaged'[18]에 기대고 있으며, 이것이 〈알 수 없는 양들Unknown Quantities〉이라는 글의 제목처럼 '알 수 없음'의 상태를 유발한다고 주장한다.

디모스의 글에서 비가시성 논의는 '눈에서 멀어지면 마음에서도 멀어진다'는 말을 크게 벗어나지 않는 정도로 단순화되어 있다. 그러나 비가시성의 논제는 사실 더 복잡하다. 비가시성은 그저 대상의 볼 수 없음의 속성에만 제한되는 것이 아니기 때문이다. 이는 시각적인 지각이 정보를 제공함으로써 정신적인 인식으로 이어지기도 하지만, 그 반대로 정신적인 인식이 시각적인 지각에도 영향을 주는 원리에서 비롯된 것이기도 한다. 윅스퀼은 지각과 작동이 내부와 외부의 쌍방향적 작용임을 지적하고 이것이 "찾기의 이미지가 지각적 이미지를 은폐"[19]하는 경우라고 말한다. '지각적 이미지'는 우리의 생리학적 영역에서 가시화될 수 있는 대상이더라도 유사정신적 차원에서 '찾기 이미지'와 일치되어야지만 보일 수 있음을 의미한다. 한 예로 윅스퀼은 개인적 경험을 든다. 친구 집의 식탁 위 물병이 흙에서 유리로 된 것으로 바뀌었는데, 식사할 때 같은 자리에 놓인 물병을 못 보고 계속 찾았다는 것이다. 가시성과 비가시성은 가변적이며, 의식과 감각이 협상 가능한 일종의 회색 영역

18 Peter Galison and Caroline Jones, "Unknown Quantities," *Artforum*, November 2010, p. 51.

19 Galison and Jones, "Unknown Quantities," p. 111.

또한 존재한다.

위의 맥락에서, 원래 비가시성은 가시적 범주를 벗어난 모든 것들에 해당된다. 처음에는 흑색이나 불기둥 등으로 나타났지만 곧 잘게 쪼개지고 멀리 떠내려간 원유 부유물이 가시성에서 비가시성의 범주로 이동했다고 말할 수 있다. 그러나 이 비가시성에는 가시적인 대상도 포함되는 일종의 회색지대가 존재하는데, 위와 같은 윅스퀼의 설명대로라면 정신적 인식이 그 원인이다.

한편 동시대 미술사학자 니콜라스 미르조에프Nicolas Mirzoeff는 〈인류세를 시각화하기Visualizing the Anthropocene〉에서 이 범주에 들어가는 근대 회화의 몇 가지 사례를 제시한다. 그중 하나는 클로드 모네Claude Monet의 〈인상, 해돋이Impression, Sunrise〉다. 이 작품은 대서양을 횡단하는 증기선이 드나들었던 프랑스 르 아브르Le Havre 항구를 묘사하고 있다. 바다와 하늘의 색채와 빛의 묘사는 주로 예술사적인 맥락에서 논의되었으나, 사실 석탄의 사용으로 인한 스모그의 지극히 현실적 표현이기도 하다고 미르조에프는 지적한다. 이것이 간과된 것에는 서구 문명사적 전통에서 자연의 정복, 인간의 우월성의 의미가 스모그에도 부여되었기 때문이라고 설명한다. 스모그라는 가시성을 지닌 시각물이 집단적인 인식적 불능으로 보지 못하는 상태가 된 경우인 것이다.

또 다른 예시로 조지 웨슬리 벨로우George Wesley Bellows의 1906년 회화 〈42명의 아이들Forty-Two Kids〉가 거론된다. 이 작품 속에서 뉴욕 이스트강은 완벽히 검은색이지만 아이들은 여기서 아무렇지도 않게 뛰놀고 있다. 이는 당시 인근 거주자 6백만여 명의 생활 폐기물과 환경오염으로 발생된 동물 사체 및 산업 폐기물이 강에 투척되었다는 사실을 고려한다면 은유가 아니다. 미디어 역사가 유시 파리카Jussi Parikka는 그의 시도를 가리켜 '기후재난의 예술사라고 부를 만한 것의 진입점'[20]이라고 표현했다. 이렇듯 현재의 인류세 논의 일부는 가시성과 비가시성이 교차했던 역사를 거슬러 재맥락화하기도 한다.

가시성과 비가시성의 교집합은, 근대 회화뿐 아니라 인프라·교통의 편의성, 부동산 가치가 도시의 오염된 풍경을 보는 눈을 가리게 하는 현재의 우리 상황으로도 이어진다. 문제는 여기에 '찾기 이미지'를 희미하게 만듦으로써 지각적 이미지로 이어지지 않도록 하는 일련의 시도들이 대규모로 존재한다는 것이다. BP사의 깨끗한 해안 풍경 이미지 연출이 그 전형이다. 그도 그럴 것이, '시각화'라는 용어 자체에는 잠재적이거나 구상되던 것들에 윤곽을 부여하는 능동적 행위성이 내재되어 있기 때문이다. 미르조에프는 이 용어가 군사 이론가들에 의해 처음 정의되었다는 사실을 지적하고, 다음과 같이 특징짓는다.

시각화는 위계적이었고, 실로 독재적이었으며, 지금도 그러하다. 영구적 갈등으로 사회를 상상하는 수단인 것이다. 그 목표는 시각화의 주체 visualizer가 가진 물질적 힘을 뛰어넘어 그 권위를 유지하는 것이다.[21]

위에 따르면, 시각화는 우위를 선점하고 유지하는 권력과 결부되어 있기에 군사에서의 경쟁적 기술 발전으로, 근대 이래로 자연의 정복과 시장 체제에 따른 국민국가와 기업의 수단으로서 존재해 왔다. 이것은 인류세적 위기에서 가시성이 중요한 문제가 되는 이유다. 따라서 미

20 Jussi Parikka, *A Slow, Contemporary Violence: Damaged Environments of Technological Culture*, Berlin: Sternberg Press, 2016, p. 31.

21 Nicholas Mirzoeff, "Visualizing the Anthropocene," *Public Culture* 26–2, 2014, p. 216.

르조에프의 인류세와 '가시성'에 대한 논의는 디모스의 인류세와 '비가시성'의 그것과 근본적으로 같은 문제의식을 공유하게 된다. 이는 시각적이지 않은 부분의 균열로서 급작스럽게 출현하곤 하는 '반가시성 countervisuality'의 개념을 내세우고 거기에 의식적으로 주의를 기울여야 한다는 결론에 이를 때 가장 명백해진다.[22]

디모스의 비가시성, 미르조에프의 반가시성 논의는 환경문제에 있어서 '시각화'라는 다소 정치사회학적 관점에서 인류세의 숨은 주체와 숨은 의도 발견의 필요성을 강조하는 방향성을 띤다. 미르조에프가 역사적 궤적을 짚어 나가며 이를 재맥락화했다면, 디모스는 동시대 기술로 구축된 이미지의 가상성과 하이퍼리얼리즘에 대한 비판적 시각으로 풀어 나간다. 특히 후자는 인류세를 가시화하는 데 동시대 기술의 어떠한 특징과 작용들이 연계되어 있는지 파악하기에 유용하다. 거의 대부분 인류세의 시각 이미지는 동시대 미디어 기술을 경유하기 때문이다.

외견상 자명한 그림으로 존재하는 위성 항법 이미지는 사진과 비슷하고 많은 경우 사진으로 여겨지지만, 실제로는 위성 센서로 수집 및 대용량 처리된 원격탐사 데이터 결과물인 합성 디지털 파일의 조합이다. 기존 용도와 관련해 많은 경우, 이 이미지들은 위치 데이터, 소유권, 판독성, 원천 정보에 접근하지 않은 채 그림으로 포장되어 시청자(아니 정확히 말하면 소비자) 대상으로 이미 해석이 들어간 것이다.[23]

여기서 시각화란 기본적으로 대상을 인간의 가시적 영역 속에 옮겨

---

22   Mirzoeff, "Visualizing the Anthropocene," pp. 226–230.

23   T. J. 디모스, 《디어 아마존》, 54쪽.

놓고 한눈에 파악할 수 있게 하는 방법이며 디지털 이미지의 목표는 과거 사진의 뒤를 잇지만, 그 실현은 근본 기술에 따라 그림에 더욱 가깝다. 이는 디지털 이미지 담론에서 레프 마노비치Lev Manovich가 일찍이 '키노브러시Kinobrush'라고 정의한 바 있다.

지구나 세계 전체를 조망할 수 있도록 생성된 디지털 이미지는 과거 사진 기술보다 더욱 선명하며, 데이터와 결합되어 있거나 혹은 그래픽 도표들을 사용하여 그 현황을 용이하고 즉각적으로 파악할 수 있도록 돕는다. 이를 위해 인간 척도의 수준으로 대상을 축소·확대·합성하거나 집계 수치 등의 숫자처럼 추상성을 띤 데이터에 시각적 형상을 입히는 과정을 거친다. 애초부터 비시각적 성질을 띠고 있거나, 우리가 발 딛고 사는 터전이기는 하지만 죽을 때까지 그 온전한 모습을 시각화할 수 없는 성질의 대상, 지구와 전 세계를 조망하는 통계 같은 것들은 그래픽 기술 및 우주·항공 기술의 발전과 여러 실증적 데이터들이 결합한 하이퍼매개적 양상을 특징으로 한다. 그러나 이러한 시각 이미지의 문제는 데이터를 수집하고 구성하는 전 과정에서 제작 주체의 의도가 들어간다는 것이고, 이 주체는 시각 이미지 뒤에서 드러나지 않으며 이 이미지가 아무것도 개입되지 않은 데이터와 시각 기술을 객관적으로 담고 있는 것처럼 보인다는 데 있다. 여기서 동시대 시각 기술은 이러한 객관성의 신화를 강화한다.

《핵과학자회보The Bulletin of the Atomic Scientists》는 지구종말시계Doomsday Clock를 매해 제시한다. 그것은 핵무기 개발로 인해 종말에 대한 인식이 널리 확산된 즈음의 1945년 알버트 아인슈타인Albert Einstein과 시카고 대학교 과학자들이 창립한 단체의 회보로, 자정을 향해 이동하는 시계침을 통해 지구 종말의 카운트다운을 시각화한다. 한때 자정 17분 전까지로 늦춰진 적도 있었던 이 시계는 2020년에 다다라서, 회보 창립 이래 자정에 최고로 근접한 100초 전을 가리키고 있다.[24] 그 성명서를 보면 여기에는 여전히 평화에 위협이 되는 핵무기(혹은 그에 준하는 군사기술), 잔혹한 환경문제에 전염병 확산의 맥락이 더해진 위기가 반영되어 있다.

당장 눈앞에 펼쳐지지 않는 위기에 대해 경각심을 일깨운다는 점에서, 세간의 관심을 크게 불러일으킨다는 점에서 그 순기능에는 의심의 여지가 없다. 하지만 여기서 지구의 '종말'이란 무엇을 의미하는가? 그러니까 지구 행성의 물리적 소멸인가, 생명이 살기 힘든 지구의 황폐화인가, 아니면 (문학과 영화 같은 예술 작품에서 파국 서사로 수없이 가시화되었듯) 사실은 지구가 아닌 인류 문명의 끝인가? 만약 어떤 종말을 특정 지을 수 있다면, 그 다음에는 이 종말까지 '100초'가 남았다는 근거와 계산법은 무엇인가? 여기서 핵과학자들의 단체라는 사실이 시계와 숫자라는 형상에 객관성이라는 막연한 신뢰를 더 크게 부여한다. 그러나 그 시계침은 지구 종말까지 남은 시간을 수학적·과학적으로 계산한 것이 아니라(그것이 어떻게 가능하겠는가?) 차라리 해당 이슈에 대한 지배적인 사회 분위기와 파국에 대한 사람들의 공포의 크기를 체감한 것에 가깝다.

양적으로 충분히 습득된 데이터의 시각화 역시 마찬가지다. 미디어 역사가 리사 지텔만Lisa Gitelman은 〈원데이터는 모순어법이다Raw Data is an Oxymoron〉라는 글에서 "언제나 데이터는 절대 '원'재료가 아니며 '요리'(가공)되어 있다"[25]고 단언한다. 그리고 역시 객관성에 대한 믿음이 기

---

24 The Bulletin of the Atomic Scientists. https://thebulletin.org/doomsday-clock/current-time/ 2026년 기준으로는 85초 앞으로 당겨졌다.

25 Lisa Gitelman, "Raw Data is an Oxymoron," in *New Media, Old Media: A History and Theory*

술에 대한 신뢰라는 사실을 지적한다. 역사적으로 거슬러 올라간다면 이 기술적 객관성이 본격적으로 심화되었던 19세기 중반 사진의 발명과 마주하는데, 여기에는 오랜 시간 프레이밍과 관련한 논의와 결부된다. 이러한 수많은 논의들의 비판점을 아주 간단히 축약하자면, 시각 기계의 자동적 기록에 있어서 주관이 개입되지 않는다는 것은 앞쪽에만 해당되며 카메라 뒤의 주체와 의도를 간과하고 있다는 것이다. 그에 따르면 이 문제는 각종 위성항법, 무인 탐사를 동원한 시각 정보의 습득 및 도표나 데이터를 전면으로 내세우는 최신 기술에서도 계속 이어진다. 물론 데이터의 습득도 마찬가지다. 데이터를 테라바이트에서 페타바이트급으로 저장하는 동시대 디지털 기술은 더 큰 규모와 더 넓은 범위의 양적 수집만큼이나 중립성, 자율성, 객관성에 대한 믿음을 더 크게 강화하고 있다.[26]

마시멜로레이저피스트의 〈동물의 눈으로〉 작품 분석

시각 이미지 연구에서 인류세를 주목한다면, 이는 그것이 인간의 감각 체계를 초과하기 때문에 보이지 않는 세계를 대상으로 하고 있고, 그 개념을 잡기 위해 보이지 않는 세계의 시각화를 꾀한다는 맥락에 놓여 있다. 그러나 애초부터 볼 수 없는 대상을 어떻게 이해하고 문제의식을 공유한다는 말인가? 인간 척도를 벗어나거나 비가시적인 것들을 가시

Reader 2nd Edition, Wendy Hui Kyong Chun et al. eds., New York: Routedge, 2016, p. 168.

26 Lisa Gitelman, "Raw Data is an Oxymoron."

화한 이미지들을 살펴보는 우리는 삭제된 주체에 의해 구축된 맥락을 어떻게 가려내거나 받아들여야 하는가? 바로 이 지점에서 다시 윅스퀼의 환경세계 개념으로 돌아갈 수 있다. 이를 위해 동시대 작품으로부터 환경세계의 의미를 환기하는 방법론을 사용하기로 한다.

마시멜로레이저피스트는 런던에서 활동하며 VR에 특화된 동시대 미디어 기술을 다루는 작가집단이다. 2015년 〈동물의 눈으로〉는 그들의 시각예술 활동의 일환으로 브라질 숲에서 감상하는 장소특정적 작품이다. 비인간 존재들이 브라질 숲을 바라보는 시각적 경험을 그린 상상적 풍경의 제작 과정은 이렇다. 장소특정적 맥락에서 작품의 대상이자 관객이 경험하는 공간인 브라질 숲을 라이다 스캐닝LiDAR scanning이라는 3차원 시각 기술을 통해 데이터화하고 이 '원'데이터를 시각적 구현의 바탕으로 삼는다. 여기서 주목해야 하는 것은, 데이터 기반 시각화라고 하면 전술했던 대로 기술에서 비롯된 객관성의 신화를 내포할 수 있지만, 이 작품은 결과적으로 그것을 역이용하는 효과를 발생시킨다는 점이다.

관객이 이끼와 나무조각으로 장식되어 있고 개미의 머리를 연상시키는 둥근 형태의 VR 헤드셋을 쓰면 방금 전까지 보던 동일한 숲이지만, 다른 모습이 펼쳐진다. 인간의 눈에 선명한 초록색이던 잎사귀와 풀들은 마치 탈색된 것처럼 보이기도 하고, 투명하게 비워진 것 같았던 대기는 형형색색의 물질들로 일렁인다. 이 작품에서 '비인간 생명이 바라보는 세계'를 개념화하고 구현한 모습은 예술적 맥락에 익숙하지 않은 관객층, 이를테면 어린아이들도 즐겁게 감상할 수 있을 만큼 직관적이다.

동시에 이 작품은 다음 두 가지 면에서 윅스퀼의 환경세계를 동시대적으로 재맥락화하여 논의하기에 적절한 미덕을 지녔다. 첫째, 이 작품에서 자연은 같은 대상이라도 각기 다르게 감각하고 의미화하는 존재들의 활동들이 어우러진 전체적 조화로서 묘사되어 있다. 마시멜로레이저피스트는 모기, 잠자리, 개구리, 부엉이 등의 시각 체계를 시각적 구현을 위해 참고했다고 설명한다.[27] 그에 따르면 모기는 이산화탄소를 볼 수 있고 이 감각 체계를 통해 대기의 흐름과 영양 공급 대상의 호흡 양상을 파악할 수 있다. 잠자리는 초당 300프레임에 대응하는 시각 능력을 가지고 있으며 빛의 전체 스펙트럼을 볼 수 있다. 개구리는 상대적으로 크지 않은 대상의 수직적 움직임만을 선택적으로 보는 능력이, 부엉이는 카메라에 빗대었을 때 일종의 자체적인 줌 기능이 있다. 경험자는 VR 특유의 1인칭 관점을 통해 숲의 이미지들이 방금 전까지 나(인간)의 육안에 비쳤던 모습과 어떻게 다른지 좀 더 주도적으로 대조하고 비교하도록 유도된다. 이는 비인간 존재들이 숲을 감각하고 행위하는 다양성의 일깨움으로 이어질 수 있다.

그런데 〈동물의 눈으로〉에서 펼쳐지는 세계가 어떤 특정 비인간 동물의 시각 체계를 재현하려 한 것도, 그렇게 보이도록 의도된 것도 아니라는 점이 중요하다. 숲의 3D 데이터 수집이나 여러 비인간 생명들의 생물학적 특징들이 반영된 숲의 풍경은 우리가 현실이라고 믿는 특정 시각 이미지의 재현을 위해서가 아니라, 결코 온전히 파악할 수 없는 비인간 존재들의 눈에 비친 세계를 그리고 우리 자신의 한계를 개방하려는 문턱을 넘기 위한 의미 혹은 기호 역할을 한다. 이는 우주에서 촬영된 둥근 지구의 이미지, 각종 인공위성 이미지 기반의 합성 이미지, 인포그래피, 도표화된 세계지도 등 객관성의 신화를 강화하는 데이터 시각화와는 반대의 방향으로 나아간다.

바로 이 지점에서 다시 윅스퀼로 돌아갈 수 있다. 윅스퀼은 "우리〔인

---

27 Marshmallow Laser Feast on Making the invisible visible | TNW Conference 2018. https://youtu.be/fDtsiw-cvKcsz

간)의 환경세계의 협소함으로부터 우리를 벗어나게 해 주는 경로를 발견하게 되는 것은 오로지, 자연 안의 모든 것이 자연의 의미에 따라서 창조”[28]되었음을 인식하면서라고 주장한다. 하지만 그의 주장에서 인간과 동물이라는 구분이 존재하듯, 보이는 세계를 구성함으로써 필연적으로 비시각적인 것들을 배제시키는 인간중심주의적 이분법을 어떻게 벗어날 수 있다는 말인가?

인간-동물의 이분법에 대한 철학적 사상의 궤적을 짚은 김동규는 그 이후 “하이데거는 현존재일 수 있는 가능성을 인간에게만 배타적으로 위탁”[29]함으로써 인간중심주의를 극복하려고 했음에도 불구하고 오해의 여지를 남겼다는 점과, 그의 사상에 대한 자크 데리다Jacques Derrida와 조르조 아감벤Giorgio Agamben의 독해의 한계를 지적한다. 인간의 세계와 그 너머의 세계에 주의를 기울이는 그들의 깊이 있는 성찰에도 불구하고, ‘탈’인간중심주의적 모색이 인간다움을 논의의 중심으로 다시 끌고 들어올 수밖에 없는 것인지에 대한 의문을 품게 되는 것도 사실이다.

이때 이러한 난제를 돌파하는 한 가지 가능한 방법으로서 에두아르도 콘Eduardo Kohn의 기호론을 참고해 볼 수도 있겠다. 2013년 출간된 책 《숲은 생각한다How Forest Think》에서 콘은 데카르트의 ‘나는 생각한다’가 인간만의 것이 아니며 정신 내부에 있지도 않다는 찰스 퍼스Charles S. Peirce의 말을 인용한다. 그리고 “자기를 구성하는 살아 있는 사고들의 연합과, 다양한 부류의 자기들이 관계함으로써 형성하는 살아 있는 사

---

28 야콥 폰 윅스퀼,《동물들의 세계와 인간의 세계》, 234쪽.

29 김동규, 〈후기 하이데거 철학의 동물론: 아감벤, 데리다 비판의 맹점〉,《철학탐구》52, 2018, 191쪽.

고들의 연합 사이에는 본질적으로 차이가 없다"[30]고 주장한다. 환언하자면 '자아self'라는 주체의 인식 행위는 나라는 단일한 신체의 내부이든 여러 '자기'들의 서로 다른 신체들이든 그 위치가 다를 뿐이며 차이가 없다는 것이다. 이렇게 그의 '기호' 개념 사용은 퍼스의 원 의미의 확장과 함께 윅스퀼의 '의미'와 나란히 놓을 수 있다. 윅스퀼의 여러 존재들이 서로를 여러 가지로 '의미화'하는 상호적 관계처럼, 콘 역시 여러 종들이 서로를 '기호화'함으로써 생성되는 다양한 상호적 관계를 강조한다는 점에서 그렇다. 콘은 나라는 자아가 인간이 상징(언어)을 동원한 내부적 사고의 전유물이 아니며, 외부로 표출하여 다종과 관계 맺는 외부적 행위로서도 구축되고 발휘될 수 있다고 말한다.

콘은 내부 사고를 건너뛰고 외부 관계로 실현되는 행위로서의 앎('알지 못한 채로 알아가기')의 예시로 먼저 퍼스의 빨간색과 맹인을 끌어온다. 맹인이 빨간색을 보지는 못하지만 들은 것으로 추측하여 그에 대한 감각을 가질 수 있으며, 또 우리도 그들의 감각에 대해 생각할 수 있다는 것이다. 이것이 하나의 기호가 다른 기호에 대한 해석을 낳는 존재들의 상호주관성이 교차하는 과정이다. 그 다음 콘은 아마존에 거주하는 루나족이 흰눈잉꼬로부터 옥수수 밭을 보호하기 위해 세워 놓는 허수아비를 언급한다. 십자 모양으로 겹친 두 개의 나무판에 줄무늬를 그려 놓고, 때때로 아래쪽에 깃털을 붙이기도 하는 이 허수아비는 잉꼬의 천적인 맹금류를 기호화한다. 이 허수아비란 처음부터 외양의 정확한 사실주의적 재현을 목적으로 하지 않는다. 이 사실주의란 어차피 인간에게 보이는 외양을 기준점으로 삼기엔 어차피 해당 비인간 존재에게 통

---

[30] Eduardo Kohn, 《숲은 생각한다》, 차은정 옮김, 사월의책, 2018, 154쪽.

하지 않기 때문이다. 대신 허수아비는 특정한 비인간 존재로부터 일련의 외부적 효과를 발생시키려는 도구다.[31]

마시멜로레이저피스트 작품의 이미지들은 어떤 비가시적인 것을 내부적 사고로 뚜렷하게 맥락화하는 앎 없이도 실질적인 효과를 발생시키는 목표를 가진다는 점에서 이러한 맥락의 연장으로 해석해 볼 수 있겠다. 우리는 인간이 아닌 다른 존재들의 환경세계를 경험하지 못하며, 그중에서 우리에게 밝혀진 것은 부분적이거나 인간의 관점화가 이루어져 있다. 따라서 비인간 존재들이 보고 감각하는 방식의 '객관적'이거나 '사실주의적'인 재현은 애초부터 성립되지 않는 발상이다. 그러나 위계적 인간중심주의가 아니라 필연적 인간 감각 및 사고 체계를 활용한 상상력으로 효과를 발생시킬 수는 있다. 본 연구에서 인류세의 가시성 관련 사례를 분석하고 콘이 재맥락화한 기호론을 마지막으로 끌어온 이유는 이렇다. 인류세 담론에서 인간중심주의의 탈피가 어차피 불가능하며, 그러므로 지극히 인간 중심으로 펼쳐지는 파국 서사에서 벗어날 수 없다는 회의주의에서 벗어날 수 있는 인식 전환의 발상으로 숙고할 수 있는 가능성 때문이다.

콘의 주장은 보이는 세계를 구성함으로써 필연적으로 비가시적인 것들을 배제시키는 이분법에서 벗어나서, 우리가 볼 수 없는 것이라도 상상력을 시각화함으로써 외부적 효과를 일으킬 수 있다는 가능성에 집중한다. 이를 통해 보이는 세계만을 맥락화할 수 있다는 내부 감각과 그에 따른 사고에 근거해야만 이 문제를 해결할 수 있다는 내부 지향적 전제로부터 벗어난다. 사실 우리가 맹인이 빨간색을, 잉꼬가 허수아비를

---

31 '알지 못한 채로 알아가기'의 과정을 기호 개념으로 전개하는 그의 주장은 다음 부분을 참고할 것. 콘,《숲은 생각한다》, 152~158쪽.

어떻게 감각하는지 참조할 시각적 원본이란 애초부터 존재할 수 없다. 그럼에도 맹인이 그 느낌을 비맹인과 공유하면서 공통의 경험을 공유하거나, 잉꼬의 시각을 (혹은 일부 생물학적 단서들을 기반해) 상상하는 경험적 시도를 행하는 것은 가능하다. 마찬가지로 인간이 비인간 존재를 감각하게 하는 〈동물의 눈으로〉의 상상적 이미지는 현재 우리의 감각과 인지의 특정 상태를 반영하는 지극히 인간적인 시각 체계에 기댄 것이다. 숲을 스캐닝한 시각적 데이터는 인간 시각의 객관성에 대한 믿음을 심어 주는 대신, 인간, 동물의 지각 체계에 따라 시시각각 변하는 풍경의 주관성을 강조한다. 이는 동물의 세상을 얼마나 정확히 재현했는지와 관련된 객관적 시각의 신화로부터 비껴 난 것으로서, 우리가 보는 세계가 세상에 존재하는 종의 다양성만큼이나 다양한 방법 중 하나라는 사실을 일깨우는 생산적인 효과를 발생시킨다.

감각을 매개로 하는
포스트인간중심주의적 실천

본 연구는 환경세계 개념에서 인류세의 과거의 원인과 미래의 방향과 직결된 몇 가지 논제들을 도출했다. 정리하자면, 우리의 세계에 대한 앎은 여러 버전 중 하나에 불과하고, 그에 따라 어떤 사물이나 존재들의 실체는 인간 척도 기준으로 상대적인 것이다. 그리고 시각적 기술 및 장치 역시 인간이 결부된 그 나름의 환경세계로서 한 가지 방식일 뿐이라는 것이다. 물론 이러한 비가시성·가시성 논의는 아주 오래된, 아주 거대한 인식론적 담론과 근본적으로 맞닿아 있다. 이를테면 윅스퀼의 사상에 영향을 준 임마누엘 칸트Immanuel Kant의 형이상학, 미학적이고 철학적인 수용 방식으로서의 리얼리즘을 주창한 앙드레 바쟁André Bazin[32] 등의 논의를 포함한 시각예술학적 이미지론 등 광의적 성격을 띤다.

그러나 여기에서는 우리가 나름의 방식대로 지구라는 거대한 세계를 이해하거나 이해할 수 없게 만드는 지배적인 감각으로서의 가시성과 그 (비)가시적인 작용을 동시대 시각 기술과 지구환경의 몇 가지 양상으로 한정 지어 풀어 나갔다. "전체 환경세계는 인간 주체의 능력에 따라 윤곽 지어진, 자연의 아주 작은 부분일 뿐"[33]임을 인정하게 된다면, 그 다음 단계로서 인간 감각 너머에 대해 존중하는 윤리적 태도로 자연스럽게 나아갈 수 있다.

결론을 대신하여 '작가-활동가의 내러티브적 상상력'[34]이라는 '느린 폭력' 용어의 창안자 닉슨의 말을 인용하고자 한다. 그는 상상력을 환경문제와 인간 사회의 불평등을 결부시켜 풀어 나갔지만, 사실 그것은 환경-인간-인간이나 환경-인간-비인간 중 어떤 것이라도, 인간에게 감각적으로 감지하기 어려운 모든 비가시적 현상에 적용이 가능하다. 그것은 인간의 눈에 비치는 세계, 그리고 정치적이거나 자본주의적인 목적으로 가시화된 수많은 사례들 속에서 비가시적인 것들을 다루는 데 유용할 수 있다. 또한 그는 이렇게 상상력을 발휘 및 확대하는 데 동시대 디지털 기술이 문제적이어도 긍정적으로 사용될 수 있음을 덧붙인다.[35]

인간중심주의의 탈피가 현재의 전 지구적 위기를 근본적으로 해결하는 방법이라는 것에는 모두가 동의하겠지만, 그것이 과연 가능한지에

---

32 여문주, 〈앙드레 바쟁의 리얼리즘 미학의 사진적 확장 ─ '타블로 형식' 사진을 중심으로〉, 《한국예술연구》27, 2020 참고.

33 야콥 폰 윅스퀼, ,《동물들의 세계와 인간의 세계》, 133쪽.

34 롭 닉슨,《느린 폭력과 빈자의 환경주의》, 41쪽.

35 롭 닉슨,《느린 폭력과 빈자의 환경주의》, 472쪽.

대한 물음을 던진다면 회의적일 수밖에 없기도 하다. 전술했듯이 이것은 긴 역사를 가진 사상적·인식론적 논의와도 결부된, 애초부터 정답이 존재하지 않는 성격의 물음이고, 그에 대한 사색은 인간에 다시 초점을 맞추어 그 개념과 분류를 불가피하게 강화할 수 있기 때문이다. 그리고 무엇보다 우리는 오직 세계의 일부만을 볼 수 있을 뿐이며, 어떠한 방법으로도 우리가 볼 수 없는 나머지 광대한 부분들과 전체를 온전히 볼 수 없다. 이런 맥락에서 미지의 영역이나 생명이라도 효과를 일으킬 수 있는 상상력을 외부로 펼치는 행동은 철저한 자기반성보다 덜 중요한 것이 아니며, 객관성이나 절대성에 구속되어서도 안 된다. 이렇게 본 연구는 인류세에서의 포스트인간중심주의를 인간적인 것을 탈피하는 차원에서 접근하기보다, 수많은 종 중 하나인 인간으로서 지극히 인간적 능력을 활용해 보이지 않는 것들에 관해, 혹은 그런 것들과 효과를 발생시키기 위해 모든 가능한 상상력을 가시화하고 그 외부적 양상을 감각하는 방편으로 삼는 것이 어떤 면에서는 더욱 생산적일 수 있다고 강조하고자 한다.

참고문헌

T.J. 디모스, 〈인류세에 반대하며: 오늘날 시각문화와 환경〉, 《디어 아마존》, 심효원 옮김, 일민미술관 · 현실문화, 2021.

김동규, 〈후기 하이데거 철학의 동물론: 아감벤, 데리다 비판의 맹점〉, 《철학탐구》 52, 2018.

롭 닉슨, 《느린 폭력과 빈자의 환경주의》, 김홍옥 옮김, 에코리브르, 2020.

야콥 폰 위스퀼, 《동물들의 세계와 인간의 세계: 보이지 않는 세계의 그림책》, 정지은 옮김, 도서출판b, 2012.

에두아르도 콘, 《숲은 생각한다》, 차은정 옮김, 사월의책, 2018.

여문주, 〈앙드레 바쟁의 리얼리즘 미학의 사진적 확장—'타블로 형식' 사진을 중심으로〉, 《한국예술연구》 27, 2020.

Bulletin of the Atomic Scientists. https://thebulletin.org/doomsday-clock/current-time/

Eugene F. Stoermerand CrutzenPaul, "The 'Anthropocene.'" *Global Change Newsletter* 41, 2000.

Jussi, Parikka, *A Slow, Contemporary Violence: Damaged Environments of Technological Culture*. Berlin: Sternberg Press, 2016.

Lisa, Gitelman, "Raw Data is an Oxymoron." in *New Media, Old Media: A History and Theory Reader 2nd Edition*. Wendy Hui Kyong Chun et al. eds., New York: Routedge, 2016.

Marshmallow Laser Feast on Making the invisible visible | TNW Conference 2018. https://youtu.be/fDtsiw-cvKc

Marshmallow Laser Feast. https://www.marshmallowlaserfeast.com/

Nicholas, Mirzoeff, "Visualizing the Anthropocene." *Public Culture* 26-2, 2014.

Peter and Caroline Jones, Galison, "Unknown Quantities." *Artforum*, November 2010.

Subcommission on Quaternary Stratigraphy. https://quaternary.stratigraphy.org/working-groups/anthropocene

Tim Elmo, Feiten, "Mind After Uexküll: A Foray Into the Worlds of Ecological Psychologists and Enactivists." *Front.Psychol.*, March 2020.

인류세 시대의 컴퓨팅

: 인간과 지구를 매개하는 컴퓨팅 기술

| 김희원 · 김성은 |

인류세 시대의 컴퓨팅

: 인간과 지구를 매개하는 컴퓨팅 기술

이 글은 《과학기술학연구》 20권 1호(2020. 3.)에 게재된 원고를 수정 및 보완하여 재수록한 것이다.

2020년 2월 19일, 남아메리카 프랑스령 기아나의 우주센터에서 한국과 아시아 지역의 환경 정보를 수집하는 정지궤도 복합위성 천리안 2B호가 발사되어 정지궤도에 안착했다. 천리안 2B호에는 대기오염 물질의 이동을 감시할 수 있는 대기환경 관측장비 '젬스GEMS'와 해양오염 물질을 실시간 모니터링하는 관측장비 '고씨투GOCI-II'가 탑재되어 아시아의 대기와 해양 환경 변화를 종합적으로 감지하는 센서 역할을 수행하고 있다. 정지궤도 위성으로는 세계 최초로 환경탑재체를 갖춘 천리안 2B는 2023년에 발사된 미국의 '템포TEMPO' 위성, 2025년에 발사된 유럽의 '센티넬4Sentinel-4' 위성과 함께 전 지구적 환경 감시에 참여하고 있다.[1] 국경을 넘어 이동하는 대기오염 물질을 실시간 모니터링하기 위한 행성 수준의 네트워크가 구축된 것이다.

디지털 장비와 컴퓨팅 기술은 사람이 탐구 대상을 인지하고 이해하는 방식을 근본적으로 바꾸어 놓았다. 사람이 혼자의 힘으로 다룰 수 없는 방대한 데이터를 빠르고 정확하게 처리할 수 있게 된 덕분에, 기존의 개념과 이론을 더 정교화하는 것은 물론이고 사람이 인지할 수 없었던 행성 수준의 변화까지도 포착할 수 있게 되었다.[2] 지구 단위의 데이터가 축적되면서 인간 활동이 지구 시스템에 미치는 영향에 대한 단서들을

---

1   곽노필, 〈우리 기술로 만든 미세먼지 감시 위성 '천리안2B' 발사 성공〉, 《한겨레》, 2020년 2월 19일자. http://www.hani.co.kr/arti/science/technology/928777; 과학기술정보통신부, 〈천리안위성 2B호, 2월 19일 아침 발사 성공〉 보도자료. https://msit.go.kr/web/msipContents/contentsView.do?cateId=_policycom2&artId=2626118

2   역사학자 폴 에드워즈Paul N. Edwards는 "'인류세 시대Anthropocene epoch'와 '기술권technosphere'이라는 개념적 도구들이 지니는 가장 큰 강점은 여러 세부 분야로 분산되어 생각되거나 지엽적이고 단기적인 문제로 다루어질 수 있는 현상들을 큰 스케일로 장기적이고 체계적으로 포착하기를 고집한다는 점에 있다"고 지적했다. Paul N. Edwards, "Knowledge Infrastructures and the Anthropocene", *The Anthropocene Review* 4-1, 2017, p. 40.

발견한 대기과학자와 지질학자, 그리고 생태학자 등은 인간의 시대를 의미하는 '인류세'를 공식적인 지질시대로 제안했다.[3] 인류세 개념은 자연과학, 사회과학, 인문학, 그리고 예술 분야를 망라하는 전문가들에게 영감을 주며 인간과 자연의 상호작용, 인간과 기술의 연결성, 그리고 기술과 자연의 관계를 재검토할 것을 촉구해 왔다.

컴퓨팅 기술의 활용 범위가 넓은 만큼, 이것의 정치적, 사회적, 문화적 특성을 살핀 과학기술학 연구도 활발하게 전개되어 왔다.[4] 이러한 연구들은 정보통신 기술이 도입되고 이용되는 방식을 그 역사적, 사회적, 문화적 배경과 함께 검토하거나,[5] 관련 학계나 산업의 형성 과정을 분석하

3　Paul J. Crutzen and Eugene F. Stoermer, "The Anthropocene," *Global Change Newsletter* 41, 2000, pp. 17-18; Paul J. Crutzen, "Geology of Mankind," *Nature* 415, 2002, p. 23.

4　컴퓨팅은 《과학기술학편람Handbook of Science and Technology Studies》에서 반복해서 다룰 정도로 과학기술학 분야에서 중요한 주제다. Paul N. Edwards, "From 'Impact' to Social Process: Computers in Society and Culture," and H. M. Collins, "Science Studies and Machine Intelligence," *Handbook of Science and Technology Studies, 2nd edition*, Cambridge, MA: The MIT Press, 1994; Lucy Suchman, "Feminist STS and the Sciences of the Artificial," *Handbook of Science and Technology Studies*, 3rd edition, Cambridge, MA: The MIT Press, 2007; The Virtual Knowledge Studio, "Messy Shapes of Knowledge—STS Explores Informatization, New Media, and Academic Work," *Handbook of Science and Technology Studies*, 3rd edition, Cambridge, MA: The MIT Press, 2007; Pablo Boczkowski and Leah A. Lievrouw, "Bridging STS and Communication Studies: Scholarship on Media and Information Technologies," *Handbook of Science and Technology Studies, 3rd edition*, 2007; Janet Vertesi et al., "Engaging, Designing, and Making Digital Systems," *Handbook of Science and Technology Studies*, 4th edition, Cambridge, MA: The MIT Press, 2016; Hector, Postigo and Casey O'Donnell, "The Sociotechnical Architecture of Information Networks," *Handbook of Science and Technology Studies, 3rd edition*, Cambridge, MA: The MIT Press, 2016. 디지털 기술 관련 과학기술학 총서로는 Vertesi와 Ribes가 총괄 편집한 *digitalSTS: A Field Guide for Science and Technology Studies*, Princeton University Press, 2019를 참고할 수 있다.

5　정부 부처나 기관, 과학자나 공학자 등 특정 집단이 컴퓨팅 시스템을 도입하고 활용한 과정을 분석하는 연구들이 있다. Jon Agar, *The Government Machine: A Revolutionary History of the Computer*, Cambridge, MA: The MIT Press, 2003; JoAnne Yates, *Structuring the Information Age: Life Insurance and Technology in the Twentieth Century*, Baltimore: Johns Hopkins University Press,

며 컴퓨팅 기술이 내포하는 사회적, 문화적 요소들을 규명하는 작업을 수행하였다.[6] 최근에는 인공지능에 대한 사회적 관심이 증가함에 따라 해당 기술과 빅데이터의 윤리적, 사회적, 법적 쟁점을 다루는 저서가 다수 출판되어 대중적으로 확산되고 있다.[7]

한편 컴퓨팅 기술의 환경적인 측면에 대한 관심은 기술과 환경의 상호작용 혹은 미디어 기술의 물질 종속성을 다루는 연구에서 주로 나타나고 있다. 2017년에는 정보와 정보 관련 기술의 사회문화적 영향을 다루는 학술지 《정보와 문화Information and Culture》에서 '컴퓨팅과 환경

2005; Donald MacKenzie, "The Influence of the Los Alamos and Livermore National Labs on Supercomputing," *IEEE Annals of the History of Computing* 13-2, 1991, pp. 179-201; Janet Abbate, *Recoding Gender: Women's Changing Participation in Computing*, Cambridge, MA: The MIT Press, 2012; Joseph November, *Biomedical Computing: Digitizing Life in the United States*, Baltimore: Johns Hopkins University Press, 2012. 한편, 컴퓨터가 사용된 지역적 스펙트럼을 확장한 컴퓨팅 기술사 연구를 통해 특정 문화적, 경제적, 그리고 정치적 배경에 따라 다양한 컴퓨팅 기술의 풍경이 형성될 수 있음을 이해하게 되었다. Eden Medina, *The Cybernetic Revolution: Technology and Politics in Allende's Chile*, Cambridge, MA: The MIT Press, 2011; Victor Petrov, *Balkan Cyberia: Coldwar Computing, Bulgarian Modernization, and the Information Age behind the Iron Curtain*, Cambridge, MA: MIT Press, 2023; Honghong Tinn, *Island Tinkerers: Innovation and Transformation in the Making of Taiwan's Computing Industry*, Cambridge, MA: The MIT Press, 2025.

6   인종이나 젠더, 노동문제와 같이 기존 사회학적 프레임으로 컴퓨팅 현장을 살피는 연구가 이에 속한다. Lisa Nakamura, "Indigenous Circuits: Navajo Women and the Racialization of Early Electronic Manufacture," *American Quarterly* 66-4, 2014, pp. 919-941; Wendy Hui Kyoung Chun, "Race and/as Technology, or How to Do Things to Race," *Race After the Internet*, Lisa Nakamura and Chow-White, Peter A. eds., New York: Routledge, 2013, pp. 44-66; Janet Abbate, *Recoding Gender: Women's Changing Participation in Computing*, Cambridge, MA: The MIT Press, 2012; 마리 힉스, 《계획된 불평등: 여성 기술인의 배제가 불러온 20세기 영국 컴퓨터 산업의 몰락》, 권혜정 옮김, 이김, 2019; Nathan Ensmenger, *The Computer Boys Take Over: Computers, Programmers, and the Politics of Technical Expertise*, Cambridge, MA: The MIT Press, 2010.

7   캐시 오닐, 《대량살상수학무기: 어떻게 빅데이터는 불평등을 확산하고 민주주의를 위협하는가》, 김정혜 옮김, 흐름출판, 2017; 사피아 우모자 노블, 《구글은 어떻게 여성을 차별하는가》, 노윤기 옮김, 한스미디어, 2019.

computing and environment'이라는 주제로 특집호가 기획 발간되었다.[8] 컴퓨팅 기술사학자인 네이슨 엔스멘거Nathan Ensmenger는 이듬해에 컴퓨팅의 환경사environmental history of computing 연구가 정보통신 기술을 기획, 설계할 때 고려해야 하는 환경윤리적 기준을 마련하는 과정에 기여할 수 있을 것이라고 강조하며, 관련 연구의 필요성을 제안하는 논문을 발표했다[9]. 최근 케이트 크로퍼드Kate Crawford는 인공지능을 지구의 에너지와 광물, 값싼 노동력, 그리고 데이터를 대규모로 추출해 학습하는 '추출산업extractive industry'으로 규정한다. 특히 인공지능의 정치적, 경제적, 환경적 영향을 개괄한 저서 《AI 지도책》의 첫 장에서 소수 기업이 독점하는 AI 산업이 지구적 네트워크를 유지하기 위해 지구의 자원을 무분별하게 동원하는 현장을 조명하며 이를 비판한다.[10] 이외에도 과학기술학, 인류학, 미디어 연구, 디지털 인문학 등 다양한 분과에서 지식 생산 도구로서의 디지털 기술과 사람, 그리고 환경의 관계를 규명하는 데 기여하고 있다.

인간이 자신의 활동을 지속하기 위해 지구 자원을 무분별하게 소모한다는 인류세적 서사는 분명 환경과 기술의 상호작용을 규명하는 연

---

8 발간문에서 기술사학자 네이슨 엔스멘거Nathan Ensmenger와 레베카 슬레이턴Rebecca Slayton은 환경과 기술의 관계를 살피는 역사학자가 크게 세 가지 지점에서 '컴퓨팅과 환경의 관계'라는 학술 의제에 기여할 수 있다고 말한다. 첫째, 사람들이 기술을 활용하여 환경을 구성하거나 변화시키는 주제가 있다. 둘째, 자연이 적극적인 역할을 수행함으로써 사람들의 활동을 특정한 방식으로 구성할 수 있음을 보여 주는 주제가 있다. 셋째, 사람이 환경을 인지하고 이해하는 방식에 기술이 개입할 수 있다. Nathan Ensmenger and Rebecca Slayton, "Computing and the Environment: Introducing a Special Issue of Information & Culture," *Information and Culture* 52-3, 2017, pp. 295-303.

9 Nathan Ensmenger, "Environmental History of Computing," *Technology and Culture* 59-4, 2018, pp. S7-S33.

10 케이트 크로퍼드, 《AI 지도책: 세계의 권력과 부를 재편하는 인공지능의 실체》, 노승영 옮김, 소소의책, 2022.

구들과 공명한다. 이를테면, 환경사회학자들은 그간 과학기술학의 영향을 받아 환경과 인간의 관계를 재정립해 왔고, 학제 간 협력의 중요성을 강조했으며, 환경문제의 원인과 결과의 복잡성을 연구해 왔다는 점에서 인류세 논의에 쉽게 동참할 수 있다.[11] 최명애와 박범순은 인류세에 대한 사회과학적 접근을 실증적 접근, 정치경제적 접근, 그리고 신유물론 접근으로 구분할 수 있다고 주장한다. 특히나 컴퓨팅 기술과 얽혀 있는 환경문제에 내재된 권력관계를 포착하거나 기술의 물질성materiality 개념 틀을 계승해 자연-사회의 분리불가능성을 강조한다는 점에서 인류세적 관점은 기존의 사회과학적 관점의 연장선상에 존재한다.[12]

그렇다면 이 글에서 제안하는 '인류세적 관점'은 기존의 사회과학적 접근과는 다른 어떤 새로운 차원의 논의를 가능하게 해 주는가? 우선, 인류세적 접근은 분석을 위한 시간적-공간적 스케일을 극적으로 확장시킬 것을 제안한다. 기존 연구가 현재진행형인 환경문제를 진단하기 위해 그 역사적 과정이나 구성 요소를 이해하는 데 초점을 맞추고 있다면, 인류세 연구는 미래를 상상하고 이에 대비하기 위해 현재의 문제를 이해하는 "미래 지향적 탐색"을 추구한다.[13] 그리고 기술과 환경문제를 직면하는 지역의 사회적, 정치적, 문화적 상호작용을 살피는 지역적 문제로 국한시키지 않고 전 지구적 문제, 행성 차원의 문제planetarity로 확

---

11 Rolf Lidskog and Claire Waterton, "Anthropocene: A Cautious Welcome from Environmental Sociology?," *Environmental Sociology* 2-4, 2016, pp. 395-406; Dolly Jørgensen, "Not by Human Hands: Five Technological Tenets for Environmental History in the Anthropocene," *Environment and History* 20-4, 2014, pp. 479-489.

12 최명애·박범순, 〈인류세 연구와 한국 환경사회학: 새로운 질문들〉, 《ECO》 23-2, 2019, 7~41쪽.

13 Jamie Lorimer, "The Anthropo-scene: A Guide for the Perplexed," *Social Studies of Science* 47-1, 2017, pp. 117-142.

장하여 검토한다.[14] 과학기술인류학자 가브리엘 헥트Gabrielle Hecht는 인류세 연구가 확장된 시간적-공간적 사유를 통해 이루어져야 함을 강조하며 다양한 스케일의 시간 단위와 지리적, 정치적 공간을 횡단하는 '스케일 간 매개체interscalar vehicle' 개념을 제안한다. 이 매개체는 본질적으로 불변하는 것이 아니라 다른 행위자와 관계를 맺어 새로운 가치를 얻을 수 있고, 결과적으로는 해당 매개체를 두고 서로 다른 가치와 스케일이 경합하는 상황이 벌어지기도 한다. 이 조응과 경합의 과정 속에서 '스케일 간 매개체'는 지질학적 시간을 의미하는 '심원한 시간deep time'과 '인간의 시간human time', 지리학적 공간과 정치적 공간을 넘나들며 인류세적 문제를 구성하는 정치적, 윤리적, 인식론적, 그리고 정동적 차원의 얽힘을 분석 가능하도록 만들어 주는 것이다.[15]

　인류세 연구자, 혹은 그 문제의식에 공감하는 자들이 현 상황을 '파국'으로 인지하고 실천적인 자세로 토론에 임한다는 점 역시 기존의 환경 연구와 상이한 지점이다. 사회학자 김홍중은 인류세적 파국이 "제도, 지역, 인간, 비인간을 포함하는 복합적(사건)으로 등장하며 환상과 예술을 통해 표현"되는 '어셈블리지'고, 이를 기반으로 급진적인 성찰자들이

14　Elizabeth DeLoughrey, "Satellite Planetarity and the Ends of the Earth," *Public Culture* 26-2, 2014, pp. 257-280.

15　Gabrielle Hecht, "Interscalar Vehicles for an African Anthropocene: On Waste, Temporality, and Violence," *Cultural Anthropology* 33-1, 2018, p. 122, p.131; 헥트는 스케일 논의에 참여하는 인류학자들의 연구를 정리하며 스케일의 문제가 단순히 규모나 입상만의 문제가 아니라 범주와 정렬의 문제이기도 하다고 지적한다. 그는 스케일이 사회적, 문화적, 기술정치적 과정의 결과물이라는 점을 이해하고 인류세가 스케일적인 프로젝트라는 점을 관찰하는 것을 넘어서, 직접 스케일을 넘나들며 인류세 논의에 동참할 것을 동료 인류학자들에게 제안한다. Gabrielle Hecht, "Interscalar Vehicles for an African Anthropocene: On Waste, Temporality, and Violence," pp. 111-115.

생산된다고 본다.[16] 인간 종의 책임을 강조하는 '인류세'라는 용어는 이 파국적인 위기 상황을 공적으로 선포하고, 자연과학자, 인문학자, 사회과학자, 예술가 등 다양한 전문성과 배경의 사람들을 한자리에 불러 모아 전대미문의 위기를 극복하도록 협력을 도모한다.[17] 물론 파국을 이해하고 이에 대응하는 방식이 사람에 따라 상이할 수 있지만, 자신의 문제가 인류세라는 거대한 담론과 어떠한 방식으로 연결되어 있는지 고민하는 과정 속에서 새로운 연대가 시작되고 실천이 현실화될 수 있을 것이다.

---

16 김홍중, 〈인류세의 사회이론 1: 파국과 페이션시(patiency)〉, 《과학기술학 연구》 19-3, 2019, 34쪽, 39쪽.

17 Noel Castree, "The Anthropocene and the Environmental Humanities: Extending the Conversation," *Environmental Humanities* 5-1, 2014, pp. 233-260. 물론 인문사회과학계 일각에서는 인류세 개념의 한계점과 위험성을 지적하고 있다. 특히 인류세의 '인류'라는 수식어가 복잡다단한 인간 집단을 균질하게 묘사하고 정치경제적 불균등을 비가시화하며 지나치게 인간중심적인 개념이라는 주장은 많은 호응을 얻기도 했다. Andreas Malm and Alf Hornborg, A., "The Geology of Mankind? A Critique of the Anthropocene Narrative," *The Anthropocene Review* 1-1, 2014, pp. 62-69; Donna Haraway, "Anthropocene, Capitalocene, Plantationocene, Chthulucene: Making Kin," *Environmental Humanities* 6-1, 2015, pp. 159-165; Lövbrand, Eva, Silke Beck, Jason Chilvers, Tim Forsyth, Johan Hedrén, Mike Hulme, Rolf Lidskog, Elefthera Vasileiadou, "Who Speaks For the Future of Earth? How Critical Social Science Can Extend the Conversation on the Anthropocene," *Global Environmental Change* 32, 2015, pp. 211-218; Anna Tsing, "Earth Stalked by Man," *The Cambridge Journal of Anthropology* 34-1, 2016, pp. 2-16; Langdon Winner, "Rebranding the Anthropocene: A Rectification of Names," *Techné: Research in Philosophy and Technology* 21-2/3, 2017, pp. 282-294. 최근의 정치경제학적, 신유물론적 접근들이 보여 주는 인류세 개념에 대한 확장적 재해석은 이러한 비판을 포용함으로써 인류세를 새로운 지식 생산의 프레임워크로 간주할 수 있는 기회를 제공하고 있다 (최명애·박범순, 〈인류세 연구와 한국 환경사회학: 새로운 질문들〉, 2019). 다른 한편으로는, 인류세 개념에 대한 논박이 오가는 것 자체가 현재 지구가 맞이한 파국의 심각성을 방증한다고 볼 수 있으며, 다양한 스케일을 넘나들며 지구적 파국에 대해 논의할 수 있는 초국가적, 초학제적 장을 마련해 준다는 점 자체를 인류세 개념의 성과라고 평가할 수 있다. 본 논문 역시 지구과학적, 공학적 인류세 개념에 대한 무조건적 수용보다는 최근 활발히 이루어진 정치, 경제, 물질의 차원을 비판적으로 바라볼 수 있는 개념으로서 인류세를 고려한 연구가 필요하다고 제안한다.

우리는 컴퓨팅을 바라보는 시간적-공간적 시선을 확장하여 컴퓨터와 인간, 그리고 지구의 관계를 종합적으로 살피는 과학기술학 연구가 필요하다고 본다. 과학기술학은 지구적 활동을 이해하는 현생인류의 지식 생산 활동을 성찰적으로 살피고, 동시에 이러한 활동이 인류세적 위기 상황을 초래한다는 점을 드러냄으로써 인류세에 대한 다각적 분석을 수행할 수 있다. 인류세 논의에 직접 참여하거나 문제의식에 공감하는 연구자들은 최근 인간의 삶에 깊이 개입하고 있는 컴퓨팅 기술과 지구의 관계에 주목하기 시작했다.《네이처Nature》지에 〈인류세의 컴퓨터 시대On the Age of Computation in the Epoch of Humankind〉라는 제목의 글을 실은 독일 막스플랑크연구소Max Planck Institute 소속 연구진들은 '디지털 전환 digital transformation'이 인류세의 주요 동인이자 효과적인 매개체라고 말한다.[18] 컴퓨팅 기술은 인류세로 특징지을 수 있는 흔적을 포착하는 데 사용되면서도, 그 스스로가 지구에 더 깊은 흔적을 남기는 데 기여한다. 인류세와 컴퓨팅 기술은 상호구성적 관계를 맺고 있는 것이다.

본 논문은 컴퓨팅 기술을 동원하여 행성적 활동이 탐구 가능하게 된 과정을 살핀 역사학 연구와 컴퓨팅의 물질성materiality과 환경 영향에 방점을 둔 미디어학 및 인류학 연구를 검토한다. 여기서 검토하는 연구들이 인류세 개념을 명시적으로 논의하지는 않았을지라도, 필자들은 이들의 분석 안에서 인류세적 접근의 주요 특성인 물질성의 강조, 확장된 스케일 등의 요소를 읽어 낼 수 있다고 보고, 궁극적으로는 이 연구들이 '인류세적 관점의 컴퓨팅'이라는 의제로 묶일 수 있다고 평가한다. 우선 컴퓨팅 기술을 동원하여 지구의 면면을 이해할 수 있게 되는 과정을 살

---

18 Christoph Rosol, Benjamin Steininger, Jürgen Renn, and Robert Schlögl, "On The Age of Computation in the Epoch of Humankind," *Nature* 563, 2018, pp. 7733-7738.

핀 과학기술학 연구들을 다룬다. 공기 흐름이나 바다 지형을 감지하는 센서와 데이터 처리 장치를 동원해 지구 단위의 현상을 이해하는 과학자의 활동은 기계의 언어로 번역된 다양한 버전의 지구 모델을 재생산한다. 이어서 컴퓨팅 기술의 세련된 은유 뒤에 감추어진 무거운 하부구조infrastructure에 대한 논의들을 정리한다. 물질성을 초월하는 것처럼 여겨지는 컴퓨팅 시스템의 기저에는 지표면 곳곳에 뿌리내리고 있는 기반시설이 컴퓨팅의 하부구조로서 존재하는데, 그 예시로 해저 케이블과 데이터센터 사례 연구를 소개할 것이다. 마지막으로 컴퓨팅 기계의 생애를 추적하며 컴퓨팅 기술이 지구의 자원과 노동력을 소모하며 지구에 남기는 흔적을 밝힌 연구를 검토한다.

계산된 지구

지구를 하나의 거대한 컴퓨터라고 생각할 수 있을까? 닷컴 버블이 한창이던 1999년, 컴퓨터 과학자 마크 와이저Mark Weiser는 초소형 컴퓨터가 물리적 환경으로 스며들어서 어디에서든 센싱과 컴퓨팅이 일어나는 미래를 꿈꿨다. 컴퓨터와 통신의 발전으로 지구 그 자체가 거대한 컴퓨터가 되는 이러한 세상을 그는 '유비쿼터스 컴퓨팅'이라고 불렀다.[19]

세상을 컴퓨터로 뒤덮겠다는 생각은 와이저만의 것은 아니었다. 같은 해《비즈니스 위크Business Week》지에 실린 한 기고는 광케이블로 연결된 수백만 개의 센서들이 지구의 새로운 피부층을 이루게 될 것이라고

19　Mark Weiser, "Ubiquitous Computing," *Computer* 26-10, 1993, pp. 71-72.

예측했다. 새천년을 앞두고 벌어진 담대한 상상은 지구를 둘러싸는 얇은 실리콘 지층이 지구의 상태와 변화를 민감하게 감지하고, 나아가 어떠한 변화에도 자율적으로 대응할 수 있을 것이라고 예상했다.[20] 미국의 부통령이었던 앨 고어Al Gore는 1998년 '디지털 지구digital earth'라는 개념을 제안해 이러한 기술적 상상을 현실화하고자 했다. 한적한 시골 마을의 어린이도 가상현실 헤드셋과 디지털 장갑만 착용하면 지구 어디로든 여행하며 지식과 정보를 찾아볼 수 있도록 디지털 지구를 만들자는 것이 그의 계획이었다.[21] 그는 이러한 데이터화된 지구를 만들기 위해 인터넷 인프라의 대대적 건설을 지지했다. 21세기의 지구는 센서, 전선, 실리콘으로 된 옷을 입고는, 자기 자신을 측정하고, 감지하고, 결국에는 프로그램할 수 있는 컴퓨터로 거듭날 것이었다.[22]

20년이 지난 지금, 기고가, 정치인, 컴퓨터 과학자들의 꿈은 얼마나 실현되었을까? 21세기의 지표면은 실로 새로운 피부, 혹은 지층이라고 말할 수 있을 정도로 많은 센서와 컴퓨터로 수놓아져 있다. 해양에는 수천 개의 부표가 바닷물의 흐름, 염도, 수온을 실시간으로 측정해 데이터 센터로 전송한다. 국제기상기구WMO 같은 과학협회들은 습도, 바람, 온도와 같은 기상 변수를 측정하는 표준화된 센서들을 종합해 실시간으로 세계 날씨 정보를 제공한다. 우주에서 지구를 감시하는 인공위성은 지표면을 수십 센티미터 해상도의 사진으로 찍어 내고 산불, 지진, 쓰나

---

20 Neil Gross, "The Earth Will Don an Electronic Skin," *Business Week Online*, 1999. https://www.bloomberg.com/news/articles/1999-08-29/14-the-earth-will-don-an-electronic-skin

21 Al Gore, "The Digital Earth: Understanding Our Planet in the 21st Century," *Australian Surveyor* 43-2, 1998, pp. 89-91.

22 Paul Dourish, and Scott D. Mainwaring, "Ubicomp's Colonial Impulse," in *Proceedings of the 2012 ACM Conference on Ubiquitous Computing*, 2012, pp. 133-142.

미 같은 자연재해를 실시간으로 관찰해서 빠른 재난 대응을 돕고 있다. 누구나 들고 다니게 된 스마트폰을 활용해 시민을 살아 있는 디지털 센서로 활용하는 방법도 널리 활용되고 있다. 기후변화가 동토층에 주는 영향을 측정하는 센서들은 지구에서 가장 외진 북극과 남극까지 파고 들어가 인류가 초래한 지구온난화의 영향을 관측하고 있다. 최근에는 가장 깊은 바다로 알려진 마리아나해구에서 인간이 만든 플라스틱을 발견한 한 연구가 언론을 통해 유명해지기도 했다.[23] 인간으로 인한 환경 파괴가 극심해진 인류세 시대에 이러한 지구 관측은 더욱 중요하다.

이렇게 지표면을 센서로 빼곡히 덮어 계산된 지구는 세상을 바꾸는 결정들에 힘을 미친다. '기후변화에 관한 정부간 협의체IPCC'가 내놓은 기후의 전망은 각국에 강력한 탄소 감축을 요구하고 있다.[24] 센서와 컴퓨터를 거쳐 모사된 지구가 물리적 현재를 파악하고, 그 미래를 전망하고, 사람들의 행동을 바꾸는 데 활용되고 있는 것이다.

물론 계산되고 데이터화된 지구가 곧 지구에 대한 믿을 만한 지식으로 받아들여지게 된 것은, 단순히 컴퓨터 성능이 좋아지거나 센서가 많아졌기 때문만은 아니다. 계산된 지구를 만드는 과정은 20세기 말의 기술 애호가들이 상상한 것처럼 매끄럽고 재빠르게 이루어지지 않았다. 지구를 관측하는 일의 역사적 기원이나 새롭게 이루어지는 측정에 대한 여러 역사적, 사회학적 연구들은 계산된 지구를 만드는 과정의 복잡다단함을 강조해 왔다. 센서가 내놓는 신호들이 지구에 대한 믿을 만한

---

[23] Sanae Chiba, Hideaki Saito, Ruth Fletcher, Takayuki Yogi, makino Kayo, Shin Miyagi, Moritaka Ogido, Katsunori Fujikura, K., "Human Footprint in the Abyss: 30 Year Records of Deep-Sea Plastic Debris," *Marine Policy* 96, 2018, pp. 204-212.

[24] IPCC, *Fifth Assessment Report of the Intergovernmental Panel on Climate Change*, IPCC, 2014.

지식으로 거듭나기 위해서는 다양한 과학적, 정치적, 문화적 과정을 거쳐야만 한다. 우선 지구를 어떤 존재로 상상할 것인지에 대한 이론적 문제가 있다. 어떤 모형과 이론을 사용해 행성을 계산하고 측정하는지에 따라 데이터의 중요도가 달라지기 때문이다. 지리학자 제시카 레이먼Jessica Lehman이 강조하듯, '지구'나 '행성'과 같은 범주는 자명한 물리적 실재라기보다 이를 계산하는 과정에서 드러나고 생성되는 것이라고 할 수 있다.[25] 다시 말하자면, 지구가 어떤 존재인지 수식, 이론, 모형으로 상상하는 일과 지구를 측정하는 일은 상호공생적 관계에 있다.[26] 두 번째는 스케일의 문제다. 행성이라는 거대한 단위의 관측을 일관된 방식으로 수행하기 위해서는 초국가적 단위의 관찰자와 자원이 필요하다. 한국이 미세먼지 예보를 내리기 위해서는 중국의 대기 정보가 꼭 필요하듯, 지역과 국가를 넘어서는 지구데이터geodata의 생산은 지구정치적geopolitical 문제와도 긴밀히 연결되어 있다. 실제로 20세기 후반 지구를 감지하고 계산하려는 다양한 시도들은 냉전이라는 특수한 정치적 상황

---

[25] Jessica Lehman, "A Sea of Potential: The Politics of Global Ocean Observations," *Political Geography* 55, 2016, pp. 113-123. 감지하고 계산하는 일과 관찰자의 등장이 긴밀하게 연관되어 있다는 이러한 주장은 센스sense라는 영어 단어가 가지는 두 표현을 상기시킨다. 지구를 감지sensing the Earth하는 일과 지구를 이해해서 행동의 대상으로 삼는 일make sense of the Earth은 항상 서로가 서로를 촉진하며 일어난다. 지구에 대한 감각은 특정한 감지 활동을 촉구하고, 그렇게 감지된 지구는 지구에 대한 새로운 감각을 불러일으킨다.

[26] Paul N. Edwards, *A Vast Machine: Computer Models, Climate Data, and the Politics of Global Warming*, Cambridge, MA: The MIT Press, 2010. 측정하는 이유와 측정하는 행위가 서로를 구속한다는 점에서 지구를 관측하는 사람은 과학기술학자 콜린스가 말한 '실험자의 회귀experimenter's regress'의 지구적 상황을 맞이한다고 볼 수도 있을 것이다. Harry M. Collins, *Changing Order: Replication and Induction in Scientific Practice*. Chicago: University of Chicago Press, 1992. 지구를 측정하기 위해서는 특정한 지구적 관념이 필요하다. 역으로 어떠한 지구적 관념은 지구에 대한 측정 데이터에 의존한다.

에 힘입어 진행되었다.[27] 지구 구석구석에 센서를 심고, 관리하고, 데이터를 추출하는 작업은 때로는 지구적 대립의 상황에서 승리하기 위해, 때로는 대립을 벗어난 세계적 협력이라는 모토 아래에서 지원받을 수 있었던 것이다. 마지막으로 스케일 간의 간극에서 발생하는 정치적, 문화적 문제가 있다. 행성 단위의 과학기술 연구는 단순히 지역 연구의 합이 아니기 때문에, 때로는 지역의 이해관계와 상반되는 결과를 내놓기도 한다.[28] 예컨대 아마존의 기후변화 기여에 대한 거시 관점의 연구가 브라질 정부의 지속가능 성장에 필요한 지식을 제공하지 않는 경우가 이러한 스케일 간의 간극에 해당한다.[29] 이처럼 로컬과 글로벌 사이 다양한 층위에서 발생하는 인식론, 실행, 의미의 다양성을 어떻게 화합해 낼 것인지의 문제도 계산된 지구를 만드는 일의 어려움에 속한다.

역사학자 폴 에드워즈Paul N. Edwards의 저작 《광활한 기계A Vast Machine》는 지금 시점에서 당연한 것으로 보이는 기후 모형과 데이터가 19세기

---

27   Elena Aronova, Karen S. Baker, and Naomi Oreskes, "Big Science and Big Data in Biology: From the International Geophysical Year through the International Biological Program to the Long Term Ecological Research(LTER) Network, 1957-Present," *Historical Studies in the Natural Sciences* 40-2, 2010, pp. 183-224; Ronald E. Doel, "Constituting the Postwar Earth Sciences: The Military's Influence on the Environmental Sciences in the USA after 1945," *Social Studies of Science* 33-5, 2003, pp. 635-666; Joseph Masco, "Bad Weather: On Planetary Crisis," *Social Studies of Science* 40-1, 2010, pp. 7-40.

28   Sheila Jasanoff and Marybeth Martello, *Earthly Politics: Local and Global in Environmental Politics*, Cambridge, MA: The MIT Press, 2004; Clark Miller, and Paul H. Erickson, "The Politics of Bridging Scales and Epistemologies: Science and Democracy in Global Environmental Governance," *Bridging Scales and Knowledge Systems: Concepts and Applications in Ecosystem Assessments*, Reid Walter V., Fikret Berkes, Thomas Wilbanks and Doris Capistrano eds., Washington: Island Press, 2006, pp. 297-314.

29   Myanna Lahsen, and Carlos A. Nobre, "Challenges of Connecting International Science and Local Level Sustainability efforts: The Case of the Large-Scale Biosphere–Atmosphere Experiment in Amazonia," *Environmental Science and Policy* 10-1, 2007, pp. 62-74.

후반부터 현대에 걸친 지난한 역사적 과정을 통해 협의되고 조정된 결과라는 점을 강조한다. 기후과학자는 '지구 단위의 데이터를 만드는 일making global data'과 '데이터를 지구화하는 일making data global'이라는 이중적 어려움을 마주한다. 지구의 시공간을 계산하고자 하는 기후과학자는 서로 다른 측정 주체들이 각기 다른 방법으로 채집한 숫자들을 어떻게든 표준화해서 컴퓨터가 해석할 수 있는 하나의 데이터 집합으로 만들어야 한다.[30]

실제로 지난 수십 년 동안 대기과학자들은 서로 다른 기계가 각양각색의 기준과 방식으로 생산해 낸 비균질한 데이터들을 다양한 방식으로 비교 대조해 차이들을 최소화하는 작업을 수행했다. 우선 공간적 측면에서 과학자들은 지리적으로 듬성듬성 떨어진 데이터 사이에 비어 있는 중간 값을 끼워 넣거나interpolate 새롭게 측정해서 채워 넣었다. 시간적 범위를 확장하기 위한 다양한 보정 작업도 수행되었다. 예컨대 인간의 산업 활동과 온도의 상관관계를 파악하기 위해서는 지난 몇 만 년 단위의 고기후 변화를 간접적으로 알 수 있는 빙핵ice core 데이터, 나무의 나이테로부터 도출되는 지난 수천 년간의 변화, 19세기 기상학자들이 지표면의 온도계로 측정한 자료, 그리고 20세기 인공위성이 관측한 자료 등 상이한 시간대와 측정 방식이 서로 비교, 조율, 결합되어야 하는 것이다. 다른 도량형과 주파수를 사용하는 센서들의 신호들을 통합하거나, 실수나 센서 고장으로 인해 비정상적으로 측정된 데이터를 일일이 지우는 고된 노동도 이러한 보정 작업에 포함된다.

에드워즈는 이렇게 특정 시공간에서 특정 기법을 활용해 만들어진

---

30 Paul N. Edwards, *A Vast Machine*, 2010.

지엽적 데이터를 지구적 데이터로 만들어 컴퓨터로 하여금 계산 가능하게 만드는 과정을 '데이터 마찰data friction'을 없애는 일이라고 표현했다.[31] 계산된 지구는 연결된 센서들이 단번에 내놓은 결과라기보다는 방대한 시공간에 걸쳐 생성된 혼종적 데이터를 과학자들이 사회적·인식적·기술적·조직적 활동을 통해 합쳐 낸 것이다. 그런 의미에서 디지털 지구의 표피는 1999년 기술 애호가들이 생각한 매끈한 피부 같다기보다는 서로 다른 모양과 크기의 데이터를 한땀 한땀 기워서 만든 울퉁불퉁한 조각보에 더 가깝다고 할 수 있다.

에드워즈에 따르면 20세기 후반, 기후 모델링의 발전 과정에서 데이터 마찰을 해소하는 데 가장 큰 역할을 한 것은 국제기상기구와 같은 국제기구들이었다. 제2차 세계대전 이후 지리학적 지식 생산을 주도하던 제국이 해체되고 새로운 국제질서가 확립되면서 지구 단위의 데이터를 일관되게 수집하는 일은 한층 더 어려워졌다.[32] 국제과학기구들은 데이터 표준을 설정하고 이를 각국의 과학자들이 받아들이도록 설득해 데이터 간 마찰을 해소하는 데 중요한 역할을 했다. 특히 국제기상기구가 주도한 월드웨더와치World Weather Watch 프로그램은 향후 더 복잡하고 조밀한 지구데이터를 모으기 위한 원형을 제공했다는 점에서 중요하다. 월드웨더와치 프로그램은 하나의 단일한 날씨 측정 방식을 강제하는 대신에 각 국가의 기상 기구들의 자율성을 존중하면서도 이들

---

31 에드워즈에 따르면 데이터 마찰은 데이터를 모으고, 검증하고 보관하고, 옮기고 주고받는 과정에서 필요한 여러 시간, 에너지 비용을 통칭한다. Paul N. Edwards, *A Vast Machine*, p. 84.

32 19세기 중반에서 20세기 초에 걸쳐 오스트리아의 과학자들이 제국이라는 사회정치적 맥락하에서 다양한 시공간적 스케일을 오가며 지엽적 기상 관찰을 지구적 현상과 연결시켰던 역사에 대한 상세한 분석은 Deborah R. Coen, *Climate in Motion: Science, Empire, and the Problem of Scale*, Chicago: University of Chicago Press, 2018에 담겨 있다.

이 서로의 데이터를 주고받을 수 있는 소통 창구의 역할을 담당했다. 그 결과 국제기상기구는 역사상 가장 성공적인 지구 단위의 지식 인프라 knowledge infrastructure를 형성할 수 있었다. 계산된 지구의 기후는 세계 곳곳에 위치한 센서들 뿐만 아니라 데이터를 모으는 표준화된 방식과 월드웨더와치라는 세계적 연구 조직의 성장, 세계대전 이후 각국의 기후 관측 집단과의 정치 동학과 긴밀히 연결되어 발전한 것이다.[33]

성공적으로 계산된 지구의 신뢰성이 거듭 확인됨에 따라 현대에는 데이터 마찰을 극복하고 지구에 대한 계산된 데이터를 구하는 일이 훨씬 수월해졌다. 예컨대 인터넷에만 접속할 수 있다면 누구든 전 세계 해양의 수온이나 염도를 몇 번의 클릭만을 거쳐 자신의 사무실 데스크톱에서 열람해 볼 수 있게 되었다.[34] 전 세계 지표면의 이미지를 제공하는 구글 어스Google Earth와 같은 서비스도 보편화되었다. 이처럼 지구를 관측하고 그 결과를 확인하는 일은 더 이상 전문 과학자들만의 특권이 아

---

[33] 지구적 단위의 데이터를 얻기 위한 국제 과학 프로젝트의 중요성은 다른 학문 분야에서도 두드러진다. 지구물리 분야에서는 1957년부터 1958년까지 진행된 '국제지구관측년 International Geophysical Year' 프로젝트가 냉전의 분위기 속에서도 성공적으로 진행된 지구 관측 프로젝트로 기록되고 있다. IGY는 세계데이터센터를 미국과 소련 등지에 건설해 지구적 데이터의 원활한 생성과 분배에 대한 선례를 남겼다. IGY가 구축한 국제 학술 네트워크 및 데이터 공유 시스템을 모델로 하여 지구 생태계 관측을 시도한 프로젝트인 '국제생물프로그램International Biological Program'은 이에 비견될 만한 일관된 성과를 도출하지는 못하였지만 생명권에 대한 지구적 접근을 처음으로 시도하고 이를 위한 데이터를 수집하는 경험을 후대 생태학자들에게 전달했다는 면에서 역사적 의의를 지닌다. Christy Collis and Klaus Dodds, "Assault on the Unknown: the Historical and Political Geographies of the International Geophysical Year (1957-8)," *Journal of Historical Geography* 34-4, 2008, pp. 555-573; Elena Aronova, Karen S. Baker, and Naomi Oreskes, "Big Science and Big Data in Biology: From the International Geophysical Year through the International Biological Program to the Long Term Ecological Research(LTER) Network, 1957-Present," *Historical Studies in the Natural Sciences* 40-2, 2010, pp. 183-224.

[34] Stefan Helmreich, "Reading a Wave Buoy", *Science, Technology, & Human Values* 44-5, 2019, pp. 737-761.

닌 환경보호에 관심 있는 시민들도 할 수 있는 일이 되어 가고 있다. 제니퍼 가브리스Jennifer Gabrys는 저작《프로그램 지구Program Earth》에서 지구환경 변화를 측정하려는 다양한 시민 과학 운동을 분석하는데, 여기서 그의 주요 관심사는 계산된 지구가 특정한 정치문화적 정체성의 등장과 공생하는 현상이다. 가브리스가 분석한 야생동물 감시, 해양 쓰레기 관측, 도시 대기 측정과 같은 과학 프로젝트들은 이러한 측정에 참여하는 시민들의 환경에 대한 실천과 정동을 구성하고 또 이에 영향을 받는다는 것이다. 가브리스는 이렇듯 측정하는 주체, 목적, 방식에 따라 다르게 포착되는 계산된 지구의 수행적 측면을 두고 철학자 질베르 시몽동과 알프레드 노스 화이트헤드, 그리고 과학철학자 이사벨 스탱게르스의 언어를 빌려 서로 다른 계산과 측정의 방식들이 다중 지구들 multiple earths을 만들어 낼 수 있음을 강조한다.[35]

지구의 복수성을 보여 주는 더욱 강력한 예시는 단일한 지구 관측 프로그램이 어떻게 지구에 대한 상이한 관점들을 포괄하는지 보여 주는 에티엔 벤슨Etienne Benson의 연구다. 벤슨이 연구한 아르고스Argos는 위성, 부표, 지상 관측소 등의 네트워크로 이루어져 다각도의 환경 감시를 수행할 수 있는 지구 관측 시스템이다. 벤슨에 따르면, 아르고스가 지구를 관측하는 주된 방식은 시간의 흐름과 아르고스를 둘러싼 정치적, 기술적 환경 변화에 따라 바뀌어 왔다. 아르고스가 처음 운영된 1970년대 후반에는 국제기구의 지원을 받은 기상학자와 지구물리학자들의 활용이 두드러진 반면, 1980년대 중반 이후에는 생물의 장거리 이동을 연구하는 생태학자들의 아르고스 활용이 늘어난 것이다. 센서를 주로 활용

---

35 Jennifer Gabrys, *Program Earth: Environmental Sensing Technology and the Making of a Computational Planet*, Minneapolis: University of Minnesota Press, 2016.

하는 과학자 그룹의 성격이 변화함에 따라 아르고스가 생성하는 데이터도 지구물리 연구에 적합한 유체의 전반적 흐름을 관측하는 것에서 생태 연구에 적합한 장거리 이동을 측정하는 방향으로 바뀌어 갔다. 이처럼 센서 네트워크가 지구에 대한 복수의 이미지를 생성하는 것을 보이는 벤슨의 연구는 컴퓨팅 시스템이 서로 다른 지구에 대한 이론, 실천, 상상이 경합하는 장이 되기도 한다는 점을 강조한다.[36]

지구 측정에 대한 일련의 과학기술학적 연구들은 계산된 지구가 물리적 지구의 유일하고 일반화 가능한 표현이 아니며, 지구에 대한 이론, 측정하는 행위, 측정 센서의 물질적 네트워크, 측정자의 정치문화적 입지 등 상이한 요소의 결합으로 인해 만들어지는 것이라는 점을 강조한다. 이 입장은 일견 계산된 지구가 실재를 그대로 반영하는 것이 아닌 의도에 의해 조작 가능한 대상이라는 주장으로 오독될 수 있다. 실제로 많은 기후변화 회의주의자들은 IPCC의 기후 모델이 실측 데이터를 여러 방식으로 가공한 계산되고 모사된 결과라는 이유로 이것이 실제 지구를 제대로 대변할 수 없다고 주장한다.[37] 하지만 과학기술학적 연구들이 데이터화된 지구에 아무런 설명 능력이 없다고 주장하는 것은 아니다. 이 연구들은 오히려 어떤 물리적 지구에 대한 생각도 계산된 지구로 매개되지 않고서는 믿을 만한 지식으로 만들어질 수 없다는 점도 강조한다. 오히려 지구의 복수성은 '계산된 지구'가 포괄하는 시나리오의 범위를 넓

---

36 Etienne Benson, "One Infrastructure, Many Global Visions: The Commercialization and Diversification of Argos, a Satellite-based Environmental Surveillance System," *Social Studies of Science* 42-6, 2012, pp. 843-868.

37 Matthias Heymann, "Understanding and Misunderstanding Computer Simulation: The Case of Atmospheric and Climate Science - An Introduction," *Studies in the History and Philosophy of Modern Physics* 41, 2010, pp. 193-200.

히는 데에 기여한다. 에드워즈는 계산된 지구를 더 포괄적으로 만드는 건전한 데이터 불일치를 '합의 속의 논쟁controversy within consensus'이라고 명명했다.[38] 계산된 지구는 세계를 그대로 비추는 거울이 아니다. 하지만 그렇다고 해서 과학적 실재성이 결여된 존재도 아니다.

지구적 변화가 극심해질 인류세 시대에 계산된 지구를 만드는 활동은 과학기술 전문가와 일반 대중 모두에게 더욱 중요해질 것이다. 우선 지구 시스템을 연구하는 과학자들에게 해양, 대기권, 생태계의 심대한 변화를 어떻게 감지하고 계산해 낼 것인지의 문제는 과학적 차원은 물론 정치, 사회적 차원의 다양한 논쟁을 불러일으킬 것으로 예상된다.[39] 또 이렇게 계산된 지구를 어떻게 하면 권위 있는 지식으로 받아들일 것인지, 또 상이한 종류의 계산 결과들을 어떻게 종합할 수 있을지에 대한 고민도 더 복잡해질 것이다. 일반 대중의 인식 측면에서도 계산된 지구는 행성에 대한 이해를 새로이 하는 데 영향을 줄 수 있다. 1960년대와 1970년대의 초기 인공위성이 보내온 지구의 사진이 당대의 환경운동에 지대한 영향을 미친 것과 같이, 계산된 지구가 내어놓은 여러 계산 결과들이 개별 행위자의 실천, 주체성, 정동에 어떠한 영향을 줄 것인지에 대한 관심도 커지게 될 것이다.[40] 인류세 시대의 인간은 어떤 지구를 행

---

38 Paul N. Edwards, *A Vast Machine*, 2010.

39 Matthias Heymann and Amy D. Dalmedico, "Epistemology and Politics in Earth System Modeling: Historical Perspectives", *Journal of Advances in Modeling Earth Systems* 11-5, 2019, pp. 1139-1152.

40 Denis E. Cosgrove, *Apollo's Eye: A Cartographic Genealogy of the Earth in the Western Imagination*, Baltimore: Johns Hopkins University Press, 2001; Sheila Jasanoff, "Image and Imagination: The Formation of Global Environmental Consciousness," *Changing the Atmosphere: Expert Knowledge and Environmental Governance*, Clark Miller and Paul Edwards eds., Cambridge, MA: The MIT Press, 2001, pp. 309-337.

동과 결정의 근거로 삼을 것인가?

지구를 감싸는
컴퓨팅 하부구조

방대한 관측 데이터를 이용하여 지구적 단위의 현상을 이해하고 예측하여 계산된 지구를 만드는 활동에는 물질적, 인적 자원이 농축되어 있다. 하지만 컴퓨팅 기술이 지구 표면을 덮는 여러 기반시설에 의존하고 있다는 사실은 물질적 한계를 초월한 디지털 세상을 기다리는 사람들의 보편적인 상상과 충돌한다. 디지털 문화 연구자인 퉁휘 후Tung-Hui Hu는 '구름'이라는 은유 뒤에 감추어진 클라우드 컴퓨팅cloud computing 기술의 무겁고 거대한 하부구조의 존재를 추적한다. 후는 클라우드가 공간을 초월하고, 소음 없이 작동하며, 공기와 같은 비물질적인 기술로 묘사되지만, 실제로는 철로나 수도관과 같은 오래된 네트워크 위에 새로운 기술적 층위가 덧붙여져 형성된 것임을 강조한다.[41] 이는 디지털 미디어를 무게 없는 존재가 아닌 물질적 실체로 개념화하고, 이들이 지구환경과 부대끼며 작동하는 과정을 추적하는 일군의 미디어 연구자들의 관점과도 맥을 같이한다.[42]

앞서 미디어 연구자들이 보여 주었듯이, 컴퓨팅 시스템의 하부구조는

---

[41] Tung-Hui Hu, *A Prehistory of the Cloud*, The MIT Press, 2015.

[42] Lisa Parks and Nicole Starosielski eds., *Signal Traffic: Critical Studies of Media Infrastructures*, Champaign, IL: University of Illinois Press, 2015; 유시 파리카, 《미디어의 지질학》, 심효원 옮김, 현실문화, 2025; 존 피터스, 《자연과 미디어: 고래에서 클라우드까지, 원소 미디어의 철학을 향해》, 이희은 옮김, 컬처룩, 2018.

본질적으로 비가시적인 것이 아니다. 오히려 하부구조를 구성하는 중후한 기술은 대중에게 강렬한 인상을 남길 수 있다. 기술사학자 데이비드 나이David Nye는 20세기 초 미국의 숭고한 자연을 대표했던 나이아가라폭포 위에 수력발전용 댐이 건설되면서 새로운 숭고의 대상이 부상했음을 보여 주고, 이것이 불러일으키는 감각과 효과를 '기술적 숭고함technological sublime'이라고 명명했다.[43] 하지만 어떤 압도적인 경관이 없는 기술이더라도 새로운 종류의 경험을 제공하고 이상을 실현시켜 줄 것이라는 기대 속에서 숭고의 대상으로 자리매김하기도 한다. 글로벌 전신 네트워크의 사회적, 문화적 형성을 연구한 역사학자 시몬 뮐러Simone M. Müller는 해저 전신케이블이 세계화를 추동했다고 주장한다.[44] 19세기 말, 대서양을 횡단해 미국과 유럽 대륙을 연결한 세계 최초의 해저 전신케이블은 국가적 스케일을 초월하는 세계화의 이상을 현실로 구현하고자 했던 백인 상류층 남성의 지지를 받아 설치되었다. 당시 해저 케이블 구축에 찬성한 이들은 케이블을 유지·보수하며 실천적 지식을 생산한 전신기술 엔지니어 협회를 '코스모폴리탄' 성향의 단체로 규정하는 등, 케이블을 둘러싼 규제와 정책, 기술적 설계를 세계화라는 이상적 구상에 맞추어 조직해 나갔다.[45]

한때 많은 사람들의 기대와 관심을 한몸에 받았던 거대한 기술 시스템이라도 다른 기술을 지지하는 기반이 되면 사람들의 시선에서 멀어지곤 한다. 하부구조를 연구하는 과학기술학자들이 지적하듯이 '인프라

---

43 David E. Nye, *The American Technological Sublime*, Cambridge, MA: The MIT Press, 1994.

44 Simone M. Müller, *Wiring the World: The Social and Cultural Creation of Global Telegraph Networks*, New York: Columbia University Press, 2016, p. 8.

45 Simone M. Müller, *Wiring the World: The Social and Cultural Creation of Global Telegraph Networks*, 2016.

스트럭처infrastructure'는 단어의 의미 그대로 '하부에 놓인 구조'로서 투명하거나 배경의 일부로 존재한다. 하부구조는 정상적으로 작동하는 동안에는 눈에 잘 띄지 않다가 문제가 생겨야 비로소 그 존재감을 드러낸다. 가령, 서버 이용자들은 서버가 다운되는 문제가 발생하기 전까지는 그 존재를 쉽게 인지하지 못하는데, 이는 정보통신 기반시설의 하부구조적 특성을 잘 보여 주는 사례다.[46]

인간의 활동이 지구 시스템 수준의 변화를 야기한다고 보는 인류세적 관점에서도 하부구조는 중요한 분석 대상이다. 기존의 기반시설 위에 새로운 기반시설이 덧입혀져, 이를 이용하여 수행되는 활동이 더욱 활성화되고, 결과적으로 다시 새로운 기반시설의 구축으로 이어진다.[47] 즉, 하부구조를 구성하는 기반시설이 인공물로서 주변 환경에 영향을 미치는 동시에 더 큰 변화를 위한 촉매가 되는 것이다.

기반시설이 겹겹이 쌓여 복잡하게 뒤얽혀 있는 인류세 시대에 자연적인 환경과 인공적인 하부구조를 구분하는 일은 관련 연구자들에게 중요한 의제가 되었다. 환경과 하부구조를 구분하는 가장 통상적인 방법은 각각에 관여하는 사람의 의도와 시간에 따라 나열해 보는 것이다. 이때 환경은 하부구조보다 선행되는 것으로 받아들여지는데, 이는 지형도 조사가 엔지니어의 교량 설계보다 선행되고, 교량 설계가 실제 교량

---

46 Susan Leigh Star, "The Ethnography of Infrastructure," *American Behavioral Scientist* 43-3, 1999, pp. 377-391; 2025년 9월 26일, 국가정보자원관리원에서 발생한 화재로 수백 개의 전자정부 서비스가 마비되면서, 평소에는 눈에 띄지 않았던 디지털 기반시설의 중요성과 취약성이 한순간에 드러난 바 있다. 오세진, 〈배터리 화재로 마비된 정부 행정망…복구 시점 미정〉, 《한겨레21》, 2025년 9월 27일자.

47 Steven J. Jackson, Paul E. Edwards, Geoffrey C. Bowker, and Cory P. Knobel, "Understanding Infrastructure: History, Heuristics, and Cyberinfrastructure Policy," *First Monday* 12-6, 2007. https://www.firstmonday.org/ojs/index.php/fm/article/view/1904/1786

을 선행하는 것과 같은 맥락이다. 그러나 하부구조가 구축되는 과정에서 자연적인 환경이 함께 관리, 조정, 재구성되는 모습을 보여 주는 연구들 덕분에 어느 만큼이 인공적인 것이고 어디까지가 자연적인 환경인지 명확하게 구분하기 어렵다는 견해가 힘을 얻기 시작했다.[48] 분석의 시간적-공간적 스케일을 확장시키면 지금까지 당연하게 받아들여진 자연적인 환경과 인공적인 하부구조의 이분법적 구분이 쉽지 않다는 사실이 좀 더 명백해진다.

인류세적 관점을 견지하여 전선, 안테나, 케이블과 같은 지구 단위의 정보통신 네트워크를 위한 하부구조를 추적하면, 컴퓨팅의 하부구조가 주변 환경과 역동적으로 공존하는 모습을 확인할 수 있다. 최근에는 하부구조가 자연환경의 영향을 받고, 심지어는 자연환경이 그 일부로 포섭됨을 보여 주는 연구가 미디어 연구와 과학기술학 분야에서 큰 호응을 얻고 있다. 일례로, 해저 광케이블의 사회적, 물질적 동역학을 연구한 니콜 스타로시엘스키Nicole Starosielski는 《해저 네트워크Undersea Network》에서 해저 케이블 유지·보수 기술과 주변의 환경 조건 사이의 협력과 긴장 관계를 보여 준다. 초기 계획 단계에서 심해 환경은 케이블을 위협하는 가장 큰 위험 요소로 여겨졌지만, 실제 설치와 운영 과정에서 심해에 대한 이해가 깊어지면서 이는 오히려 케이블을 지탱하는 하부구조의 일부로 자리 잡았다.[49] 이러한 분석은 정보통신 기술의 하부

---

48 Ashley Carse, *Beyond the Big Ditch: Politics, Ecology, and Infrastructure at the Panama Canal*, Cambridge, MA: The MIT Press, 2014; Kregg. Hetherington ed., *Infrastructure, Environment, and the Life in the Anthropocene*, Durham, NC: Duke University Press, 2019.

49 Nicole Starosielski, "Signal Tracks," *Journal of the New Media Caucus* 10, -1, 2014. http://median.newmediacaucus.org/art-infrastructures-hardware/signal-tracks/; Nicole Starosielski, *The Undersea Network*, Durham, N.C.: Duke University Press, 2015.

구조를 경제적, 기술적, 사회적 비용만으로 설명해 온 기존의 접근을 넘어, 환경적 요인까지 포괄하는 총체적 논의를 가능하게 한다.

자연적인 환경 요소는 새로운 하부구조 구축을 위한 중요한 결정 요인이 되기도 한다. 디지털 기술과 환경의 상호작용, 특히 디지털 인프라가 자연환경을 전유appropriation하면서 만들어지는 현상에 주목해 온 인류학자 제임스 매과이어James Maguire와 과학기술학자 브릿 윈테라이크Brit Winthereik는 덴마크 정부가 거대 IT기업의 데이터센터를 유치하는 과정에 대한 현장 연구를 수행했다. 이들은 센터 유치 과정에서 거대 IT기업이 덴마크의 물리적 공간과 재생에너지에 대한 접근성을 얻고, 덴마크 정부는 전도유망한 디지털 미래를 덴마크에 이식하는 일종의 '교환 작업exchange practices'이 이루어진다고 분석한다. 여기서 '자연적'이라고 여겨지는 덴마크의 영토와 자원은 '인공적'이라고 여겨지는 거대 기업의 데이터센터 기술과 맞바꿀 수 있는 협상 카드로 활용되는데, 이는 양측에서 제시했던 조건의 가치가 협상 과정을 거치면서 비등해졌음을 의미하기도 한다.[50] 비슷한 논리로 강원도는 춘천시의 연평균 기온이 전국 평균보다 낮고 소양강댐의 심층수를 냉각수로 활용할 수 있다는 점을 들어 데이터센터의 운영 효율을 높일 수 있는 지정학적 조건을 갖추고 있다고 홍보한다.[51] 소양강댐 주변 지역의 자연-인공적 환경 요소들이 강원도 지방자치단체의 기획에 따라 데이터센터 설립에 최적화된 조건으로 재정립되는 것이다.

---

50 James Maguire, and Brit Ross Winthereik, "Digitalizing the State: Data Centres and the Power of Exchange," *Ethnos: Journal of Anthropology*, 2019.

51 김민정, 《[강원경제Brief, 2018년] 강원도 데이터센터 현황과 향후 과제》, 지역경제브리프, 한국은행, 2019.

컴퓨팅 기계의 생산과 작동 시 발생하는 폐열 문제 역시 자연적인 환경과 인공적인 하부구조의 경계를 명확히 구분하기 어려움을 보여 주는 중요한 사례다. 경기도 이천 죽당천에는 SK하이닉스 공장에서 방류된 온수 덕분에 방사된 열대관상어 구피*Poecilia reticulata*가 생존할 수 있는 환경이 조성되었다. 한겨울에도 26도를 유지하면서 24도에서 27도 사이의 수온에서 서식하는 구피가 생존할 수 있는 환경이 만들어진 것이다.[52] 김준수는 죽당천 구피 번성 사례를 인류세의 지구공학geo-engineering적 현상이자 사회와 자연의 분리불가능성을 보여 주는 하나의 사례라고 진단한다.[53] 데이터센터에서 방출되는 폐열에는 또한 에너지원이라는 새로운 가치가 부여되어 '폐열 재활용'이라는 형태로 기존 에너지원의 대안으로 제안되기도 한다.[54] 강원도 춘천의 수열에너지 클러스터 관계자들도 서버 냉각에 사용된 물을 그대로 흘려 버리지 않고 수열에너지 클러스터 내부에서 재활용한다는 계획을 세우고 있다. 데이터센터 냉방에 사용된 물의 온도는 5도가량 오르는데, 이렇게 따뜻해진 물을 근처 스마트팜의 난방용 농업용수로 활용함으로써 물의 생애 주기를 연장하는 것이다.[55] 폐열 재활용 시스템은 환경문제를 성찰하여 설

52　배문규, 〈[배문규의 에코와치]미스터리 '구피천' 가보니…한번 퍼올리면 수십마리 '바글'〉, 《경향신문》, 2018년 6월 6일자. http://news.khan.co.kr/kh_news/khan_art_view.html?artid=2 01806061626001&code=610103#csidxfda985bbbc695dfaaf9373f75e24e76

53　김준수, 〈전회, 교란, 번역 그리고 백남준의 정치생태학〉, 《njp 리더》, 9, 2019. 지오엔지니어링geo-engineering은 과학기술로 지구 시스템에 개입하여 기후를 조작하는 연구 분야다. 대표적인 예로 인공 강우나 인공 차단막 등을 이용하여 기후변화를 막는 연구가 있다. 더 자세한 설명을 위해 브리태니커 백과사전의 〈Geoengineering〉 페이지를 참조할 수 있다. url: https://www.britannica.com/science/geoengineering

54　Julia Velkova, "Data That Warms: Waste Heat, Infrastructural Convergence and the Computation Traffic Commodity," *Big Data and Society* 3-2, 2016, pp. 1-10.

55　임보연, 〈소양강댐 냉수 활용 데이터센터 전기료 획기적 절감〉, 《연합뉴스》, 2017년 7월 10

계된 기반시설이다. 그러나 이처럼 개선된 기반시설 역시 본질적으로는 컴퓨팅의 활용을 촉진하는 방향으로 작동하기 때문에 인류세의 책임으로부터 완전히 해방되기는 어려울 수 있다.

지구 소모적인
컴퓨팅

방대한 자료를 신속하게 처리하고 전송할 수 있는 정보통신 기술은 정보를 기반으로 하는 시장경제의 성장에 기여한 중요한 도구로 지목된다. 상품에 대한 정보를 선점하고 교환하는 활동이 핵심적인 시장에 컴퓨팅 기술이 도입되면서 정보는 그 자체로서 독자적인 의미와 가치를 지니게 되었다. 컴퓨팅 기술과 이들이 다루는 정보를 중심으로 가치를 창출하고 자본을 축적하는 정치경제 체제가 형성된 것이다.[56] 이러한 체제 안에서 시가총액 기준으로 세계 5대 기업은 애플, 아마존, 알파벳, 마이크로소프트, 그리고 페이스북으로, 모두 데이터 소유와 교환을 위한 플랫폼을 제공하는 거대 정보통신 기업이다.[57]

정보통신 기술은 전 지구적으로 구축된 통신 네트워크를 이용해 순식간에 지구 반대편까지 정보를 전달하는 등 물리적, 물질적 한계를 초

일자. https://www.yna.co.kr/view/AKR20170710125600062?input=1195m

[56] 역사학자 댄 쉴러Dan Schiller는 네트워크와 디지털 도구를 기반으로 형성된 시장 관계를 '디지털 자본주의digital capitalism'라고 정의하고 그 전 지구적 영향에 대해 경고한다. 댄 쉴러,《미국의 새로운 세계지배 전략 디지털 자본주의: 세계시장체제의 네트워크화》, 추광영 옮김, 나무와숲, 2001.

[57] Christoph Rosol, Benjamin Steininger, Jürgen Renn, and Robert Schlögl, "On The Age of Computation in the Epoch of Humankind," *Nature* 563, 2018, pp. 7733-7738.

월한다는 약속을 제시하며 파급력을 얻고 있다. 클라우드 컴퓨팅을 낙관하는 사람들은 디지털 환경의 빠르고, 가볍고, 친환경적인 이미지를 부각시키는 "구름" 은유를 적극 사용한다.[58] 클라우드 컴퓨팅의 등장 이전부터 꾸준히 성장해 온 반도체 산업 역시 검은 연기가 뿜어져 나오는 굴뚝과는 대조적인 청정한 산업이라는 이미지로 포장되었다.[59]

분석의 시공간적 스케일을 확장하여 컴퓨팅 서비스를 가능하게 만드는 여러 조건들을 살펴보면 은유와 포장으로는 설명할 수 없는 컴퓨팅 산업의 지구 소모적 특성을 발견할 수 있다. 예를 들어, 실리콘밸리 지역의 토양에는 반도체 공정에 필요한 자일렌, 트리클로로에틸렌, 프레온, 황산 등의 유해물질이 축적되어 있다. 공정 과정이 복잡하다 보니 강산 용액이 유출되거나 유해물질이 누출되는 사고도 다른 산업에 비해 평균 세 배 이상 발생한다.[60] 이처럼 디지털 기술을 지탱하는 물질적 기반은 지역 환경에 직접적인 부담을 가할 뿐 아니라 전 지구적 차원의 위협으로도 이어진다. 디지털 컴퓨팅의 활용이 급격히 증가하면서 그 작동에 필요한 에너지 수요 또한 폭발적으로 늘어나 기후변화에 심각한 위협으로 지목되고 있다. 국제 환경단체 그린피스는 전 세계의 모든 클라우드 컴퓨팅 시설을 모아 하나의 국가라고 가정할 때, 그 전력 소모량이 세계에서 여섯 번째로 큰 소비국과 맞먹는 수준이라고 발표한 바

---

58 Tung-Hui Hu, *A Prehistory of the Cloud*, 2015.

59 Christophe Lécuyer, "From Clean Rooms to Dirty Water: Labor, Semiconductor Firms, and the Struggle over Pollution and Workplace Hazards in Silicon Valley," *Information and Culture* 52-3, 2017, pp. 304-333.

60 Christophe Lécuyer, "From Clean Rooms to Dirty Water: Labor, Semiconductor Firms, and the Struggle over Pollution and Workplace Hazards in Silicon Valley", pp. 304-333.

있다.[61] 그린피스의 발표 이후로도 일상적인 컴퓨팅 활동의 지구 소모적 특성을 고발하는 연구와 기사가 연이어 발표되면서 컴퓨팅 활동이 지구에 남기는 흔적에 대해 관심을 촉구하고 있다.[62]

그러나 컴퓨팅 기술의 탄소배출량에 대한 우려가 과장되어 있다는 지적도 존재한다. 에너지 기술 관련 공학자로 구성된 연구팀에서 최근 《사이언스Science》지에 게재한 내용에 따르면, 과거에는 데이터 저장소가 소규모 시설에 분산되어 있던 데 반해, 2010년 이후부터는 에너지 효율이 높은 대규모 데이터센터가 적극적으로 활용되기 시작했다. 그 결과 총 에너지 사용량의 증가 폭은 컴퓨팅 활용의 급격한 증가에 비해 상대적으로 크지 않은 것으로 평가된다. 저자들은 컴퓨팅 기술을 지지하는 하부구조의 지구 소모적인 활동을 최소화하기 위한 연구자들의 협력을 강조하며, 정책입안자가 이를 뒷받침할 수 있는 정책적, 경제적, 기술적 지원을 활성화해야 한다고 주장한다.[63] 다시 말해, 환경단체부터 에너지 기술자까지 여러 분야에서 '디지털 경제'와 '화석연료 경제' 사이의 연결 고리를 끊기 위한 성찰이 이루어지고 있는 것이다.

하지만 컴퓨터의 지구 소모적 특성을 규명하거나 이를 완화시키기 위한 기술 개발의 필요성을 주장하는 연구와 기사가 디지털 플랫폼을 이용하는 실제 사용자의 행동에 영향을 미칠 수 있을지 여부는 불투명하다. 컴퓨팅 기술의 혜택을 누리는 특정 사회의 사람들을 위해 다른 지

61 Greenpeace, *How Clean Is Your Cloud?*, 2012. http://www.greenpeace.org/international/Global/international/publications/climate/2012/iCoal/HowCleanisYourCloud.pdf

62 Arwa Mahdawi, "The Real Problem with your Netflix Addiction? The Carbon Emissions," *The Guardian*, 2020. 02. 12. https://www.theguardian.com/commentisfree/2020/feb/12/real-problem-netflix-addiction-arbon-emissions

63 Eric Masanet, Arman Shehabi, Nuoa Lei, Sarah Smith and Jonathan Koomey, "Recalibrating Global Data Center Energy-use Estimates," *Science* 367-6481, 2020, pp. 984-986.

역의 자원과 노동이 착취당하는 자본주의 체제의 모습이 컴퓨팅 기술의 생산, 이용, 폐기 과정에서도 재현되고 있기 때문이다. 컴퓨팅 기술의 혜택과 위험 배분의 불평등은 '인류세'라는 용어가 '단일한 인류'를 가정하면서 화석 경제의 탄생을 주도한 서구 자본가들의 책임을 전 인류에 돌리고 있음을 경고하는 인문사회학자들의 지적을 상기시킨다.[64] 자본축적을 위해 생태계를 파괴하고 있는 장본인은 중심부의 인간 집단인데, 그에 대한 책임은 인류 전체에게 돌리는 점을 비판하는 것이다. 이들은 인류세 개념이 지구적 생태 위기의 원인으로 지목하는 '종으로서의 인간human as species' 내부의 불평등을 수면 위로 끌어낼 수 있는 대안적 개념이 필요하다고 강조한다. 인류세의 대안 중 하나로 제안되는 '자본세Capitalocene'는 전 지구적 불평등과 '값싼' 자연에 의존하는 자본주의 체제가 지구 시스템 변화의 직접적인 원인임을 강조하는 개념이다. 즉, 물질적, 인적 자원의 착취를 정당화하는 근대적 인식 체계가 인류세적 위기 상황의 원인이 되었다고 보는 것이다.[65]

　컴퓨팅 기술의 생애 주기를 살펴보면, 우선 컴퓨터 부품의 재료가 되는 주석, 리튬, 알루미늄 등 다양한 광석이 필요하다. 이러한 광석을 얻기 위해서는 지구의 속을 말 그대로 '뒤집어엎는' 위험하고 고된 작업이 따라야 한다.[66] 희소 광물의 가치는 지역마다 다르게 매겨지기 때문

64　Andreas Malm, and Alf Hornborg, "The Geology of Mankind? A Critique of the Anthropocene Narrative," *The Anthropocene Review* 1-1. 2014, pp. 62-69; Kathryn Yusoff, *A Billion Black Anthropocene or None*, Minneapolis: University of Minnesota Press, 2018.

65　Jason W. Moore, *Anthropocene or Capitalocene? Nature, History and the Crisis of Capitalism*, PM Press, 2016; Jason W. Moore, "The Capitalocene, Part I: On the Nature and Origins of Our Ecological Crisis," *The Journal of Peasant Studies* 44-3, 2017, pp. 594-630.

66　"지구 속을 뒤집어엎는다"는 표현은 가브리엘 헥트의 발표문 제목과 내용, "inside-out earth"에서 착안했다. Gabrielle Hecht, "Inside-Out Earth: Residues of the Anthropocene in

에 채굴 비용이 낮은 지역에서 생산된 광물이 높은 가격에 거래되는 지역으로 매끄럽게 이동하는 지구적 네트워크가 형성되어 있다.[67] 자본주의와 연결되어 있는 국가 간 질서와 권력관계, 그리고 이를 둘러싼 사회적, 문화적, 정치적 조건에 따라 누군가에게는 착취적이고 파괴적인 방식으로 부품의 원재료를 얻어야 하는 것이다.

컴퓨팅 산업에 필요한 노동력 역시 인종주의, 노동정책, 규제 정책과 관계 맺고 있는 자본주의적 논리하에 동원된다. 미디어 연구자 리사 나카무라Lisa Nakamura는 미국 반도체 공장의 해외 이전이 본격화되던 1960년대, 원주민 보호구역에 세워진 페어차일드Fairchild사 반도체 공장 사례를 분석하면서, 컴퓨팅 산업을 위한 노동력 확보가 정착식민주의적 착취와 폭력의 관성에 의해 정당화되는 양상을 보여 준다. 이때 나바호족 원주민 여성은 양탄자 직조 기술을 갖고 있고 노동유연성이 높다는 점에서 반도체 공정 작업에 적합한 인력으로 묘사되었다. 하지만 이러한 담론은 사실 페어차일드사가 원주민 보호구역에서 사업을 추진할 경우 노동조합 설치 의무가 적용되지 않고 세제 혜택을 받을 수 있다는 사실을 인지하고 나서 사후적으로 구성한 것이었다.[68] 이처럼 미국 본토에 설립되었던 반도체 공장들이 기본임금이 낮고 각종 규제가 정립되지 않은 공장 운영에 유리한 장소로 이전하면서 컴퓨팅 산업은 초국가적 생산 네트워크를 구축하게 되었다. 아이비엠IBM과 알씨에이RCA

Africa," *Presentation from The International Symposium on Anthropocene Studies*, 2019.

67 Mimi Sheller, *Aluminum Dreams: The Making of Light Modernity*, Cambridge, MA: The MIT Press, 2014; Mats Ingulstad, Andrew Perchard and Espen Storli, *Tin and Global Capitalism, 1850-2000: A History of "the Devil's Metal,"* New York: Routledge, 2014.

68 Lisa Nakamura, "Indigenous Circuits: Navajo Women and the Racialization of Early Electronic Manufacture," *American Quarterly* 66-4, 2014, pp. 919-941.

와 같은 전자기기 회사들은 부품 생산 비용을 줄이기 위해 1960년대 중반부터 일본과 대한민국, 대만, 싱가포르, 그리고 홍콩 등 동아시아 국가에 공장을 세웠고, 1970년대부터는 중국의 경제특구에 공장을 지었다.[69] 이러한 지역에서는 노동자가 산업재해 관련 정보를 사전에 공지받을 권리와 신체에 유해한 작업을 거절할 권리를 법적으로 보장받지 못했다.[70] 공정 과정에서 사용되는 유해 화학물질에 노출된 노동자들은 집단적으로 건강에 이상이 생겼고, 피해자와 국제 노동보건운동가들 간의 연대를 통해 글로벌 문제로 대두되기 시작했다.[71] 알씨에이의 유해 화학물질 불법 투기 문제와 이에 노출된 대만 노동자들의 투쟁을 검토한 유링 구Yu-Ling Ku는 "전 알씨에이 노동자들의 투쟁은 국제 자본주의의 영향에 대한 경고로 이해되어야 한다"고 강조한다.[72]

컴퓨팅 기계는 폐기 과정에서도 여러 유해물질과 중금속이 유출되어

---

69   Dieter Ernst, "From Partial to Systemic Globalization," *Berkeley Roundtable on the International Economy Working Paper* 98, 1997. http://brie.berkeley.edu/publications/WP%2098.pdf; Yu-Ling Ku, "Human Lives Valued Less Than Dirt," *Challenging the Chip*, Ted Smith, David A. Sonnenfeld and David N. Pellow eds., Philadelphia, PA: Temple University Press, 2006, pp. 181-190; Andrew Ross, *Fast Boat to China*, New York: Pantheon Books, 2006; Jenny Chan, Ngai Pun and Mark Selden, "The Politics of Global Production: Apple, Foxconn and China's New Working Class," *New Technology, Work and Employment* 28-2, 2013, pp. 100-115.

70   Tira Foranand David Sonnenfeld, "Corporate Social Responsibility in Thailand's Electronics Industry," *Challenging the Chip*, Ted Smith, David A. Sonnenfeld and David N. Pellow eds., Philadelphia, PA: Temple University Press, 2006.

71   반올림이 '삼성백혈병' 문제에 대응하기 위한 연대한 참여했던 미국의 테드 스미스Ted Smith는 2006년에 전자산업질병이 하나의 국가를 뛰어넘는 글로벌 문제임을 보여 주는 *Challenging the Chip: Labor Rights and Environmental Justice in the Global Electronics Industry*를 편집, 공저했다. 이 책은 2009년 한국어로 번역되었다. 테드 스미스·데이빗 A. 소넨펠드·데이빗 A. 펠로우, 《Challenging the Chip: 세계 전자산업의 노동권과 환경정의》, 공유정옥 외 옮김, 메이데이, 2009.

72   Yu-Ling Ku, "Human Lives Valued Less Than Dirt", pp. 181-190.

지구의 토양과 그 위에 터를 잡고 살아가는 사람들을 위협한다. 대표적인 전자기기 처리장인 가나의 아그보그볼로시Agbogbloshie의 사람들은 세계 각지에서 수입해 모은 전자 폐기물의 전선을 태우고 남은 구리 금속을 모아 생계를 유지한다. 플라스틱 피복을 태우면서 발생하는 오염 물질은 그대로 공기, 땅, 그리고 물에 스며들어 생태계를 교란하고 지역 주민을 병들게 한다.[73] 최근 한 연구에 따르면 폐기장 근처에서 생산된 달걀에서 극소량으로도 매우 위험한 다이옥신과 폴리염화비페닐이 위험 수준 이상으로 검출되었다. 성인이 달걀 한 개를 먹으면 유럽 식품 안전 기준의 220배 이상의 염화다이옥신을 섭취하는 것과 마찬가지였다.[74] 반도체 공장에서 발암성 용액을 다루는 노동자와 전자기기 쓰레기 더미에서 재활용 가능한 부품을 긁어모으는 사람들의 몸에서 컴퓨팅 기계를 구성하는 화학물질의 흔적을 찾는 것은 어려운 일이 아니다.

오염 물질이 대지에 스며들어 흙과 물을 오염시키거나 대기로 확산되는 문제는 인류세적 고통에 취약한 남반구에만 국한되지 않는다. 환경보건과 정치생태 분야의 인간-자연 상호작용의 복잡성을 연구하는 인류학자 피터 C. 리틀Peter C. Little은 미국 뉴욕주에 위치한 엔디콧시 지역 내 아이비엠 공장의 발암물질 유출로 '오염된 도시toxic city'라는 정체

---

[73] Adam Minter, "The Burning Truth Behind an E-Waste Dump in Africa," *Smithsonian Magazine*, 2016. https://www.smithsonianmag.com/science-nature/burning-truth-behind-e-waste-dump-africa-180957597/

[74] Jindrick Petrlik, Sam Adu-Kumi, Jonathan Hogarth, Eric Akortia, Gilbert Kueupo, Peter Behnisch, Lee Bell, Joseph Digangi, *Persistent Organic Pollutants (POPs) in Eggs: Report for Africa*. Arnika, IPEN, CREPD, 2019; Peter Beaumont, "Rotten Eggs: E-waste from Europe Poisons Ghana's Food Chain," *The Guardian*, 2019. 12. 28. https://www.theguardian.com/global-development/2019/apr/24/rotten-chicken-eggs-e-waste-from-europe-poisons-ghana-food-chain-agbogbloshie-accra

성이 형성된 과정과 이에 대응하는 여러 행위자의 실천을 분석한다. "더욱 똑똑한 행성 만들기Making a Smarter Planet"를 슬로건으로 내세우며 데이터의 가치와 중요성을 역설하는 아이비엠은 자사 공장이 원인이 된 보건환경 재난 상황에서도 모니터링 장치와 같은 첨단 오염 물질 저감 시스템으로 문제 해결을 모색했다. 하지만 저감 시스템의 모니터링 장치는 연일 소음을 발생시키는 데다가 효용성이 분명하지 않다는 문제가 있었고, 저감 장치 자체의 성능에도 본질적인 한계가 존재했다. 이에 대해 리틀은 에디콧시에서 "과학과 전문성, 그리고 보장성의 다양한 형태가 뒤얽혀 만들어진 네트워크의 정경을 볼 수 있다"고 주장한다.[75] 사람이 야기한 환경오염 문제를 더욱 정교하게 설계된 개입으로써 해결한다는 이야기의 흐름은 인류세적 현상의 전형이라고 할 수 있다.

컴퓨팅 기술의 지구 소모적 특성을 자원의 착취와 환경 영향이라는 측면에서 규명해 온 연구들을 통해 알 수 있듯이, 지구에 커다란 자취를 남기고 있는 컴퓨팅 기술은 인류세적 관점의 분석이 필요한 연구 대상이다. 즉, 정보 기계가 빠르고 깨끗하게 효용을 만들어 내는 일면 만을 볼 것이 아니라, 이를 만들고 배포하고 폐기하는 사회적, 문화적, 기술적 작업들을 컴퓨팅에 대한 논의 안으로 끌어들이자는 것이다. 이를 통해 컴퓨팅은 지구적 차원의 문제로 확대될 수 있다.

---

[75] Peter C. Little, *Toxic Town: IBM, Pollution, and Industrial Risks*, New York: NYU Press, 2014, p. 21.

결론

인류세 개념을 두고 국제 학계의 논의가 활발하게 이루어지고 있는 가운데, 최근 국내에서도 문학, 사회학, 지리학, 생태학 등의 분야에서 분석 틀로서 인류세 개념이 갖는 유용성을 소개하는 연구가 진행되고 있다. 이 논문은 이러한 흐름의 연장에서 컴퓨팅과 지구의 관계를 다각적으로 다루어 온 역사학, 인류학, 미디어학의 기존 연구들을 '인류세와 컴퓨팅'이라는 틀로 리뷰하고, 컴퓨팅 기술을 인간과 지구의 매개체로 개념화함으로써 얻을 수 있는 새로운 연구 관점을 크게 세 가지로 분류하여 정리하였다. 첫째, 컴퓨팅 기술은 인간이 지구라는 거대하고 복잡한 시스템의 급진적 변화를 감지, 이해, 예측하고 이에 대해 행동할 수 있는 기반을 제공한다는 측면에서 인간과 지구를 인식적으로 매개하는 역할을 수행한다. 둘째, 컴퓨팅 기술이 자연적, 기술적 하부구조에 기대어 작동한다는 점을 강조함으로써 기존 과학기술학 연구들이 주장해 왔던 자연과 기술의 이분법 해체를 행성 전반의 차원으로 확장한다. 셋째, 컴퓨터를 생산, 사용, 유지, 해체하는 데 전 세계적으로 엄청난 양의 자원이 소모되며, 이에 따르는 위험이 불균등하게 분배된다는 점을 명백히 함으로써 20세기 후반에 급속도로 발전한 컴퓨팅 산업이 자본세의 문제에서 자유롭지 못하다는 사실을 강조한다.

물론 인간과 지구의 관계를 컴퓨팅으로 매개해 보려는 이 세 가지 관점은 정보기술의 물질성, 노동, 위험을 다루어 온 기존의 환경사적, 환경사회학적 연구와 동떨어져 있지 않다. '인류세와 컴퓨팅'이라는 사고 틀은 개별적으로 고려되던 연구들을 새로운 스케일에서 종합할 수 있다는 점에서 의미가 있다. 즉, 인류세적 관점은 비교적 지엽적인 문화적, 지리적, 정치적 맥락에서 제시되곤 했던 컴퓨팅의 다양한 환경정치적 논점들을 새로운 시공간적 스케일들에서 관찰해 볼 것을 요청하는 것이다. 이러한 이론 틀은 또한 인간이 실존하기 위한 물리적 경계인 행성의 변화와 파괴를 더 극명하게 드러냄으로써 더 적극적인 행동과 실천을 촉구한다.

시공간적 확장을 통한 스케일 간의 대화를 유도한다는 점에 있어 인류세와 컴퓨팅 연구는 한국의 과학기술학계에도 신선한 자극을 줄 수 있을 것이라고 기대된다. 과학기술과 국가 단위 정치체제의 공생산을 주요한 연구 주제로 삼아 온 국내 과학기술학계에서 컴퓨터, 환경 관측과 관련된 기술은 주로 현대 한국이라는 지리적, 정치적 스케일에서 분석되어 왔다. 예컨대 컴퓨팅 산업의 대표적 환경 피해라고 볼 수 있는 삼성 백혈병 소송을 다룬 연구들은 주로 정부-기업과 시민단체의 대항 운동가 사이에서 발생하는 지식정치를 분석하는 데에 집중했다.[76] 그 결과 이 연구들은 한국 사회와 법정에서 과학적 지식이 경합하는 양상을 상세하게 분석했다는 장점을 가진다. 그러나 이러한 논쟁이 좀 더 넓은 시공간적 배경, 특히 세계 전자부품 산업이 1960년대 이래 선진국에서 노동, 환경 규제가 약한 개발도상국으로 이전하는 과정에서 어떠한 의미를 지니게 되었는지에 대해서는 아직 충분한 분석이 이루어지지 못했다.[77] 인류세와 컴퓨팅의 관점은 이처럼 기존 연구를 행성과 인류라는

---

[76] 김종영 · 김희윤, 〈'삼성백혈병'의 지식정치 ‒ 노동보건운동과 현장 중심의 과학〉, 《한국사회학》 47-2, 2013, 267~318쪽; 방희경, 〈행위자-관계망 이론으로 재구성한 '삼성반도체 작업환경과 백혈병 사이의 인과관계': 추단할 수 있는 단서들 수집 vs. 부재 증명〉, 《언론과사회》 22-2, 2014, 64~110쪽; 임자운, 〈반도체 직업병 10년 투쟁의 법 · 제도적 성과와 과제〉, 《과학기술학연구》 18-1, 2018, 5~62쪽.

[77] Hsin-Hsing Chen, "Professionals, Students, and Activists in Taiwan Mobilize for An Unprecedented Collective-Action Lawsuit against a Former Top American Electronics Company," *East Asian Science, Technology and Society* 5-4, 2011, pp. 555 ‒565; Jenny Chan,

실험적 차원에서 재구성함으로써 그 의의를 확장, 재검토할 수 있도록 도울 수 있다.

인류세 개념이 컴퓨팅 기술에 대한 과학기술학 연구를 새로운 지평으로 이끌 수 있다는 가능성은 앞으로 다양한 경험적 연구를 통해 더욱 구체적으로 확인될 수 있을 것이다. 센서, 광케이블, 인공위성이 해저에서 우주까지 지구의 표면을 촘촘히 채워 가는 세상에서 지구는 더욱 계산 가능한 존재로 변모한다. 더 많은 컴퓨터를 생산하기 위해 지구의 깊숙한 속을 파헤쳐 광석을 채굴하고 가공하는 정보 산업의 현장은 지구 곳곳에 돌이킬 수 없는 흔적을 남긴다. 따라서 컴퓨터를 자연환경과 무관한 독립적인 기술이 아니라 지구의 새로운 지층을 구성하는 '기술 경관'으로 인식하는 향후 연구들은 컴퓨팅 기술이 지구에 가져오는 변화들을 제대로 이해하고 대응하기 위한 중요한 토대를 제공할 것이다. 인류세적 컴퓨팅 활동이 그 어느 때보다도 활발하게 진행되고 있는 오늘날 한국에서도 정보 기술에 대한 인식의 전환을 모색하는 연구들이 이어지기를 기대한다.

Ngai Pun and Mark Selden, "The Politics of Global Production: Apple, Foxconn and China's New Working Class," *New Technology, Work and Employment* 28-2, 2013, pp. 100-115.

과학기술정보통신부, 〈천리안위성 2B호, 2월 19일 아침 발사 성공〉 보도자료. https://msi
t.go.kr/web/msipContents/contentsView.do?cateId=_policycom2&artId=2626118

곽노필, 〈우리 기술로 만든 미세먼지 감시 위성 '천리안2B' 발사 성공〉, 《한겨레》,
2020년 2월 19일자. http://www.hani.co.kr/arti/science/technology/928777

김민정, 《[강원경제Brief, 2018년] 강원도 데이터센터 현황과 향후 과제》, 지역경제
브리프, 한국은행, 2019.

김종영·김희윤, 〈'삼성백혈병'의 지식정치 – 노동보건운동과 현장 중심의 과학〉, 《한
국사회학》 47-2, 2013, 267~318쪽.

김준수, 〈전회, 교란, 번역 그리고 백남준의 정치생태학〉, 《njp 리더》 9, 2019.

김홍중, 〈인류세의 사회이론 1: 파국과 페이션시(patiency)〉, 《과학기술학 연구》 19-
3, 2019, 1~49쪽.

댄 쉴러, 《미국의 새로운 세계지배 전략 디지털 자본주의: 세계시장체제의 네트워크
화》, 추광영 옮김, 나무와숲, 2001.

마리 힉스, 《계획된 불평등: 여성 기술인의 배제가 불러온 20세기 영국 컴퓨터 산업
의 몰락》, 권혜정 옮김, 이김, 2019.

방희경, 〈행위자-관계망 이론으로 재구성한 '삼성반도체 작업환경과 백혈병 사이
의 인과관계': 추단할 수 있는 단서들 수집 vs. 부재 증명〉, 《언론과 사회》 22-2,
2014, 64~110쪽.

배문규, 〈[배문규의 에코와치]미스터리 '구피천' 가보니…한번 퍼올리면 수십마리
'바글'〉, 《경향신문》, 2018년 6월 6일자. https://www.yna.co.kr/view/AKR2017
0710125600062?input=1195m

임자운, 〈반도체 직업병 10년 투쟁의 법·제도적 성과와 과제〉, 《과학기술학연구》 18-1,
2018, 5~62쪽.

존 피터스, 《자연과 미디어: 고래에서 클라우드까지, 원소 미디어의 철학을 향해》, 이
희은 옮김, 컬처룩, 2018.

최명애·박범순, 〈인류세 연구와 한국 환경사회학: 새로운 질문들〉, 《ECO》 23-2,
2019, 7~41쪽.

캐시 오닐,《대량살상수학무기: 어떻게 빅데이터는 불평등을 확산하고 민주주의를 위협하는가》, 김정혜 옮김, 흐름출판, 2017.

케이트 크로포드,《AI 지도책: 세계의 권력과 부를 재편하는 인공지능의 실체》, 노승영 옮김, 소소의 책, 2022.

테드 스미스 · 데이빗 A. 소넨필드 · 데이빗 A. 펠로우,《Challenging the Chip: 세계 전자산업의 노동권과 환경정의》, 공유정옥 외 옮김, 메이데이, 2009.

"Geoengineering". https://www.britannica.com/science/geoengineering

Abbate, Janet, *Recoding Gender: Women's Changing Participation in Computing*, Cambridge, MA: The MIT Press, 2012.

Agar, Jon, *The Government Machine: A Revolutionary History of the Computer*, Cambridge, MA: The MIT Press, 2003.

Aronova, Elena, Karen S. Baker, and Naomi Oreskes, "Big Science and Big Data in Biology: From the International Geophysical Year through the International Biological Program to the Long Term Ecological Research(LTER) Network, 1957-Present," *Historical Studies in the Natural Sciences* 40-2, 2010, pp. 183-224.

Beaumont, Peter, "Rotten Eggs: E-waste from Europe Poisons Ghana's Food Chain," *The Guardian*, 2019. 12. 28. https://www.theguardian.com/global-development/2019/apr/24/rotten-chicken-eggs-e-waste-from-europe-poisons-ghana-food-chain-agbogbloshie-accra

Benson, Etienne, "One Infrastructure, Many Global Visions: The Commercialization and Diversification of Argos, a Satellite-based Environmental Surveillance System," *Social Studies of Science* 42-6, 2012, pp. 843-868.

Boczkowski, Pablo and Leah A. Lievrouw, "Bridging STS and Communication Studies: Scholarship on Media and Information Technologies," *Handbook of Science and Technology Studies, 3rd edition*, Hackett, Edward J., Olga Amsterdamska, Michael E. Lynch, Judy Wajcman eds., Cambridge, MA: The MIT Press, 2007, pp. 949-977.

Carse, Ashley, *Beyond the Big Ditch: Politics, Ecology, and Infrastructure at the Panama Canal*, Cambridge, MA: The MIT Press, 2014.

Castree, Noel, "The Anthropocene and the Environmental Humanities: Extending the Conversation," *Environmental Humanities* 5-1, 2014, pp. 233-260.

Chan, Jenny, Ngai Pun and Mark Selden, "The Politics of Global Production: Apple, Foxconn and China's New Working Class," *New Technology, Work and Employment* 28-2, 2013, pp. 100-115.

Chen, Hsin-Hsing, "Professionals, Students, and Activists in Taiwan Mobilize for An Unprecedented Collective-Action Lawsuit against a Former Top American Electronics Company," *East Asian Science, Technology and Society* 5-4, 2011, pp. 555-565.

Chiba, Sanae, Hideaki Saito, Ruth Fletcher, Takayuki Yogi, makino Kayo, Shin Miyagi, Moritaka Ogido, Katsunori Fujikura, "Human Footprint in the Abyss: 30 Year Records of Deep-Sea Plastic Debris," *Marine Policy* 96, 2018, pp. 204-212.

Chun, Wendy Hui Kyoung, "Race and/as Technology, or How to Do Things to Race," *Race After the Internet*, Nakamura, Lisa and Chow-White, Peter A. eds., New York: Routledge, 2013, pp. 44-66.

Coen, Deborah R., *Climate in Motion: Science, Empire, and the Problem of Scale*, Chicago: University of Chicago Press, 2018.

Collins, H. M., "Science Studies and Machine Intelligence," *Handbook of Science and Technology Studies, 2nd edition*, Jasanoff, Sheila, Gerald Markle, James C. Peterson, and Trevor Pinch eds., SAGE Publication, 1994, pp. 286-301.

Collins, Harry M., *Changing Order: Replication and Induction in Scientific Practice*, Chicago: University of Chicago Press, 1992.

Collis, Christy and Klaus Dodds, "Assault on the Unknown: the Historical and Political Geographies of the International Geophysical Year (1957-8)," *Journal of Historical Geography* 34-4, 2008, pp. 555-573.

Cosgrove, Denis E., *Apollo's Eye: A Cartographic Genealogy of the Earth in the Western Imagination*, Baltimore:Johns Hopkins University Press, 2001.

Crutzen, Paul J. and Eugene F. Stoermer, "The Anthropocene," *Global Change Newsletter* 41, 2000, pp. 17-18.

Crutzen, Paul J., "Geology of Mankind," *Nature* 415, 2002, p. 23.

DeLoughrey, Elizabeth, "Satellite Planetarity and the Ends of the Earth," *Public*

Culture 26-2, 2014, pp. 257-280.

Doel, Ronald E., "Constituting the Postwar Earth Sciences: The Military's Influence on the Environmental Sciences in the USA after 1945," *Social Studies of Science* 33-5, 2003, pp. 635-666.

Dourish, Paul, and Scott D. Mainwaring, "Ubicomp's Colonial Impulse," *Proceedings of the 2012 ACM Conference on Ubiquitous Computing* 2012, pp. 133-142.

Edwards, Paul N., "From "Impact" to Social Process: Computers in Society and Culture," *Handbook of Science and Technology Studies, 2nd edition*, Jasanoff, Sheila, Gerald Markle, James C. Peterson, and Trevor Pinch eds., SAGE Publication, 1994, pp. 257-285.

Edwards, Paul N., "Knowledge Infrastructures and the Anthropocene," *The Anthropocene Review* 4-1, 2017, pp. 34-43.

Edwards, Paul N., *A Vast Machine: Computer Models, Climate Data, and the Politics of Global Warming*, Cambridge, MA: The MIT Press, 2010.

Ensmenger, Nathan and Rebecca Slayton, "Computing and the Environment: Introducing a Special Issue of Information & Culture," *Information and Culture* 52-3, 2017, pp. 295-303.

Ensmenger, Nathan, "Environmental History of Computing," *Technology and Culture* 59-4, 2018, pp. S7-S33.

Ensmenger, Nathan, *The Computer Boys Take Over: Computers, Programmers, and the Politics of Technical Expertise*, Cambridge, MA: The MIT Press, 2010.

Ernst, Dieter, "From Partial to Systemic Globalization," *Berkeley Roundtable on the International Economy Working Paper* 98, 1997. http://brie.berkeley.edu/publications/WP%2098.pdf

Foran, Tira and David Sonnenfeld, "Corporate Social Responsibility in Thailand's Electronics Industry," *Challenging the Chip*, Smith, Ted, David A. Sonnenfeld, and David N. Pellow eds., Philadelphia, PA: Temple University Press, 2006.

Gabrys, Jennifer, *Program Earth: Environmental Sensing Technology and the Making of a Computational Planet*, Minneapolis: University of Minnesota Press, 2016.

Gore, Al, "The Digital Earth: Understanding Our Planet in the 21st Century," *Australian Surveyor* 43-2, 1998, pp. 89-91.

Greenpeace, *How Clean Is Your Cloud?*, 2012. http://www.greenpeace.org/international/Global/international/publications/climate/2012/iCoal/HowCleanisYourCloud.pdf

Gross, Neil, "The Earth Will Don an Electronic Skin." *Business Week Online*, 1999. https://www.bloomberg.com/news/articles/1999-08-29/14-the-earth-will-don-an-electronic-skin

Haraway, Donna, "Anthropocene, Capitalocene, Plantationocene, Chthulucene: Making Kin," *Environmental Humanities* 6-1, 2015, pp. 159-165.

Hecht, Gabrielle, "Inside-Out Earth: Residues of the Anthropocene in Africa," *Presentation from The International Symposium on Anthropocene Studies*, 2019.

Hecht, Gabrielle, "Interscalar Vehicles for an African Anthropocene: On Waste, Temporality, and Violence," *Cultural Anthropology* 33-1, 2018, pp. 109-141.

Helmreich, Stefan, "Reading a Wave Buoy," *Science, Technology, & Human Values* 44-5, 2019, pp. 737-761.

Hetherington, Kregg. ed., *Infrastructure, Environment, and the Life in the Anthropocene*, Durham, NC: Duke University Press, 2019.

Heymann, Matthias and Amy D. Dalmedico, "Epistemology and Politics in Earth System Modeling: Historical Perspectives," *Journal of Advances in Modeling Earth Systems* 11-5, 2019, pp. 1139-1152.

Heymann, Matthias, "Understanding and Misunderstanding Computer Simulation: The Case of Atmospheric and Climate Science – An Introduction," *Studies in the History and Philosophy of Modern Physics* 41, 2010, pp. 193-200.

Hu, Tung-Hui, *A Prehistory of the Cloud*, The MIT Press, 2015.

Ingulstad, Mats, Andrew Perchard and Espen Storli, *Tin and Global Capitalism, 1850-2000: A History of "the Devil's Metal"*, New York: Routledge, 2014.

IPCC, *Fifth Assessment Report of the Intergovernmental Panel on Climate Change*, IPCC, 2014.

Jackson Steven J., Paul E. Edwards, Geoffrey C. Bowker, and Cory P. Knobel, "Understanding Infrastructure: History, Heuristics, and Cyberinfrastructure Policy," *First Monday* 12-6, 2007. https://www.firstmonday.org/ojs/index.php/fm/article/view/1904/1786

Jasanoff, Sheila and Marybeth Martello, *Earthly Politics: Local and Global in Environmental Politics*, Cambridge, MA: The MIT Press, 2004.

Jasanoff, Sheila, "Image and Imagination: The Formation of Global Environmental Consciousness," *Changing the Atmosphere: Expert Knowledge and Environmental Governance*, Miller, Clark and Paul Edwards eds., Cambridge, MA: The MIT Press, 2001, pp. 309-337.

Jørgensen, Dolly, "Not by Human Hands: Five Technological Tenets for Environmental History in the Anthropocene," *Environment and History* 20-4, 2014, pp. 479-489.

Ku, Yu-Ling, "Human Lives Valued Less Than Dirt," *Challenging the Chip*, Smith, Ted, David A. Sonnenfeld and David N. Pellow eds., Philadelphia, PA: Temple University Press, 2006, pp. 181-190.

Lahsen, Myanna and Carlos A. Nobre, "Challenges of Connecting International Science and Local Level Sustainability efforts: The Case of the Large-Scale Biosphere–Atmosphere Experiment in Amazonia," *Environmental Science and Policy* 10-1, 2007, pp. 62-74.

Lécuyer, Christophe, "From Clean Rooms to Dirty Water: Labor, Semiconductor Firms, and the Struggle over Pollution and Workplace Hazards in Silicon Valley," *Information and Culture* 52,-3, 2017, pp. 304-333.

Lehman, Jessica, "A Sea of Potential: The Politics of Global Ocean Observations," *Political Geography* 55, 2016, pp. 113-123.

Lidskog, Rolf and Claire Waterton, "Anthropocene: A Cautious Welcome from Environmental Sociology?," *Environmental Sociology* 2-4, 2016, pp. 395-406.

Little, Peter C., *Toxic Town: IBM, Pollution, and Industrial Risks*, New York: NYU Press, 2014.

Lorimer, Jamie, "The Anthropo-scene: A Guide for the Perplexed," *Social Studies of Science* 47-1, 2017, pp. 117-142.

Maguire, James and Brit Ross Winthereik, "Digitalizing the State: Data Centres and the Power of Exchange," *Ethnos: Journal of Anthropology*, 2019.

Mahdawi, Arwa, "The Real Problem with your Netflix Addiction? The Carbon Emissions," *The Guardian*, 2020. 02. 12. https://www.theguardian.com/

commentisfree/2020/feb/12/real-problem-netflix-addiction-arbon-emissions

Malm, Andreas and Alf Hornborg, "The Geology of Mankind? A Critique of the Anthropocene Narrative," *The Anthropocene Review* 1-1. 2014, pp. 62-69.

Masanet, Eric, Arman Shehabi, Nuoa Lei, Sarah Smith and Jonathan Koomey, "Recalibrating Global Data Center Energy-use Estimates," *Science* 367-6481, 2020, pp. 984-986.

Masco, Joseph, "Bad Weather: On Planetary Crisis," *Social Studies of Science* 40-1, 2010, pp. 7-40.

Medina, Eden, *The Cybernetic Revolution: Technology and Politics in Allende's Chile*, Cambridge, MA: The MIT Press, 2011.

Miller, Clark and Paul H. Erickson, "The Politics of Bridging Scales and Epistemologies: Science and Democracy in Global Environmental Governance," *Bridging Scales and Knowledge Systems: Concepts and Applications in Ecosystem Assessments*, Reid, Walter V., Fikret Berkes, Thomas Wilbanks and Doris Capistrano eds., Washington: Island Press, 2006, pp. 297-314.

Minter, Adam, "The Burning Truth Behind an E-Waste Dump in Africa," Smithsonian Magazine, 2016. https://www.smithsonianmag.com/science-nature/burning-truth-behind-e-waste-dump-africa-180957597/

Moore, Jason W., "The Capitalocene, Part I: On the Nature and Origins of Our Ecological Crisis," *The Journal of Peasant Studies* 44-3, 2017, pp. 594-630.

Moore, Jason W., *Anthropocene or Capitalocene? Nature, History and the Crisis of Capitalism*, PM Press, 2016.

Müller, Simone M., *Wiring the World: The Social and Cultural Creation of Global Telegraph Networks*, New York: Columbia University Press, 2016.

Nakamura, Lisa, "Indigenous Circuits: Navajo Women and the Racialization of Early Electronic Manufacture," *American Quarterly* 66-4, 2014, pp. 919-941.

November, Joseph, *Biomedical Computing: Digitizing Life in the United States*, Baltimore: Johns Hopkins University Press, 2012.

Nye, David E., *The American Technological Sublime*, Cambridge, MA: The MIT Press, 1994.

Parikka, Jussi, *A Geology of Media*, Minneapolis: University of Minnesota Press, 2015.

Parks, Lisa and Nicole Starosielski eds., *Signal Traffic: Critical Studies of Media Infrastructures*, Champaign, IL: University of Illinois Press, 2015.

Petrlik, Jindrick, Sam Adu-Kumi, Jonathan Hogarth, Eric Akortia, Gilbert Kueupo, Peter Behnisch, Lee Bell, Joseph Digangi, *Persistent Organic Pollutants (POPs) in Eggs: Report for Africa*, Arnika, IPEN, CREPD, 2019.

Petrov, Victor, *Balkan Cyberia: Coldwar Computing, Bulgarian Modernization, and the Information Age behind the Iron Curtain*, Cambridge, MA: MIT Press, 2023.

Postigo, Hector and Casey O'Donnell, "The Sociotechnical Architecture of Information Networks," *Handbook of Science and Technology Studies, 4th edition*, Felt, Ulrike, Rayvon Fouché, Clark A. Miller and Laurel Smith-Doerr eds., Cambridge, MA: The MIT Press, 2016, pp. 583-608.

Rosol, Christoph, Benjamin Steininger, Jürgen Renn, and Robert Schlögl, "On The Age of Computation in the Epoch of Humankind," *Nature* 563, 2018, pp. 7733-7738.

Ross, Andrew, *Fast Boat to China*, New York: Pantheon Books, 2006.

Sheller, Mimi, *Aluminum Dreams: The Making of Light Modernity*, Cambridge, MA: The MIT Press, 2014.

Smith, Ted, David A. Sonnenfeld and David N. Pellow eds., *Challenging the Chip*, Philadelphia, PA: Temple University Press, 2006.

Star, Susan Leigh, "The Ethnography of Infrastructure," *American Behavioral Scientist* 43-3, 1999, pp. 377-391.

Starosielski, Nicole, "Signal Tracks," *Journal of the New Media Caucus* 10-1, 2014. http://median.newmediacaucus.org/art-infrastructures-hardware/signal-tracks/

Starosielski, Nicole, *The Undersea Network*, Durham, N.C.: Duke University Press, 2015.

Suchman, Lucy, "Feminist STS and the Sciences of the Artificial," *Handbook of Science and Technology Studies, 3rd edition*, Hackett, Edward J., Olga Amsterdamska, Michael Lynch and Judy Wajcman eds., Cambridge, MA: The

MIT Press, 2007, pp. 139-164.

The Virtual Knowledge Studio, "Messy Shapes of Knowledge—STS Explores Informatization, New Media, and Academic Work," *Handbook of Science and Technology Studies, 3rd edition*, Hackett, Edward J., Olga Amsterdamska, Michael Lynch and Judy Wajcman eds., Cambridge, MA: The MIT Press, 2007, pp. 319-351.

Tinn, Honghong, "Island Tinkerers," *Technology and Culture* 59-4, 2018, pp. S66-S99.

TMacKenzie, Donald, "The Influence of the Los Alamos and Livermore National Labs on Supercomputing," *IEEE Annals of the History of Computing* 132, 1991, pp. 179-201.

Tsing, Anna, "Earth Stalked by Man," *The Cambridge Journal of Anthropology* 34-1, pp. 2-16, 2016.

Velkova, Julia, "Data That Warms: Waste Heat, Infrastructural Convergence and the Computation Traffic Commodity," *Big Data and Society* 3-2, 2016, pp. 1-10.

Vertesi, Janet and David Ribes eds., *digitalSTS: A Field Guide for Science and Technology Studies*, Princeton University Press, 2019.

Vertesi, Janet, David Ribes, Laura Forlano, Yanni Loukissas and Marisa Leavitt Cohn, "Engaging, Designing, and Making Digital Systems," *Handbook of Science and Technology Studies, 4th edition*, Felt, Ulrike, Rayvon Fouché, Clark Miller A. and Laurel Smith-Doerr eds., Cambridge, MA: The MIT Press, 2016, pp. 169-195.

Weiser, Mark, "Ubiquitous Computing," *Computer* 26-10, 1993, pp. 71-72.

Winner, Langdon, "Rebranding the Anthropocene: A Rectification of Names," *Techné: Research in Philosophy and Technology*, 21-2/3, 2017, pp. 282-294.

Yates, JoAnne, *Structuring the Information Age: Life Insurance and Technology in the Twentieth Century*, Baltimore: Johns Hopkins University Press, 2005.

Yusoff, Kathryn, *A Billion Black Anthropocene or None*, Minneapolis: University of Minnesota Press, 2018.

2부
행성과 인프라

비인간의 대변자로서의 인간

: 사물 정치와 행성 정치에서 인간의 책임

| 최일만 |

비인간의 대변자로서의 인간

: 사물 정치와 행성 정치에서 인간의 책임

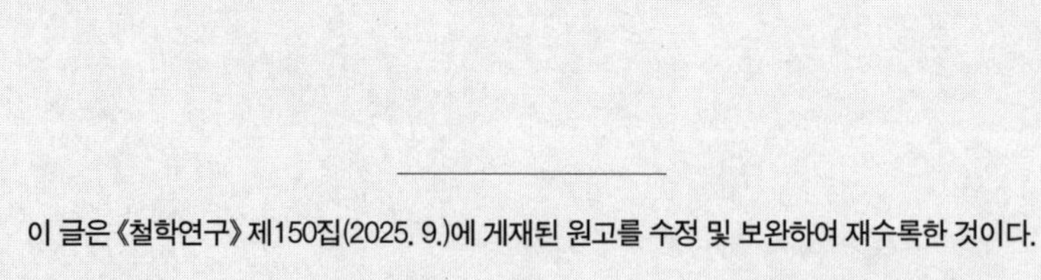

이 글은 《철학연구》 제150집(2025. 9.)에 게재된 원고를 수정 및 보완하여 재수록한 것이다.

기후위기와
탈인간중심주의

1938년 가이 켈렌더G. S. Callendar가 인간의 CO_2 배출량과 지구의 전체적 기온이 동반 상승하고 있음을 발견했다.[1] 이후 이 주장은 과학자들의 합의를 얻었고, '지구온난화', '기후변화', 또는 '기후위기'는 국제적·정치적 이슈로 인정되어 1970년대부터 UN을 비롯한 국제기구에서 논의되기 시작했다. 2025년 현재, 기후변화가 발견된 지 거의 한 세기, 국제정치적 안건이 된 지 반세기가 지났다. 그러나 그 사이 국제정치는 기후변화에 제동을 거는 데에 실패했다. 21세기에 들어 기후위기의 효과가 체감될 정도로 강해졌음에도 불구하고, 탄소배출량은 여전히 증가하고 있다.[2] 기후위기에 대한 인간의 대처는 왜 이렇게 미진한가? 이 물음은 인류의 정치적·경제적 체제는 물론이고, 더욱 기저에 있는 인간의 사고를 자체에 대한 검토, 그중에서도 인간중심주의까지 검토하도록 이끈다. 인간중심주의에서 인간은 비인간에 대해 존재론적 우위를 지니며, 이는 인간에게 비인간, 자연을 지배할 권리를 준다. 인간중심주의가 유지되는 한, 기후위기에 대한 대응이 미온적이고 지연되는 것은 자연스럽다. 인간의 생존과 번영이 자연보다 우선시되기 때문이다.

이러한 논리에 대한 반성 속에서 인간의 존재론적 우위를 거부하는 탈인간중심주의가 모색되고 있다. 행위자 네트워크 이론이나 신물질론

---

[1] G. S. Callendar, "The artificial production of carbon dioxide and its influence on temperature," *Quarterly Journal of the Royal Meteorological Society* 64-275, 1938.

[2] IPCC, *Climate Change 2022: Mitigation of Climate Change. Working Group III Contribution to the Sixth Assessment Report of the Intergovernmental Panel on Climate Change*, Cambridge, UK: Cambridge University Press, 2023. p. 223.

적 사유는 인간만이 행위자이고 사물은 수동적인 대상에 불과하다는 전통적 표상에 반대한다.[3] 가야트리 스피박Gayatri C. Spivak이나 디페시 차크라바르티Dipesh Chakrabarty는 인간 역사가 자연사에 대해 가지는 우위를 거부하고, 인간과 자연이 동등하게 얽혀 있는 세계로서 행성planet 개념을 제안한다.[4] 이들의 사고에서 인간과 비인간은 동등한 존재론적 지위를 향유한다.

탈인간중심주의가 기후위기에 대응하는 올바른 방향인지에 관해서는 논쟁이 있다. 비판자들은 한편으로 탈인간중심주의가 기후위기를 일으킨 인간 특유의 구조, 즉 자본주의를 간과하게 한다고 말한다. 생태마르크스주의자 안드레아스 말름Andreas Malm과 알프 혼보리Alf Honborg는 이렇게 쓴다. "지구온난화가 불을 피우는 지식이나 … 여타 인간 종의 속성의 결과라면, 우리가 어떻게 화석 경제의 해체를 상상할 수 있겠는가? … 기후변화에 대한 종 차원의 사고는 신비화와 정치적 마비로 이끈다."[5] 다른 한편으로 비판자들은 탈인간중심주의가 인간을 수동적으로 만든다고 말한다. 신인간중심주의를 표방하는 클라이브 해밀턴Clive Hamilton은 이렇게 말한다. "인간 행위성을 신물질론적으로 축소시키는

---

3 예를 들어, Bruno Latour, *Reassembling the Social: An Introduction to Actor-Network-Theory*, Oxford, UK: Oxford University Press, 2005; Jane Bennett, *Vibrant Matter: A Political Ecology of Things*, Durham and London: Duke University Press, 2010; 제인 베넷, 《생동하는 물질》, 문성재 옮김, 현실문화, 2020.

4 Gayatri C. Spivak, *Death of a Discipline*, New York, NY: Columbia University Press, 2003; 가야트리 스피박, 《경계선 넘기: 새로운 문학연구의 모색》, 문화이론연구회 옮김, 인간사랑, 2008; Dipesh Chakrabarty, *The Climate of History in a Planetary Age*, Chicago and London: The University of Chicago Press, 2021; 디페시 차크라바르티, 《행성 시대 역사의 기후》, 이신철 옮김, 에코리브르, 2023.

5 Andreas Malm, and Alf Honborg, "The geology of mankind? A Critique of the Anthropocene narrative," *The Anthropocene Review* 1-1, 2014, p. 67.

데에는 정적주의quietist 정치철학이 묻혀 있다. '어떤 아주 강력한 물질적 사물이 … 점점 더 우리의 집합적 운명을 지시하게 되었다면', 우리는 사물의 독재를 받아들이는 수밖에 없다."[6] 그리고 "반反인간중심주의는 우리가 일으킨 피해에 대한 우리의 책임을 부인하는 비뚤어진 효과를 낳는다."[7][8]

이러한 쟁점 앞에서 이 글은 인간의 책임과 탈인간중심주의의 관계를 살펴보려 한다. 우선 라투르Bruno Latour의 행위자 네트워크 이론을 검토한다. 이 이론이 품고 있는 존재론적 함의와 정치적 함의를 추적함으로써, 라투르의 탈인간중심주의가 인간에게 비인간의 대변자가 될 책임을 지운다는 점이 드러날 것이다. 이어서 인류세에 관한 차크라바르티의 입장을 살펴본다. 이 관점이 함축하는 존재론적·정치적 귀결로부터, 그의 탈인간중심주의 역시 인간에게 비인간의 입장에서 사고할 책임을 지운다는 점이 밝혀질 것이다. 이 두 분석은 탈인간중심주의가 인간의 책임을 방기하지 않고 오히려 인간에게 새로운 책임을 지운다는 점을 드러낸다. 이러한 논의들은 탈인간중심주의에서 인간의 책임이 강조된다는 역설적인 사태의 철학적 의의에 대한 해석 작업으로 이어진다. 헤겔의 관점과의 비교를 통해, 탈인간중심주의는 주관주의에 대항하는 객관주의가 아니라 주관주의와 객관주의의 통일을 뜻한다는 점이 밝혀질 것이다. 마지막으로 이 글은 논의를 요약하고, 라투르와 차크라바르티

---

6 Clive Hamilton, *Defiant Earth*, Cambridge, UK: Polity Press, 2017, p. 95; 클라이브 해밀턴, 《인류세: 거대한 전환 앞에 선 인간과 지구 시스템》, 정서진 옮김, 이상북스, 2018, 154쪽.

7 Clive Hamilton, *Defiant Earth*, p. 98; 클라이브 해밀턴, 《인류세》, 158쪽.

8 인간중심주의와 탈인간중심주의 사이의 논쟁에 대해서는 이광석, 〈'인류세'를 둘러싼 쟁점과 테크노-생태학적 전망〉, 《문화과학》 97, 2019, 22~54쪽; 정채연, 〈인류세 담론에서 인간과 자연: 신유물론과의 이론적 접점〉, 《법철학연구》 28-1, 2025, 43~76쪽 참조.

의 탈인간중심주의에 대한 외부와 내부에서의 가능한 반론에 대해 답변함으로써 끝맺을 것이다.

ANT,
사물 정치와 인간의 책임

네트워크의 상호작용으로서의 과학 지식 형성

탈인간중심주의의 존재론과 정치학을 살펴보기 위해 우선 브뤼노 라투르에 의해 대표되는 행위자 네트워크 이론Actor-Network Theory: ANT을 검토한다. ANT는 인간과 비인간 모두에게 동등하게 행위자성을 부여함으로써 인간을 탈중심화한다는, 신물질론이나 행성론 등 이후의 탈인간중심주의와 공명하며 발전할 발상을 일찍이 1970년대에 내놓았기 때문이다.

ANT는 사변에서 시작하지 않았다. 과학 지식이 형성되는 사회적 과정을 설명하는 사회학, 과학기술학Science and Technology Studies: STS으로서[9] ANT는 과학 지식 형성의 현장에 대한 경험적 관찰과 분석에 근거한다.[10] 이러한 경험적 연구를 통해 파악된 과학 지식 형성 과정의 특징

---

9 Bruno Latour, *Reassembling the Social*, p. 9.

10 이러한 ANT의 초기 연구로는 생브류만(灣)에서의 대합 양식에 관한 미셸 칼롱의 연구, 포르투갈의 항해 기술에 관한 존 로의 연구, 파스퇴르의 미생물학에 관한 브뤼노 라투르의 연구 등이 있다. John Law ed., *Power, Action and Belief: A New Sociology of Knowledge?*, London and Boston: Routledge & Kegan Paul, 1986에 실린 Michel Callon, "Some elements of a sociology of translation: Domestication of the scallops and the fishermen of St Brieuc Bay"와 John Law, "On the methods of long-distance control: Vessels, navigation and the Portuguese route to India", 그리고 Bruno Latour, *The Pasteurization of France*, Tr. by A.

은 다음과 같이 요약될 수 있다. ① 과학 지식의 형성은 과학자만의 작업이 아니다. 이 과정에는 다양한 요인들의 네트워크가 개입한다.[11] ② 네트워크의 요인들은 이질적이다. 문화와 자연, 인간과 비인간, 이론과 정치가 과학 지식 형성 과정에 함께 개입한다.[12] ③ 과학 지식 형성 과정은 넓은 의미에서 정치적이다. 서로 다른 요인들이 자신의 입장을 주장하고, 다른 요인에 반발하고, 동맹을 맺고, 협상을 거침으로써 지식이 형성되기 때문이다.[13] ④ 요인들이 지식 형성 과정에 참여하기 위해서는 이들의 입장을 말하는 대변자spokesman 또는 대표representative가 필요하다. 인간 집단의 입장만이 아니라, 대합과 미생물 같은 비인간의 입장 또한 과학자라는 대변자에 의해 반영된다.[14] ⑤ 네트워크의 각 요인들은 다른 요인들의 작동에 영향을 끼친다는 점에서, 인간이든 비인간이든 행위자actor라고 불릴 수 있다.[15] ⑥ 따라서 과학 지식의 형성은 네트워크에서 행위자들의 상호작용의 결과다. 과학 지식이 과학자라는 하나의 주체가 대상에 관해 수행하는 인식 과정의 결과라는 전통적 상은 수정되어야 한다.[16]

Sheridan und J. Law, Cambridge, MA; London, UK: Havard University Press, 1993을 보라.

[11] Bruno Latour, *The Pasteurization of France*, p. 15, p. 59.

[12] Bruno Latour, *The Pasteurization of France*, p. 229; Bruno Latour, *Science in Action: How to Follow Scientists and Engineers Through Society*, Cambridge, MA: Havard University Press, 1987, p. 6, p. 232; 브뤼노 라투르, 《젊은 과학의 전선: 테크노사이언스와 행위자-연결망의 구축》, 황희숙 옮김, 아카넷, 2016, 23쪽, 454쪽.

[13] Bruno Latour, *The Pasteurization of France*, p. 40, p. 168.

[14] Bruno Latour, *The Pasteurization of France*, p. 160; Bruno Latour, *Science in Action*, pp. 71-72; 브뤼노 라투르, 《젊은 과학의 전선》, 147-148쪽; Bruno Latour, *Reassembling the Social*, p. 30.

[15] Bruno Latour, *The Pasteurization of France*, pp. 9-10, p. 35; Bruno Latour, *Reassembling the Social*, p. 64, p. 70.

[16] Bruno Latour, *The Pasteurization of France*, pp. 13-14; Bruno Latour, *Science in Action*, p.

일반적으로 제시된 위의 특징들이 과학 지식 형성을 어떻게 구체적으로 설명하는지를, 《프랑스의 파스퇴르화》에서 제시된 파르퇴르의 미생물 연구에 대한 라투르의 분석을 통해서 살펴보자. 라투르는 상세한 경험적 분석을 통해, 파스퇴르의 미생물 지식이 얼마나 다양한 요인들의 복잡한 상호작용의 산물인지를 들추어낸다.

첫째, 파스퇴르의 연구는 파스퇴르의 인식 행위로만 이루어지지 않았다. 우선 파스퇴르의 실험실에는 각종 실험 장치와 배양기가 있었다.[17] 더 나아가 파스퇴르는 실험실 바깥의 정치적 안건과 관계해야 했다. 가령 농민들은 파스퇴르에게 현실 문제를 제공했으며,[18] 위생운동가들은 프랑스의 위생을 위해 파스퇴르의 연구를 지지했다.[19] 이러한 여러 집단의 참여가 없었으면 파스퇴르의 지식 수립이 실패했으리라는 점에서, 이들은 모두 파스퇴르의 미생물 연구의 요인이다.

둘째, 이러한 요인들이 이질적임은 명백하다. 여기에는 이론적 작업을 하는 과학자, 동물을 실제로 다루는 농민, 사회운동을 하는 위생운동가 등 이질적인 인간 집단이 있을 뿐 아니라, 실험 도구들과 미생물, 백신 실험에서의 동물들 등 다양한 비인간도 있다. 파스퇴르의 미생물 연구에는 자연과 문화, 인간과 비인간, 이론과 실천이 모두 개입한다.

셋째, 파스퇴르의 지식은 이러한 요인들 간의 정치적 과정에 의해서 수립되었다. 예를 들어 파스퇴르는 위생주의자와 강력한 동맹을 맺었

174; 브뤼노 라투르, 《젊은 과학의 전선》, 346쪽.

17 Bruno Latour, *The Pasteurization of France*, p. 63, pp. 75-76.

18 Bruno Latour, *The Pasteurization of France*, p. 76, p. 89.

19 Bruno Latour, *The Pasteurization of France*, pp. 16-17, p. 26, p. 34.

다.[20] 위생주의자는 자신들 운동의 구심점이 필요했고, 파스퇴르는 연구실의 언어를 번역하여 사회로 전파할 필요가 있었기 때문이다. 인간과의 동맹 외에도 비인간과의 동맹이 불가결했다. 파스퇴르는 실험실의 미생물을 길들였고, 미생물은 파스퇴르에게 적절한 방식으로 반응하였다.[21] 이러한 인간과 비인간의 동맹, 반발, 협상의 과정 속에서 파스퇴르의 미생물 지식이 확립될 수 있었다.

넷째, 이러한 과정에서 대변자가 요인들에게 목소리를 준다. 가령 위생운동가는 국가의 건강과 번영의 대변자였고, 수의사는 자신들의 전통적 방법을 대변했다. 그리고 파스퇴르는 비인간의 대변자가 되었다. 첫째, 그는 미생물을 대변했다—미생물이 보이게 하였고, 미생물의 행태를 일반인이 이해할 수 있는 언어로 번역하였다.[22] 둘째, 그는 실험실을 대변했다—실험실이 질병 연구와 질병에 대한 대처를 위해 불가결하다고 주장했다.[23] 이를 통해 인간만이 아니라 비인간의 이해관심interest도 정치적 과정 속으로 들어왔다.

다섯째, 이 과정에서 모든 요인은 네트워크 속에서 다른 요인의 행태에 영향을 끼치며, 그런 점에서 행위자성을 가진다. 이 사례에서 중요한 행위자는 미생물이다. 파스퇴르는 실험실에서 미생물의 증식을 통제했고, 실험 결과는 이들의 협력에 의해 결정된다. 이런 점에서 미생물은 파스퇴르의 행위에 영향을 끼쳤다.[24] 더 나아가, 미생물의 영향을 통해

---

20 Bruno Latour, *The Pasteurization of France*, pp. 56-57.

21 Bruno Latour, *The Pasteurization of France*, p. 36, p. 63.

22 Bruno Latour, *The Pasteurization of France*, p. 38, p. 30.

23 Bruno Latour, *The Pasteurization of France*, p. 72, p. 90.

24 Bruno Latour, *The Pasteurization of France*, p. 82.

서 농민과 위생주의자들이 파스퇴르와 동맹을 맺을 수 있었다.[25]

여섯째, 이 모든 관찰을 통해, 파스퇴르의 미생물 연구가 이질적 행위자들의 광범위한 네트워크의 상호작용의 결과로 드러난다. 그것은 파스퇴르, 실험 도구, 미생물, 농민, 위생운동가, 수의사, 정부 등 수많은 인간, 비인간 행위자들의 동맹, 반발, 협상 과정의 결과다. 파스퇴르라는 하나의 주체가 미생물이라는 대상에 행한 인식 행위의 결과가 아니다.

평평한 존재론

ANT는 과학 지식을 이질적인 요인들의 네트워크의 결과로 봄으로써 인간과 비인간 사이의 위계를 무너뜨린다. 이러한 붕괴는 과학사회학을 넘어서는 함의를 가진다. 《우리는 결코 근대인이었던 적이 없다》에서 라투르는 이러한 함의를 추적하며, 근대에서 비인간과 인간, 문화와 자연, 과학과 정치라는 두 영역의 분리와 혼합을 주제화한다. 근대는 두 영역을 서로 분리시키는 체제, '근대 헌법'modern constitution을 가진다. 근대 헌법이 지닌 주요 보장guarantee은 다음과 같다. 첫째, 자연은 우리가 구성한 것이 아니며 고유의 법칙을 가진다. 둘째, 사회는 우리가 구성한 것이며 우리 자신에 의해 결정된다. 셋째, 자연과 사회는 절대적으로 분리되어 있다.[26]

이러한 체제는 자명하고 당연한 것이 아니다. 근대 이전에 자연과 문화는 분리되지 않고 하나의 연속적 통일체를 이루었다. 근대 헌법은 순

---

25 Bruno Latour, *The Pasteurization of France*, p.91, pp. 43-44.

26 Bruno Latour, *We Have Never Been Modern*, Tr. by C. Porter, Cambridge, MA: Havard University Press, 1993, pp. 30-32; 브뤼노 라투르,《우리는 결코 근대인이었던 적이 없다》, 홍철기 옮김, 갈무리, 2009, 89~93쪽. 근대 헌법에는 네 번째 보장, "취소된 신"도 있다. 이 보장은 본 논문의 논의에 직접 관계되지 않기 때문에 생략한다.

수화purification 과정을 통해서 성립되었다.[27] 순수화는 한편으로는 과학자가 인간적 요인에 의해 더럽혀지지 않은 자연적 사실들을 수립하려는 시도를, 다른 한편으로는 정치철학자가 자연적 요인에 의해 침해되지 않는 주권을 수립하려는 시도를 가리킨다.[28] 이러한 분리에 의해 생겨난 두 영역은 각자의 대변representation 구조를 가진다. 자연 영역에서는 과학자가 비인간을 대변한다. 그것은, 파스퇴르가 했듯이, 실험 장치를 통해 비인간의 입장을 기록하고 인간의 말로 번역하는 작업이다.[29] 정치 영역에서는 정치가가 시민의 의지를 대변하고 정치체의 행위를 결정한다.[30] 이것이 근대 대의제의 활동이다.

그러나 이러한 분리는 존재론적 질서에 맞지 않는다. ANT의 분석이 보여 주듯이, 과학과 정치는 상호 관계한다―파스퇴르의 과학 활동은 국민 위생이라는 정치적 의제에 의해 지지되었고 이 의제를 뒷받침했다. 또한 인간과 비인간은 서로 영향을 끼친다―미생물의 활동은 인간의 생물적 활동은 물론이고 농민들의 경제적 활동과 위생주의자들의 정치적 활동에까지 영향을 끼쳤으며, 이러한 정치 활동은 미생물의 활동을 제약하고 통제했다.

---

27 Bruno Latour, *We Have Never Been Modern*, pp. 10-11; 라투르, 《우리는 결코 근대인이었던 적이 없다》, 42쪽. 본 논문은 국역본에서 "정화"라고 번역된 purification을 "순수화"로 옮긴다. 과학과 정치 각각의 관점에서 이 과정을 불순물(즉, 서로)을 걸러 내어 깨끗하게(淨) 하는 과정으로 보는 것도 일리가 있으나, 필자는 이 과정을 통해 두 개의 순수한pure 영역, 즉 순수 과학과 순수 정치라는 영역이 수립된다는 점을 부각시키고 싶기 때문이다.

28 Bruno Latour, *We Have Never Been Modern*, pp. 18-19; 브뤼노 라투르, 《우리는 결코 근대인이었던 적이 없다》, 61~65쪽.

29 Bruno Latour, *We Have Never Been Modern*, p. 28, pp. 142-143; 브뤼노 라투르, 《우리는 결코 근대인이었던 적이 없다》, 86~87쪽, 351~352쪽.

30 Bruno Latour, *We Have Never Been Modern*, p. 19; 브뤼노 라투르, 《우리는 결코 근대인이었던 적이 없다》, 63쪽.

두 영역의 비분리로 인해, 근대에서는 순수화에 대항하는 혼종화 hybridization, 즉 분리된 두 영역을 뒤섞어 혼종을 생산하는 과정도 발견된다.[31] 라투르가 드는 하나의 예는 오존 구멍이다. 프레온가스가 오존 구멍을 만드는 것은 화학적 반응으로서 과학적 탐구의 대상이다. 순수화에 따르면 그것은 자연으로서 정치에서 배제되고 과학의 소관이 되어야 할 것이다. 그러나 오존 구멍은 인간의 삶에 연루되어 있기도 하다. 근대과학이 발명한 프레온가스는 식품의 냉장이라는 인간의 열망을 충족시키기 위해 확산되었으며, 이로 인한 오존 구멍은 현세대와 미래 세대 인류의 안녕을 위협한다. 그러므로 오존 구멍에서 과학과 정치는 뒤섞인다.[32] 현재 우리가 겪고 있는 환경문제들도 마찬가지로 혼종적이라는 점은 명백하다. 이산화탄소 증가, 기온 상승, 해류 변화 등은 한편으로 자연현상이지만, 다른 한편으로는 정치적 여건(자본주의적 행복 추구)에 의해 야기된 현상이며, 인간의 자원 분배에 막대한 영향을 끼치기 때문이다.

요컨대 자연과 문화, 비인간과 인간, 과학과 정치의 분리는 자명하고 당연하지 않다. 근대 이전에 이 두 영역은 분리되어 있지 않았으며, 근대 이후에도 두 영역의 혼합물인 혼종은 계속해서 생산되었다. 두 영역의 분리는 근대의 순수화가 가져온 착시다.

이처럼 비인간과 인간의 분리가 붕괴되면, 인간과 비인간은 하나의 네트워크를 이루게 되며, 인간의 존재론적 우위도 상대화된다. 인간의

---

[31] Bruno Latour, *We Have Never Been Modern*, pp. 5-6, pp. 10-11; 브뤼노 라투르, 《우리는 결코 근대인이었던 적이 없다》, 29~30쪽, 42쪽.

[32] Bruno Latour, *We Have Never Been Modern*, pp. 1-2; 브뤼노 라투르, 《우리는 결코 근대인이었던 적이 없다》, 17~20쪽.

우위의 첫 번째 근거는 인식 능력이다. 인간만이 인식을 할 수 있으며, 이를 통해 인간은 주체가 되고 사물은 객체가 된다. 반면에 ANT는 인식을 비인간과 인간의 공동 작용으로 봄으로써, 인간의 이러한 인식적 특권을 약화시킨다. 인간의 우위의 두 번째 근거는 실천 능력이다. 사물은 운동하지만move, 인간은 행위한다act. 행위는 실천적 숙고와 의지를 통해서 특징지어지는, 자기 안에 원리를 가지는 움직임이다. 운동은 인과 법칙에 지배되는, 자기 외부에 행위의 원리를 가지는 움직임이다. 행위와 운동의 구별에 따라 실천의 측면에서도 인간만이 행위자로서 특권을 지니게 된다. 반면에 ANT에서 행위는 선택과 의지 능력이 아니라, 비인간과 인간으로 이루어진 네트워크 내에 차이를 만들어 냄에 의해 규정된다.[33] 이에 따라 인간이든 비인간이든, 과학자든, 정치가든, 미생물이든, 실험 도구든, 네트워크의 모든 요인이 행위자로 이해된다.

요컨대 ANT에서 인식은 인간의 독자적 성취가 아니고, 행위자성도 인간의 특수성이 아니며, 세계는 평등한 행위자들의 수평적인 네트워크로 이루어져 있다.[34] 이러한 평등성에 따라 그레이엄 하먼Graham Harman은 라투르의 ANT를 "평평한 존재론flat ontology"으로 특징짓는다.[35] 평평한 존재론은 인간이 탈중심화된 존재론이다.

정치적 의제로서의 환경

자연과 문화, 비인간과 인간, 과학과 정치의 경계를 무너뜨리는 ANT

---

[33] Bruno Latour, *Reassembling the Social*, p. 71.

[34] Bruno Latour, *Reassembling the Social*, p. 16, p. 29, p. 176.

[35] Graham Harman, *Prince of Networks: Bruno Latour and Metaphysics*, Melbourne: re.press, 2009, pp. 207-208.

의 통찰은 정치적 함의를 가질 수밖에 없다. 첫째로, 과학과 정치 영역의 분리를 거부함으로써, ANT는 기존의 과학과 정치를 아우르는 새로운 정치체제를 요구하기 때문이다. 둘째로, 인간의 존재론적 우위가 부정된다면, 이를 중심으로 구성된 정치 구조 또한 변화되어야 하기 때문이다.

전통적으로 정치는 인간중심적으로 사고되었다. 상식적 개념에서, 정치 활동은 인간의 이해관심의 조정이다. 정치의 인간중심성은 철학에서 더욱 명료하게 표현된다. 정치체의 형성은 인간을 자연과 구별해 준다.[36] 정치는 인간의 좋은 삶을 위한 것이고, 인간의 기본권을 보장하기 위한 것이며, 인간의 독특성을 드러내기 위한 것이다.[37] 그러나 위에서 보았듯이, 오존 구멍부터 기후위기까지, 현대의 거대한 문제들은 자연적이면서도 문화적인 것, 과학적이면서도 정치적인 것이다. 정치가 인간적인 것으로 머무르고 자연이 정치에서 배제되는 한, 이러한 문제에 대처하는 데 한계가 있을 수밖에 없다.

국제사회가 환경문제를 이미 정치적 의제로 이해하고 있기는 하다.

---

36 아리스토텔레스, 《정치학》, 김재홍 옮김, 그린비, 2023, 1253a 7~19쪽. 아리스토텔레스는 정치를 인간에게 자연적인 것으로 보기 때문에, 근대인만큼 자연과 정치를 날카롭게 분리하지는 않았다. 그럼에도 아리스토텔레스 역시 동물의 군집과 인간의 공동체 형성을 구별한다. 인간만이 공동체에서 좋음과 나쁨, 정의와 부정의를 분별하기 때문이다. John Locke, *Second Treatise of Government*, Indianapolis and Cambridge: Hackett Publishing Company, 1980; 존 로크, 《통치에 관한 두 번째 논고, 시민 – 정부의 참된 기원과 범위, 목적에 관한 시론》, 문지영 · 강철웅 옮김, 후마니타스, 2023의 8장 95절을 보라. Rousseau, J.-J., *Œuvres Complètes III, Du Contrat Social, Écrits Politiques*, Paris: Gallimard, 1964, p. 364; 장 자크 루소, 《사회계약론》, 김영욱 옮김, 후마니타스, 2022, 29~30쪽도 보라.

37 아리스토텔레스, 《정치학》, 1253a 30; John Locke, *Second Treatise of Government*, 로크, 《통치에 관한 두 번째 논고》 10장, §§ 123-124; Hannah Arendt, *The Human Condition*, Chicago and London: The University of Chicago Press, 1958; 한나 아렌트, 《인간의 조건》, 이진우 옮김, 한길사, 2017, 24장.

환경오염이 자연현상에 지나지 않는 것이 아니라 인간의 안녕에 침해가 되는 정치적 사태라는 점이 이해됨에 따라 환경문제는 국제정치적 의제가 되었고, '지속가능한 개발sustainable developement'이라는 환경정치적 슬로건이 계발되었다. 그러나 환경문제의 정치화는 혼종에 대한 적절한 대처로 이어지지 않았다. 2016년 유엔은 지속가능 개발 목표Sustainable Development Goals: SDGs를 환경정치의 국제적 규범으로 제시하였으나, 2024년의 보고서에 따르면 SDGs 중 단 17퍼센트만이 이행되고 있으며, 3분의 1은 답보 상태에 머물러 있거나 심지어 후퇴했다.[38]

미비한 성과의 주요한 이유는, 과학과 정치의 경계를 허무는 와중에도 정치의 인간중심성이 유지된 데에서 찾을 수 있다. 근대의 인간중심적 정치에서 환경은 인간을 위한 무한한 자원의 공급처로 생각되었으며, 환경을 돌볼 필요는 상상조차 되지 않았다.[39] 이러한 소박한 믿음이 폐기되기는 했다. 환경문제를 겪으면서 인류는 자연이 무한하지 않음을 깨달았기 때문이다. "현재의 필요를 충족시키면서도 미래 세대가 그들 자신의 필요를 충족시킬 능력을 훼손하지 않는 개발"로서 지속가능한 개발은 이러한 깨달음에서 나온 슬로건이다.[40] 그러나 자연이 인간을 위한 것이라는 사고틀은 변하지 않았다. 지속가능한 개발에서, 결국 정치적 고려의 근거는 인간의 열망aspiration이다.[41] 인간 열망의 충족이

---

38 UN DESA, *The Sustainable Development Goals Report 2024 – June 2024*, New York: UN DESA, 2024.

39 John Locke, *Second Treatise of Government*, 로크, 《통치에 관한 두 번째 논고》 §31; Kant, I., Vorkritische Schriften I. 1747–1756, Berlin: Akademie Verlag, 1910, p. 318.

40 The World Comission on Environment and Development, *Our Common Future*, Oxford and New York: Oxford University Press, 1987. p. 43.

41 The World Comission on Environment and Development, *Our Common Future*, p. 43.

목표이기는 하나, 현재 인간 열망의 충족이 후대 인간의 열망 충족을 방해할 수 있기 때문에 현재 인간의 열망 충족이 재고되어야 한다. 그러므로 여기에서 정치는 인간의 이해관심 사이의 조정이라는 옛 의미를 그대로 지니고 있다. 바로 이 지점에서 환경보존은 인간의 이해관심을 위해 타협될 수 있는 사안이 된다.

다시 말해, 지속가능한 개발 개념은 참으로 과학과 정치를 통합하지 않았다. 이전의 인간중심적 정치에 자연이라는 요인을 끌어들였을 뿐이다. 현재의 환경문제에 적절히 대처하기 위해서는, 다시 말해 환경문제에 대한 대처가 인간의 이해관심에 따라 타협되지 않도록 하기 위해서는, 정치에 자연이 끌어들여지는 것만으로는 부족하다. 정치 자체가 탈인간중심주의적으로 사고되어야 한다.

사물 정치와 비인간 대변자로서의 인간

라투르는 ANT의 평평한 존재론을 바탕으로 이러한 정치 또한 기획한다. 그것은 혼종에 대처하기 위해 새로운 헌법, 두 영역을 연결하는 비근대 헌법nonmodern constitution을 통해 제안된다. 비근대 헌법은 혼종을 배제하지 않고 오히려 명시적으로 받아들임으로써, 자연과 문화, 비인간과 인간, 과학과 정치가 통합되는 "확대된 민주주의"로, 사물이 정치적 사안의 중심이 되는 사물 정치Dingpolitik로 이끈다.[42]

---

42 Bruno Latour, *We Have Never Been Modern*, p. 141; 브뤼노 라투르,《우리는 결코 근대인이었던 적이 없다》, 351쪽; Bruno Latour, "From Realpolitik to Dingpolitik or how to make things public", *Making Things Public: Atmospheres of Democracy*, Bruno Latour and Peter Weibel eds., Cambridge, MA: MIT Press, 2005, pp. 22-23. "사물 정치" 개념이《우리는 근대적인 적이 없었다》에서 말하는 확장된 민주주의 개념과 동일한 것은 아니다. 확장된 민주주의에서는 사물 의회를 통한 비인간의 대변이 강조되는 반면, 사물 정치 개념에서는 사물이 정치적 사안의 중심이 된다는 사태가 강조된다. 그러나 이 둘은 탈인간중심주의적 정

사물 정치에서 근대의 두 가지 대변 체제는 통합된다. 근대 헌법은 자연과 정치를 분리하는 만큼 대변 체제도 선명하게 분리한다. 과학자의 대변은 정책 결정에 끼어들어서는 안 되며, 정치가의 대변이 과학자의 작업을 방해해서도 안 된다. 이러한 분리가 불가능하다는 것, 과학은 정치에 영향을 받고 정치는 과학에 영향을 받는다는 것이 분명해지면, 이 두 대변 체제는 하나로 통합되어야 한다. 이 통합된 대변 체제가 사물 의회parliament of things다.[43] 사물 의회에서는 모든 혼종이 대변된다. 우리는 앞에서 ANT의 대변자 개념을 보았다. 대변자는 어떤 행위자의 입장을 제시하고, 다른 입장에 반대하며, 동맹과 조율을 통한 정치적 과정을 가능하게 한다. 과학 지식 형성 과정에서 이 과정의 정치성을 표시했던 대변자는, 사물 의회에서는 바로 정치 자체에 속하게 된다.

우리가 특히 주목해야 할 것은 비인간의 대변이다. 확장된 민주주의에서는 강, 닭, 미생물도 발언권을 가진다. 그러나 이들이 어떻게 자신의 이해관심을 발언할 수 있는가? 강, 닭, 미생물이 사물 의회에 참여하여 의사를 말할 것인가? 물론 그럴 수 없다. 사물 의회에서 비인간의 의사를 대변하는 자는 인간이다.

누가 비인간의 대변자가 될 것인가? 우선은 과학자다. 파스퇴르가 미생물에 대해 그랬듯이, 과학자는 본래 과학 지식 형성에서부터 비인간의 입장을 인간 언어로 번역해 왔다. 다만 이제 과학자의 대변은 정치와 무관한 과학에 귀속되는 것이 아니라, 정치 행위가 된다.[44] 과학자만

치의 구상이라는 동일한 문제의식 전개의 연속선상에 있기에, 본 논고에서는 함께 논한다.

43 Bruno Latour, *We Have Never Been Modern*, p. 144; 브뤼노 라투르, 《우리는 결코 근대인이었던 적이 없다》, 355쪽.

44 Bruno Latour, *We Have Never Been Modern*, p. 144; 브뤼노 라투르, 《우리는 결코 근대인이었던 적이 없다》, 355~356쪽.

이 아니다. 시민, 활동가, 예술가 등 다양한 유형의 사람들이, 비인간의 이해관심을 발언하고 비인간의 입장에서 동맹과 조율을 행하는 대변자가 될 수 있다.[45] 가령, 강은 자신의 이해관심을 발언할 수 없지만, 과학자가 그 강의 상태를 파악하고, 환경운동가가 그 결과를 공론화하고, 시민은 시위를 통해 강에게 목소리를 줄 수 있다. 이러한 새로운 대변 체제를 통해 정치 자체가 탈인간중심화된다. 이제 정치는 인간을 위한 것, 인간의 이해관심 조정을 위한 것이 아니고, 인간과 비인간의 이해관심을 동등한 지위에서 조정하는 것이기 때문이다.

결국 사물 정치는 인간을 탈중심화하는 동시에 인간을 정치적 실천의 중심으로 만든다. 비인간에게 목소리를 주는 역할은 인간만이 맡을 수 있기 때문에, 사물 의회에서 대변자가 될 수 있는 것은 인간이다. 그리고 이처럼 비인간의 이해관심을 대변하는 것은 인간의 책임이다. 그러지 않는다면, 사물 의회는 성립할 수 없고, 우리는 혼종에 대처할 수 없을 것이기 때문이다. 이에 따라 인간은 비인간의 대변이라는 책임을 지고 정치적 실천의 중심이 된다. 이에 따라, 탈인간중심주의가 인간을 정치적 실천의 중심으로 만들되 이러한 정치적 실천의 핵심은 인간이 자기 자신을 탈중심화하는 데에 있다는 역설적 상황이 생겨난다.

---

[45] Bruno Latour, "To modernize or to ecologize? That's the question," *Remaking Reality: Nature at the Millenium*, Bruce Braun and Noel Castree eds., London & New York: Routledge, 1998, p. 225.

인류세,
행성 정치와 인간의 책임

인류세의 존재론적 함의

근대에 우리를 습격한 다양한 혼종들 중 하나가, 21세기가 되어, 다른 무엇보다도 거대한 문제로 우리에게 다가왔다. 그것은 기후위기다. 기후위기는 ANT에서 아직 구체적으로 다루어지지 않았던 새로운 과제, 규모를 고려하는 과제를 우리에게 제시한다. ANT는 다양한 규모의 네트워크를 가로지를 수 있는 분석 틀을 제공하나, 전 지구에 적중하는 거대 규모 사안의 고유성은 다루지 않는다. 기후위기 앞에서 우리의 과제는 지구 전체라는 시공간적으로 막대한 규모의 것을 이해하고 이에 대처할 정치적 실천을 모색하는 것이다. 이를 위해 차크라바르티의 행성 개념의 존재론적 함축과 정치적 함축을 살펴보자.

역사학자로서 차크라바르티는 자연과 인간의 역사의 관계 문제로부터 기후위기에 접근한다. 그는 우선 전통적으로 역사학이 어떻게 자연사와 인간 역사를 분리해 왔는지를 추적한다. 잠바티스타 비코 Giambattista Vico가 행한 정치적인 것과 자연적인 것의 구별은 베네데토 크로체Benedetto Croce를 거쳐 콜링우드R. G. Collingwood로 전해져, 자연사와 인간 역사에 대한 분리를 명시하게 하였다.[46] 콜링우드의 생각은, 자연은 내면을 가지지 않기에 거기에는 사건이 있을 뿐이지 행위는 없는 반면, "적절하게 역사라고 불리는 모든 역사는 인간적 사안의 역사"라

---

46 Benedetto Croce, *The Philosophy of Giambattista Vico*, Tr. by R. G. Collingwood, London: Howord Latimer, 1913, p. 5.

는 것이다.[47] 이와 대조되는 마르크스주의적인 관점에서도 자연사와 인간 역사의 구별은 유지된다. 스탈린은 지리 환경이 사태 발전에 끼치는 영향이 미미하다고 말한다. 그 미미함은 인간 사회 변화의 속도와 지리 환경 변화의 속도의 대조에서 드러난다. 인간 사회가 원시공산체제에서 노예제를 거쳐 봉건주의로 오는 3,000년 동안, 유럽의 지리 환경은 눈에 띄게 변화한 바가 없었다.[48]

기후위기는 이러한 구별에 의문을 제기한다. 그것은 인간이 자연사적 규모의 시간에 영향력을 행사할 수 있다는 점을 증언하기 때문이다. 산업혁명 이후 인간의 탄소 배출은 단 200년 만에, 지질학적 시간의 속도에 따라 진행되던 기후에 영향을 끼치게 되었다. 원자력발전이나 플라스틱, 자원 채굴 등도 인간 역사의 단위가 아니라 지질학적 역사의 단위까지 남는 영향을 가질 것이다. 이러한 깨달음이 응축되어 있는 용어가, 최근 많이 논의되고 있는 '인류세Anthropocene'라는 용어다.

인류세는 지질학적 시대의 단위로서 제안되었다. 지금 우리가 살고 있는 시대는 인간이 지구에 행사하는 영향력—탄소 배출, 생물다양성 감소, 토양 변화 등—으로 인해, 이전 시대(홀로세)와 구별되어야 한다는 것이다. 인류세의 제안 자체가 과학과 정치의 혼종을 보여 준다. 인류세는 지질학자가 아니라 기상화학자 파울 크뤼천Paul J. Crutzen과 생물학자 유진 스토머Eugene F. Stoermer에 의해 제안되었다.[49] 즉, 지질학적 전문성보다, 인류가 지구에 끼친 변화에 대한 정치적 인식에 의해 제기된 것이다.

---

47 Collingwood, Robin G., *The Idea of History*, Oxford: Clarendon Press, 1946, pp. 212-224.

48 Joseph Stalin, *Dialectical and Historical Materialism*, New York: International Publischers, 1940, pp. 25-26.

49 Paul J. Crutzen and Eugene F. Stoermer, "The Anthropocene", *IGBP Newsletter* 41, 2000.

시간적으로 인류세는 자연사와 인간 역사의 전통적 구별을 무너뜨리고, 기껏해야 수천 년인 인간 역사를 자연사까지 확장시킨다.[50] 공간적으로 인류세는 인간의 차원을 행성 규모까지 확대시킨다. 인류는 지구에 국지적이고 표면적인 영향을 끼치는 것이 아니라, 지구 체계 전체에 영향을 미치기 때문이다.[51] 이것이 차크라바르티가 "인간은 이제 지질학적 힘을 행사한다"라는 말을 통해 표현하는 바다.[52] 이에 따라, 인류세 개념은 인간 역사와 자연사, 더 나아가 인간과 비인간의 영역을 분리할 수 없음을 드러낸다.

ANT의 분석이 그렇듯이, 이러한 역사의 얽힘도 탈인간중심적인 존재론적 함축을 가진다. 첫째로, 인간의 역사가 자연사 위에 존립하지 않고 자연사와 얽혀 있다면, 인간이 생물, 토양, 기상 같은 지구의 다른 요인들 위에 군림하지 않고 그것과 하나의 체계를 이룬다면, 인간의 존재론적 우위는 유지될 수 없기 때문이다. 둘째로, 이처럼 인간 역사와 자연사, 인간 영역과 자연이 통합된다면, 거기에서 인간은 중심이 아니기 때문이다. 시간적으로 볼 때, 인간은 기나긴 자연사에 극히 최근에 등장했을 뿐이다. 공간적으로 볼 때, 인간은 거대한 지구 체계 내에서 하나의 제한된 영역만 차지하고 있을 뿐이다. 지구의 거대한 시공간적 규모 내에서 인간은 주변화된다.[53]

---

50 Dipesh Chakrabarty, *The Climate of History in a Planetary Age*, Chicago and London: The University of Chicago Press, 2021, p. 31; 디페시 차크라바르티, 《행성 시대 역사의 기후》, 이신철 옮김, 에코리브르, 2023, 56쪽.

51 Dipesh Chakrabarty, *The Climate of History in a Planetary Age*, pp. 30-31, p. 66; 디페시 차크라바르티, 《행성 시대 역사의 기후》, 54~55쪽, 110~111쪽.

52 Dipesh Chakrabarty, *The Climate of History in a Planetary Age*, p. 30; 디페시 차크라바르티, 《행성 시대 역사의 기후》, 55쪽.

53 Dipesh Chakrabarty, *The Climate of History in a Planetary Age*, p. 65, p. 78; 디페시 차크라바

행성 정치

서론에서 언급했듯이, 마르크스주의는 기후위기의 원인을 인간적 체제, 자본주의와 세계화에서 발견한다. 실제로 자본주의는 고에너지 소비사회 모델을 통해 기후위기의 발생을 촉진하였고, 경제적 이익을 우위에 둠으로써 기후위기에 대한 대처를 방해했다. 세계화는 이러한 경향을 더욱 심화했다. 세계를 가로지르는 물자의 이동 자체가 막대한 탄소 배출을 통해 가능하며, 자본주의와 세계화의 결합은 남반구 국가에 대한 북반구 국가의 식민적 착취 또한 심화시켰기 때문이다. 이러한 이해를 바탕으로 등장한 '기후정의'나 '정의로운 이행' 같은 슬로건은 기후위기에 대한 대처가 자본주의와 세계화가 야기한 부정의에 대한 인식에 근거해야 함을 표현한다.[54]

차크라바르티는 이러한 지적을 부정하지는 않는다. 그의 요지는, 자본주의와 세계화에 대한 비판만으로는 기후위기에 대처할 수 없다는 것이다. 자본주의와 기후정의 사이의 투쟁은 인간적 범주인 자유와 정의를 중심으로 한다. 근대인은 자유와 번영을 추구했고, 이는 자본주의와 민주주의 공통의 동기였다.[55] 정의 담론이 지적하는 바는, 불평등하게 주어진 자유를 평등하게 분배해야 한다는 것이다. 그러나 이는 기후

르티, 《행성 시대 역사의 기후》, 108쪽, 131쪽.

[54] Peter Newell & Mattew Paterson, *Climate Capitalism: Global Warming and the Transformation of the Global Economy*, Cambridge, UK: Cambridge University Press, 2010; John B. Foster, Brett Clark, and Rocjard York, *The Ecological Rift: Capitalism's War on the Earth*, New York: Monthly Review Press, 2010; Anil Agarwal and Sunita Narain, *Global Warming in an Unequal World: A Case of Environmental Colonialism*, New Delhi: Centre for Science and Environment, 1991등을 보라.

[55] Dipesh Chakrabarty, *The Climate of History in a Planetary Age*, pp. 31–32, p. 111; 디페시 차크라바르티, 《행성 시대 역사의 기후》, 56~57쪽, 131쪽.

위기를 촉진할 수 있다. 더 많은 사람의 자유는 더 많은 전기와 더 많은 물품 소비를 요청하기 때문이다.[56] 이런 점에서 정의의 개념 자체는 기후위기에 대응할 적절한 방향을 일러주지 않는다.

기후위기를 극복하기 위해서 우리에게 필요한 것은 인간 역사의 정치적 범주가 아닌 다른 범주, 탈인간중심적인 범주다. 차크라바르티는 이러한 범주로서 "행성"을 제안한다. 행성은 세계화globalization된 전체를 가리키는 지구globe라는 용어와 대립한다. 지구는 통신과 교통의 발달로 인해 정치적, 경제적, 문화적 교류가 일상화된 인간적 체계를 가리키는 인간중심적 범주다.[57] 반면에 행성은 인류세가 우리에게 주는 통찰로부터 나오는 탈인간중심적 범주다. 그것은 시간적으로는 인간 역사를 포함하는 지구의 역사 전체, 공간적으로는 인간을 포함하는 지구 체계의 전체를 총괄한다.[58]

지구의 범주를 통해 정치를 사고할 때, 우리는 인간적 가치들, 자유와 정의, 지속가능성에 머무른다. 이러한 가치들은 기후위기에 대한 대처에서 한계를 가진다. 자유에 대한 추구의 결과로 일어난 기후위기가 우리의 자유를 도로 제약하며, 이는 우리가 정의를 추구한다고 해서 해결되지 않는다. 지속가능성에 의거할 때 우리는 인간적 열망의 충족을 위해 환경에 대한 고려를 자꾸 미룬다. 반면에 행성의 범주를 통해 정치를 사고할 때, 우리는 이러한 인간적 가치에서 벗어난다. 예를 들어 차크라

56　Dipesh Chakrabarty, *The Climate of History in a Planetary Age*, pp. 61–62; 디페시 차크라바르티,《행성 시대 역사의 기후》, 102~103쪽.

57　Dipesh Chakrabarty, *The Climate of History in a Planetary Age*, p. 71; 디페시 차크라바르티,《행성 시대 역사의 기후》, 120쪽.

58　Dipesh Chakrabarty, *The Climate of History in a Planetary Age*, p. 68; 디페시 차크라바르티,《행성 시대 역사의 기후》, 116쪽.

바르티는 지속가능성의 대안이 될 행성적 가치로 서식가능성habitability를 제시한다.[59] 서식가능성은 세계가—인간만이 아니라—다세포 생물의 생존에 적합한지 여부를 가리키는 탈인간중심적 범주다. 차크라바르티는 또한 자유와 정의 같은 정치적 가치가 행성의 관점에서 재고되어야 할 필요성을 논한다. 행성 범주를 바탕으로 비인간을 포함하는 자유, 비인간을 포함하는 정의의 개념을 확보할 때, 우리는 기후위기에 대처하는 정치를 시작할 수 있기 때문이다.[60] 이를 우리는 행성 정치라고 부를 수 있다.

호모 프루덴스가 될 책임

이처럼 차크라바르티도 인류세에 대한 고찰로부터 탈인간중심주의적 존재론과 정치를 끌어낸다. 여기에서 다시금, 행성 정치는 누가 실천하느냐는 물음이 제기된다. 산, 바다, 대기, 식물과 동물이 행성 정치적 실천을 할 수 있는가? 물론 그렇지 않다. 차크라바르티는 기후위기에 대한 대처가 인간의 역량을 요청하며, 인간이 기후위기에 대한 책임을 져야 한다고 말한다.[61]

인간이 행성을 고려할 수 있는 것은 인간이 부족하나마 행성을 인식

---

59 Dipesh Chakrabarty, *The Climate of History in a Planetary Age*, p. 83; 디페시 차크라바르티, 《행성 시대 역사의 기후》, 138-139쪽. habitability는 흔히 "거주가능성"으로 번역된다. 그러나 주로 인간의 삶을 가리키는 '거주'라는 말은 이 용어의 탈인간중심성을 표현하기에 적절하지 않다. 인간과 비인간을 포괄하는 행성에서의 삶을 가리키는 말로는 '서식'이라는 말이 더욱 적당할 것이다.

60 Dipesh Chakrabarty, *The Climate of History in a Planetary Age*, p. 178; 디페시 차크라바르티, 《행성 시대 역사의 기후》, 287~288쪽.

61 Dipesh Chakrabarty, *The Climate of History in a Planetary Age*, pp. 163-164; 디페시 차크라바르티, 《행성 시대 역사의 기후》, 264~266쪽.

할 수 있기 때문이다. 인간은 지구 체계 과학Earth System Science: ESS을 통해 행성을 총체적으로 탐구한다. ESS는 공간적으로든(아프리카, 아시아, 북극 등) 체계적으로든(기상, 해류, 생물군 등) 지구가 분리된 국지적 영역들로 이루어져 있지 않고, 상호연관된 거대한 하나의 체계를 이룸을 보여 준다. 티머시 모턴Timothy Morton의 표현처럼 행성이 인간이 파악하기에는 너무나 거대한 "초객체hyperobject"라 할지라도,[62] 우리는 ESS를 통해서 행성 체계의 존재와 작동에 대해 알게 된다. 행성은 직접적으로 체험되지 않고, 자연의 지질학적 시간과 인류의 지질학적 힘은 인간의 정서를 자극하지 못하지만,[63] ESS가 주는 지식을 바탕으로 인간은 인류세적 관점, 행성적 관점을 가지려 할 수 있다.

이처럼 인간 고유의 능력을 통해서 정치적 행위를 하되, 행성의 관점을 통해 자신을 주변화하는 정치를 수립하는 것이 인간의 책임이다. 이러한 책임을 질 수 있는 인간으로서 차크라바르티는 호모 사피엔스Homo sapiens(지혜로운 인간)에 대립하는 호모 프루덴스Homo prudens(사려깊은 인간)를 제안한다. 토머스 홉스는 지혜sapience와 사려prudence를 구별하며, 사려를 경험에 근거한 틀릴 수 있는 추정으로 보고, 틀림없는 인식인 지혜보다 낮게 평가한다.[64] 이에 반해 차크라바르티는, 기후위기를 통해서 우리는 지혜가 틀릴 수 있음을 경험했다고 지적한다. 호모 사피

---

[62] Timothy Morton, T., *Hyperobjects: Philosophy and Ecology after the End of the World*, Minneapolis and London: University of Minesota Press, 2013; 티머시 모턴, 《하이퍼객체: 세계의 끝 이후의 철학과 생태학》, 김지연 옮김, 서울: 현실문화, 2022.

[63] Dipesh Chakrabarty, *The Climate of History in a Planetary Age*, p. 44; 디페시 차크라바르티, 《행성 시대 역사의 기후》, 75쪽.

[64] Dipesh Chakrabarty, *The Climate of History in a Planetary Age*, pp. 201-202; 디페시 차크라바르티, 《행성 시대 역사의 기후》, 325~326쪽. Thomas Hobbes, *Leviathan. Revised Student Edition*, Rrichard Tuck ed., Cambridge, UK: Cambridge University Press, 1996, pp. 36-37.

엔스는 오만하다. 자신이 틀림없는 인식을 통해 세계를 지배하고 이용할 권리를 지닌다고 여긴다. 호모 프루덴스는 겸손하다. 그는 자신이 틀릴 수 있으며, 세계의 지배자나 중심이 아님을 안다. 그러나 호모 프루덴스는 용감하다. 그는 인간의 지배와 착취 양식에 의문을 제기하고 자신의 주변성을 인정하는 도덕적 용기를 품는다.[65] 행성 정치를 위해서, 우리는 호모 사피엔스에서 벗어나 호모 프루덴스가 될 책임이 있다. 이처럼 행성 정치의 탈인간중심주의에서도 인간은 새로운 책임을 지닌 정치적 주체로 돌아온다.

객관주의와 주관주의의 통일로서 탈인간중심주의

지금까지 라투르와 차크라바르티의 사상을 검토함으로써, 탈인간중심주의적 존재론과 정치론에서 인간은 중심이 아니라 주변에 놓이지만, 정치적 실천을 고려할 때 인간은 탈인간중심주의를 실현할 책임을 지고서 실천적 중심으로 돌아옴을 보았다. 이제 이러한 역설적인 귀결의 의의를 더욱 일반적인 철학적인 관점에서 밝히려 한다. 그것은 인간중심주의에서 탈인간중심주의로의 이행이 근대철학을 지배해 온 주관주의로부터 객관주의로 돌아오는 길이 아니라, 오히려 주관주의와 객관주의의 통일을 향하는 길이라는 것이다.

여기서 주관주의라는 말로 필자가 뜻하는 것은, 감각하고 인식하고 사고하는 존재자, 의식으로서의 주체를 존재론적 중심에 두는 사고틀이다. 주체를 가장 확실히 존재하는 것으로 보는 데카르트의 코기토나 주체가 자신의 형식과 범주를 통해 객관 세계를 구성한다고 보는 칸트의

---

65 Dipesh Chakrabarty, *The Climate of History in a Planetary Age*, p. 202; 디페시 차크라바르티, 《행성 시대 역사의 기후》, 327쪽.

코페르니쿠스적 전환이 주관주의의 전형이다. 의식되는 존재자로서의 객체에 대해 의식하는 존재자로서의 주체에 특권을 준다는 점에서, 주관주의는 인간중심주의의 철학적 기초라고 말할 수 있다. 이를 염두에 둘 때, 탈인간중심주의는 어떠냐는 물음이 제기된다. 그것은 인간의 특권을 박탈하고 주체에 비해 객체를 우위에 두는 사고틀, 객관주의인 것일까? 만약 그렇다면, 탈인간중심주의가 다시 인간의 실천적 중심성을 가져오는 것은 객관주의의 실패로 보아야 할 것이다.

이에 반해 필자는 탈인간중심주의가 객관주의도 주관주의도 아니고, 둘의 종합으로 이해되어야 한다고 제안한다. 이 점은 인간이 비인간의 대변자가 된다는 탈인간중심주의 고유의 정치적 행위의 성격에서 드러난다. 필자는 헤겔과의 비교하에서, 이 점을 두 개의 테제를 통해 제시하겠다. 첫째, 비인간을 대변한다는 것은, 객체가 주체 속에서 자기 자신을 인식하는 것이다. 이것은 주체가 객체를 통해서 자기 자신을 인식하는 헤겔의 구도의 반대다. 둘째, 이를 통해서 헤겔에게서는 서로 외재적인 것으로 남아 있던 자연과 정신의 통일이 이루어진다.

헤겔의 체계는 이념Idee이 절대정신absoluter Geist에 이르는 과정이다. 과정이 필요한 것은, 이념이 처음부터 절대정신일 수는 없기 때문이다. 처음에 이념은 직접적으로 자기 자신과 동일하다.[66] 이러한 직접적 자기동일성에서 이념은 자기 자신을 구체적으로 알지 못한다. 이러한 추상성을 벗어나기 위해서 이념은 자신을 외화해야 한다. 이처럼 외화된,

---

66   G. W. F. Hegel, *Enzyklopadie der philosophischen Wissenschaften im Grundrisse 1830. Erster Teil. Die Wissenschaft der Logik. Mit den mundlichen Zusatzen*, Frankfurt am Main: Suhrkamp, 1986. § 18.

"타자존재의 형식 속의 이념Idee in der Form des Andersseins"이 자연이다.[67] 자연의 외재성Äußerlichkeit 속에서 이념은 구체성을 얻으나, 자연의 개별성으로 인해 이념은 자신의 보편성에 이르지 못한다. 이에 이념은 다시 자연을 벗어나, 구체적 보편성에 이르고 그 속에서 자기 자신을 인식해야 한다.[68] 이처럼 구체적 보편성에 이른 이념이 정신이다. 정신의 전개의 마지막 단계에서 정신은 자신의 개념과 실제의 동일성을 획득하여 절대정신이 된다.[69] 이러한 전개 과정에 따라 헤겔의 체계는 논리학(이념), 자연철학(자연), 정신철학(정신)으로 나뉜다. 이 과정의 종점인 절대정신의 관점에서 볼 때, 이 체계는 절대정신이 자기 자신을 인식함으로써 자기 자신에 이르는 과정이라고 말할 수 있다.[70]

헤겔은 자신의 체계를 통해서 근대철학에 의해 열린 주관과 객관 사이의 간극을 메우려 한다. 근대철학은 주관과 객관을 절대적으로 다른 것으로 제시했다. 주관은 사유작용cogitatio 또는 의식을 본질로 하며, 이는 연장extensio을 본질로 하는 객관과 전적으로 다른 방식으로 존재한다. 그렇다면 주관이 어떻게 객관에 이르고 인식을 획득할 수 있는지가 의문스러워진다. 이것이 주관과 객관 사이의 간극이다. 이념, 즉 주관적인 것이 자신을 외화한다는 헤겔의 사고는 이 틈을 메울 가능성을 준다.

---

67 G. W. F. Hegel, *Enzyklopädie der philosophischen Wissenschaften im Grundrisse 1830. Zweiter Teil. Die Naturphilosophie. Mit den mündlichen Zusätzen*, Frankfurt am Main: Suhrkamp, 1986, §247.

68 G. W. F. Hegel, *Enzyklopädie II*, §376.

69 G. W. F. Hegel, *Enzyklopädie der philosophischen Wissenschaften im Grundrisse 1830. Dritter Teil. Die Philosophie des Geistes. Mit den mündlichen Zusätzen*, Frankfurt am Main: Suhrkamp, 1986, §553-554.

70 그래서 헤겔은 자연이 "소외된 정신"이며 "정신에 의해 정립된다"고 말한다. G. W. F. Hegel, *Enzyklopädie II*, §247, Zusatz; G. W. F. Hegel, *Enzyklopädie III*, §381 Zusatz.

객관이 주관의 타자라고 해도, 그것이 자신으로부터 나온 타자라면, 결국 거기에서 주관은 자기 자신을 인식하게 되며, 이를 통해 주관과 객관의 합치에 이를 수 있기 때문이다. 주관이 자신을 객관으로 외화시키고, 다음으로 객관과 주관의 통일로 이행하는 과정은 헤겔 체계의 각 부분 내에서 반복된다. 정신만 예를 들어 보자면, 그것은 주관적 정신(영혼, 의식, 이성)으로부터 객관적 정신(법, 도덕, 윤리)으로, 그리고 절대정신(예술, 종교, 철학)으로 이행한다. 절대정신의 층위에서 주관과 객관은 더 이상 서로 외재적인 관계에 있지 않고 통일된다. 여기에서 정신은 자신의 진리에 이른다.

주목할 점은, 이러한 통일의 구조가 이념, 자연, 정신이라는 전체 체계에는 잘 적용되지 않는다는 것이다. 자연과 정신은 어떤 관계인가?

우리에 대해서 정신은 자연을 자신의 전제로 가진다. 정신은 자연의 진리이며, 그러므로 자연의 절대적으로 첫 번째 것이다. 이 진리 속에서 자연은 사라진다. 그리고 정신은 자신을 자신의 대자존재에 이른 이념으로서 산출한다. 개념은 이념의 객체이면서 주체다. 이러한 동일성은 절대적 부정성이다. 자연 속에서 개념은 자신의 완전하고 외적인 객관성을 가지는데, 이 외화는 지양되며 개념은 이 속에서 자기 자신과 동일해지기 때문이다. 개념은 그러므로 이러한 동일성인데, 동시에 자연으로부터 돌아옴으로써만 그러하다.[71]

이 인용문에서 보듯이, 정신은 "절대적 부정성"을 통해 규정된다. 그

71　G. W. F. Hegel, *Enzyklopädie III*, §381.

것은 자연 전체에 대한 부정이기 때문에, 자연은 정신 속에서 "사라진
다." 즉, 자연이라는 계기는 정신 안에 남지 않는다. 달리 말하자면, 자연
에서 정신으로 이행하는 과정에서, 지양Aufhebung에 내포된 세 의미, 상
승, 폐기, 보존 중 보존은 작동하지 않는다. 체계의 마지막 단계인 정신
에서 이념은 자기 자신과의 동일성에 이른다. 이것은 체계의 시작에 있
었던 직접적이고 추상적인 동일성이 아니라, 매개되고 구체적인 동일성
이다. 이념이 여기에 이를 수 있는 것은, "자연으로부터 돌아옴"을 통해
서이다. 요컨대, 자연은 이념에서 나오며, 이념이 정신으로 전진하기 위
한 계기이지만, 정신에 포괄되지는 않는다. 그렇기 때문에 주관과 객관
의 통일을 추구하는 헤겔의 철학에서도 자연과 정신은 서로에게 외재
적으로 머무른다.[72] 그리고 헤겔의 철학은 직접적 주관인 이념에서 시작

---

[72] 이 해석은 정신과 자연의 무관성을 주장하는 것이 아니다. 자연이 있기 때문에 비로소 정신
이 있을 수 있으며, 정신은 자연과 별도의 세계에 존재하지 않고 자연 세계 속에 있다. 필자
가 부각하려는 점은, 그렇다고 해서 정신의 정신성에 자연이 포함되지는 않는다는 것이다.
이러한 방식에서 정신과 자연의 차이는 헤겔 연구에서 여러 차례 지적되었다. 로버트 피핀
은 이렇게 쓴다. "물론 헤겔의 《백과사전》에는 〈자연철학〉이 있다. 그러나 …많은 것은 다
른 곳에서 헤겔이 말하는 것에서는 역할을 하지 않으며, 〈정신철학〉에서 〈자연철학〉에 의존
하거나 그것을 참조하는 곳은 거의 없어 보인다. 아주 거칠게 말하자면, 헤겔 체계의… 전
개 '방향'은 자연으로부터 '멀어져', '정신'을 '향하는' 것이다."(Pippin, R., "Leaving nature
behind: Or two cheers for 'subjectivism'", In Smith, N. H. ed., *Reading McDowell: On Mind
and World*. London and New York: Routledge, 2002, p. 60) 버거는 이렇게 쓴다. "헤겔은 '정
신은 자연적 존재가 아니고 자연의 반대다'라는 발상의 당당한 지지자다. 처음에는 역설적
으로 보일 수 있겠지만, 정신이 자연 속에서 충분히 편안하기 위해서, 그리고 끝에서는 자연
에 대립하지 않기 위해서, 정신은 자연과 달라야 한다." (Benjamin Berger, *Schelling, Hegel,
and the Philosophy of Nature: From Matter to Spirit*, New York and London: Routledge, 2024,
pp. 313-314)
헤겔에게서 정신과 자연의 통일을 논하는 국내의 연구에서 저 통일은 이념이 자연을 거쳐
정신이 된다는 점에 근거한다. 그러나 정신이 얼마나 자연성을 지니고 있는지는 불명확하
다. 이동희는 "'정신과 자신의 통일'은 헤겔 철학의 출발점으로서 그리고 도달해야 할 종착
지로서 중요하게 설정된다"라고 쓰나, 또한 이 통일은 "정신이 자연으로부터 탈피해서 자기
귀환을 이룬 것이어야 한다"고 말한다(이동희, 〈헤겔에 있어 정신과 자연의 통일의 문제〉,

하여 반성된 주관인 정신에 이르는 과정으로서, 주관의 확장에도 불구하고 여전히 주관주의의 모델에 머무른다.[73] 이 모든 과정은 이념 또는 정신이 자신을 인식하는 과정이기 때문이다.[74]

이에 반해, 탈인간중심주의의 정치에서 비인간은 인간에게 외재적으로 머무르지 않는다. 여기에서 인간은 비인간의 대변자가 되어 비인간의 입장, 비인간의 이해관심을 말한다. 이는 어떤 인식에 근거하는가? 이 인식은 인간 주체가 비인간 대상을 자신의 객체로서 인식하는 것이 아니다. 그래서는 주체가 객체의 입장이 아니라 자기 자신의 입장을 수립하게 될 것이다. 대변함의 근거가 되는 인식은 비인간의 자기 인식, 인간 주체가 비인간으로서 자기 자신을 인식하는 활동이다. 파스퇴르가 미생물을 대변할 때, 환경운동가가 강을 대변할 때, 미생물과 강이 인간 속에서 자기를 인식한다. 비인간 자신은 수행하지 못하는 이 작업을 인간이 떠맡는 것이다. 달리 말하자면, 여기에서는 헤겔에서처럼 주관이 객관을 통해서 자기 자신을 인식하는 것이 아니라, 객관이 주관 속에서 자기 자신을 인식한다.

이를 통해서 주관과 객관의 통일이 일어난다. 주체인 인간은 객체인

《철학사상》 12, 2001, 248쪽). 이동희는 논문에서 정신이 자연을 벗어나 자기 자신과의 통일성을 이룸을 여러 차례 말하는데(259쪽, 266쪽), 그것이 정신과 자연의 통일인지는 불분명하다. 그렇기에 자연이 "정신의 외부적 형식", "질료" 혹은 "재료"에 불과하다는 이동희의 문제의식은 정당하다(259쪽).
권영우가 보기에 "정신과 자연은 근원적으로 동일"하며, 이는 "이념이 정신과 자연의 통일원리"로 기능하기 때문이다(권영우, 〈헤겔철학에서 정신과 자연 그리고 인류: 맥도웰의 기획과 헤겔철학과의 관계검토〉, 《헤겔연구》 33, 2013, 115쪽, 117쪽). 그러나 여기에서는 이념이 자연을 거쳐 정신으로 이행하며, 이 과정에서 무언가가 보존되고 무언가가 상실된다는 점이 고려되지 않고 있다. 이념으로부터 자연과 정신이 나온다는 점에서 이념은 둘의 근거지만, 그 과정에서 정신은 자연성을 상실하므로, 여기에서 둘의 통일성에 의문을 표할 수 있다.

73   권영우, 〈헤겔철학에서 정신과 자연 그리고 인류〉, 127쪽.

74   G. W. F. Hegel, *Enzyklopädie III*, § 379 Zusatz.

비인간의 입장을 대변함으로써 모종의 객관성을 얻는다. 이 작업에서 주관은 객관에 대한 "절대적 부정성"을 유지하지 않고, 오히려 자신이 객관이 된다. 객체인 비인간은 주체인 인간 속에서 자기인식을 이룸으로써 모종의 주관성을 얻는다. 주관의 객관화와 객관의 주관화, 이 이중적 사건을 통해서 헤겔에게서는 외재적인 것으로 머물러 있던 자연과 정신이 통일된다.

나가며

지금까지의 논의를 요약해 보자. 기후위기를 비롯한 근대의 새로운 문제들은 지금까지 인류의 정치적 실천의 근본적 한계를 보여 준다. 이것이 인간의 존재론적 우위를 주장하는 사고틀에 근거하기 때문이다. 그러한 한 자연의 안녕은 인간의 안녕을 위해 언제나 미루어진다. 이를 극복하기 위해서 탈인간중심적 사고틀이 요청된다. 과학 지식의 형성 과정에 대한 라투르의 분석과 인류세에서의 역사 문제에 대한 차크라바르티의 고찰은 인간의 우위를 부인하는 존재론을 함축하며, 이로부터 인간을 주변화하는 정치가 따라 나온다. 여기에서 인간은 정치적 고려의 중심이 아니다. 정치적 결정 과정에서 인간의 이해관심만큼이나 비인간의 이해관심도 고려될 것이며, 인간중심적 정치의 가치들은 비인간에 대한 고려를 바탕으로 재고될 것이다. 그러나 이러한 탈인간중심적 정치의 마지막에, 인간은 정치적 실천의 중심으로서 돌아온다. 정치적 행위자는 여전히 인간이다. 인간은 인간 자신이 아니라 비인간을 대변하고 고려한다는 특별한 책임을 진다.

서두에서 우리는 탈인간중심주의가 인간의 책임을 방기한다는 비판을 보았다. 그에 따르면 탈인간중심주의는 기후위기를 가져온 인간의 행위를 망각하고 인간을 비인간의 지배하에 둠으로써 무력하게 만든다. 이 글의 논의는 이러한 우려를 불식시킨다. 인간의 새롭고 더 높은 책임을 요구한다는 점에서 탈인간중심주의도 신인간중심주의와 의견을 달리하지 않는다. 탈인간중심주의의 실천은 인간의 책임을 요구한다—비인간이 그러한 정치적 실천을 하는 것이 불가능하다는 사실로 인해, 정치적 실천이라는 부담을 질 수 있는 존재가 인간뿐이라는 사실로 인해. 인간을 세계의 중심에 두는 사고를 바탕으로 인간이 기후위기를 일으켰을 뿐 아니라 그에 대해 유효한 대응도 하지 못하고 있음은 사실이다. 그럼에도 불구하고, 지구의 어떤 존재자가 기후위기에 대응을 할 수 있다면, 그것은 인간이다. 인간이 존재론적으로도 정치적으로도 탈중심화되어야 한다고 하더라도, 그 탈중심화를 실천할 수 있는 존재자는 인간이다. 비인간의 입장이 정치적 장에 반영되어야 한다 해도, 저 반영을 행하는 것은 인간이다.

그러나 이러한 인간 책임의 강화는 이제 탈인간중심주의 자신이 보기에 불만족스러울 수 있다. 라투르와 차크라바르티가 탈인간중심주의의 끝에서 인간을 정치적 실천의 중심으로 발견하는 것은 인간중심주의의 흔적이 아닐까? 탈인간중심주의를 근본까지 추구하지 못했기 때문에, 인간중심주의가 슬며시 돌아온 것은 아닐까? 인간중심주의로부터 철저하게 거리를 두기 위해 우리는 실천에서도 인간을 탈중심화하는, 더욱 급진적인 탈인간중심주의를 추구해야 하는 것은 아닐까? 이에 대해 우리가 우선 지적할 수 있는 것은, 이러한 반문이 제시하는 입장은 위에서 언급한 탈인간중심주의에 대한 우려에 적중할 수 있다는 점이다. 인간이 실천에서조차 탈중심화해야 한다는 사고, 가령 비인간이 정치의 장에서 스스로를 대변해야 한다는 사고는 오히려 비인간의 진입을 막을 수 있다. 이 경우 탈인간중심주의는 비판자들이 말하는 인간의 책임 상실을 불러들이고 말 것이다. 더욱 근본적인 차원에서, 헤겔을 통한 고찰은 이러한 반문에 대해 이미 대답을 제공하였다. 저 반문은 인간 특유의 책임의 요구가 인간중심적 사고에서 나올 수밖에 없다고 전제한다. 그러나 탈인간중심주의에서 인간에게 요구되는 책임, 인간이 비인간을 대변한다는 책임은 인간중심적이고 주관주의적인 요구가 아니다. 이 책임은 비인간이 인간 안에서 모종의 주관성을 얻고 인간이 비인간 안에서 모종의 객관성을 얻음으로써 주관과 객관이 통일되게 할 책임이다. 달리 말해, 탈인간중심주의에서 인간의 책임은 인간중심주의와 주관주의의 귀환이 아니라, 주관주의와 객관주의의 종합을 의미한다.

참고문헌

가야트리 스피박, 《경계선 넘기: 새로운 문학연구의 모색》, 문화이론연구회 옮김, 인간사랑, 208.
권영우, 〈헤겔철학에서 정신과 자연 그리고 인륜: 맥도웰의 기획과 헤겔철학과의 관계검토〉, 《헤겔연구》 33, 2013, 103~144쪽.
디페시 차크라바르티, 《행성 시대 역사의 기후》, 이신철 옮김, 에코리브르, 2023.
브뤼노 라투르, 《우리는 결코 근대인이었던 적이 없다》, 홍철기 옮김, 갈무리, 2009.
브뤼노 라투르, 《젊은 과학의 전선: 테크노사이언스와 행위자-연결망의 구축》, 황희숙 옮김, 아카넷, 2016.
아리스토텔레스, 《정치학》, 김재홍 옮김, 그린비, 2023.
이광석, 〈'인류세'를 둘러싼 쟁점과 테크노-생태학적 전망〉, 《문화과학》 97, 2019, 22~54쪽.
이동희, 〈헤겔에 있어 정신과 자연의 통일의 문제〉, 《철학사상》 12, 2001, 247~273쪽.
장 자크 루소, 《사회계약론》, 김영욱 옮김, 후마니타스, 2022.
정채연, 〈인류세 담론에서 인간과 자연: 신유물론과의 이론적 접점〉, 《법철학연구》 28(1), 2025, 43~76쪽.
제인 베넷, 《생동하는 물질》, 문성재 옮김, 현실문화, 2020.
존 로크, 《통치에 관한 두 번째 논고: 시민-정부의 참된 기원과 범위, 목적에 관한 시론》, 문지영·강철웅 옮김, 후마니타스, 2023.
클라이브 해밀턴, 《인류세: 거대한 전환 앞에 선 인간과 지구 시스템》, 정서진 옮김, 이상북스, 2018.
티머시 모턴, 《하이퍼객체: 세계의 끝 이후의 철학과 생태학》, 김지연 옮김, 현실문화, 2022.
한나 아렌트, 《인간의 조건》, 이진우 옮김, 한길사, 2017.

Agarwal Anil and Sunita Narain, *Global Warming in an Unequal World: A Case of Environmental Colonialism*, New Delhi: Centre for Science and Environment, 1991.

Arendt, Hannah, *The Human Condition*, Chicago and London: The University of Chicago Press, 1958.

Bennett, Jane, Vibrant Matter, *A Political Ecology of Things*, Durham and London: Duke University Press, 2010.

Berger, Benjamin, *Schelling, Hegel, and the Philosophy of Nature: From Matter to Spirit*, New York and London: Routledge, 2024.

Braun, Bruce and Noel Castree eds., *Remaking Reality: Nature at the Millenium*, London & New York: Routledge, 1998.

Callendar, G. S., "The artificial production of carbon dioxide and its influence on temperature," *Quarterly Journal of the Royal Meteorological Society* 64 (275), 1938.

Callon, Michel, "Some elements of a sociology of translation: Domestication of the scallops and the fishermen of St Brieuc Bay," *Law, Power, Action and Belief: A New Sociology of Knowledge?*, 1986, pp. 196–223.

Chakrabarty, Dipesh, *The Climate of History in a Planetary Age*, Chicago and London: The University of Chicago Press, 2021.

Collingwood, Robin G., *The Idea of History*, Oxford: Clarendon Press, 1946.

Croce, Benedetto, *The Philosophy of Giambattista Vico*, Tr. by R. G. Collingwood, London: Howord Latimer, 1913.

Crutzen, Paul J. and Eugene F. Stoermer, "The Anthropocene,", *IGBP Newsletter* 41, 2000.

Foster, John B., Brett Clark, and Rocjard York, *The Ecological Rift: Capitalism's War on the Earth*, New York: Monthly Review Press, 2010.

Hamilton, Clive, *Defiant Earth*, Cambridge, UK: Polity Press, 2017.

Harman, Graham, *Prince of Networks: Bruno Latour and Metaphysics*, Melbourne: re.press, 2009.

Hegel, G. W. F., *Enzyklopädie der philosophischen Wissenschaften im Grundrisse 1830. Erster Teil. Die Wissenschaft der Logik. Mit den mündlichen Zusätzen*, Frankfurt am Main: Suhrkamp, 1986.

Hegel, G. W. F., *Enzyklopädie der philosophischen Wissenschaften im Grundrisse 1830. Zweiter Teil. Die Naturphilosophie. Mit den mündlichen Zusätzen*,

Frankfurt am Main: Suhrkamp, 1986.

Hegel, G. W. F., *Enzyklopädie der philosophischen Wissenschaften im Grundrisse 1830. Dritter Teil. Die Philosophie des Geistes. Mit den mündlichen Zusätzen*, Frankfurt am Main: Suhrkamp, 1986.

Hobbes, Thomas, *Leviathan. Revised Student Edition*, Rrichard Tuck ed., Cambridge, UK: Cambridge University Press, 1996.

IPCC, *Climate Change 2022: Mitigation of Climate Change. Working Group III Contribution to the Sixth Assessment Report of the Intergovernmental Panel on Climate Change*, Cambridge, UK: Cambridge University Press, 2023.

Kant, I., *Vorkritische Schriften I. 1747-1756*, Berlin: Akademie Verlag, 1910.

Latour, Bruno, *Science in Action: How to Follow Scientists and Engineers Through Society*, Cambridge, MA: Havard University Press, 1987.

Latour, Bruno, *The Pasteurization of France*, Tr. by A. Sheridan und J. Law, Cambridge, MA; London, UK: Havard University Press, 1993.

Latour, Bruno, *We Have Never Been Modern*, Tr. by C. Porter, Cambridge, MA: Havard University Press, 1993.

Latour, Bruno, "To modernize or to ecologize? That's the question," *Remaking Reality: Nature at the Millenium*, Braun, Bruce and Noel Castree eds., London & New York: Routledge, 1998, pp. 221-242.

Latour, Bruno, "From Realpolitik to Dingpolitik or how to make things public", *Making Things Public: Atmospheres of Democracy*, Latour, Bruno and Peter Weibel eds., 2005, pp. 14-41.

Latour, Bruno, *Reassembling the Social: An Introduction to Actor-Network-Theory*, Oxford, UK: Oxford University Press, 2005.

Latour, Bruno and Peter Weibel eds., *Making Things Public: Atmospheres of Democracy*, Cambridge, MA: MIT Press, 2005.

Law, John ed., *Power, Action and Belief: A New Sociology of Knowledge?*, London and Boston: Routledge & Kegan Paul, 1986.

Law, John, "On the methods of long-distance control: Vessels, navigation and the Portuguese route to India," *Law, Power, Action and Belief: A New Sociology of Knowledge?*, 1986, pp. 234-263.

Locke, John, *Second Treatise of Government*, Indianapolis and Cambridge: Hackett Publishing Company, 1980.

Malm, Andreas and Alf Honborg, "The geology of mankind? A Critique of the Anthropocene narrative", *The Anthropocene Review* 1-1, 2014, pp. 62-69.

Morton, Timothy, *Hyperobjects: Philosophy and Ecology after the End of the World*, Minneapolis and London: University of Minesota Press, 2013.

Newell, Peter & Mattew Paterson, *Climate Capitalism: Global Warming and the Transformation of the Global Economy*, Cambridge, UK: Cambridge University Press, 2010.

Pippin, Robert, "Leaving nature behind: Or two cheers for 'subjectivism'," In Smith, *Reading McDowell: On Mind and World*, 2002, pp. 58-75.

Rousseau, J.-J., *Œuvres Complètes III, Du Contrat Social, Écrits Politiques*, Paris: Gallimard, 1964.

Smith, Nicholas H. ed., *Reading McDowell: On Mind and World*, London and New York: Routledge, 2002.

Spivak, Gayatri C., *Death of a Discipline*, New York, NY: Columbia University Press, 2003.

Stalin, Joseph, Dialectical and Historical Materialism, New York: International Publischers, 1940.

The World Comission on Environment and Development, *Our Common Future*, Oxford and New York: Oxford University Press, 1987.

UN DESA, *The Sustainable Development Goals Report 2024 - June 2024*, New York: UN DESA, 2024.

'행성'의 발견과 행성적 위기

: 행성적 사유의 몇 가지 방향

| 고봉준 |

이 글은 *International Journal of Diaspora&Cultural Criticism* vol. 15, no. 2 (2025. 9.)에 게재된 원고를 수정 및 보완하여 재수록한 것이다.

현대는 생태적 위기의 시대이다. '인류세Anthropocene'는 이 생태적 위기가 인간 종種의 활동 때문에 시작되었고 행성적 규모로 인간의 존재 조건을 위협하고 있다는 사실을 지시하는 개념이다. 오늘날 다양한 분야에서 새롭게 제기되는 사상들은 공통적으로 20세기까지 인간의 행동과 의식을 지배한 근대적 사고의 한계를 지적하면서 이 위기에 대한 대안적 사유를 모색하는 방향으로 나아가고 있다. 데보라 다노프스키Débora Danowski와 에두아르두 비베이루스 지 카스트루Eduardo Viveiros de Castro는 《세상의 종말The Ends of the World》에서 최근의 철학적 흐름에서 반복적으로 등장하는 인간과 사물 간의 경계에 관한 사유가 생태적 위기의 반영이라고 지적하면서 인간 존재의 성립을 위한 기본적 조건을 둘러싼 근본적 틀의 변화가 필요하다고 주장했다. 이들이 지적한 인간과 사물 세계 간의 경계, 혹은 인간 존재의 성립을 위한 기본적 조건에 관한 논의는 현재 신유물론, 객체지향존재론, 생태론, 포스트휴머니즘 등의 이론은 물론이고 인류학, 사회학, (양자)물리학 분야에서도 광범위하게 다뤄지고 있다.

코로나바이러스COVID-19 팬데믹 사태는 극단적인 문명화(개발)의 종착점이 '문명'이 아니라 일찍이 경험한 적 없는 바이러스, 즉 '자연'과의 만남이라는 사실을 통해 우리가 자연의 한계 안에서 살아가는 존재임을 일깨워 준 인류사적 사건이다. 근대 이후 인류는 '문명'이나 '사회' 같은 인간이 만든 인공물이 인간 존재의 기본적 조건이라고 생각해 왔으나 전 지구적인 코로나 팬데믹 사태는 우리가 이미-항상 자연의 울타리 안에서 살아가고 있다는 것, 즉 그동안 인류가 의지해 온 '문명'에 대한 믿음이 허구의 산물이었다는 것을 실증했다. 인류가 '진보'라는 이름으로 쉬지 않고 달려와 마주친 것이 인류가 그토록 벗어나고 싶어 했던 '자연'이라는 사실은 아이러니가 아닐 수 없다. '문명'을 향한 인류의 발걸음이 마침내 도달한 곳이 '자연', 즉 자신이 떠나온 출발점이라는 사실을 어떻게 이해해야 할까? 브뤼노 라투르Bruno Latour가 '근대 헌법Modern Constitution'이라는 개념으로 설명한 문화(사회)와 자연의 원초적 구분 역시 인간과 사물 세계 간의 경계와 다른 것이 아니다. 라투르는 근대적 세계관을 구성하는 암묵적인 약속이자 분리 기제인 근대 헌법의 성격을 지적하고 '사물의 의회Parliament of Things'라는 개념을 통해 인간-행위자만이 아니라 비인간-행위자(자연, 기술 등)도 세계를 구성하는 공동의 주체로 인정되어야 한다고 주장했다.

'행성Planet'이라는 개념은 이러한 사태를 배경으로 등장했다. 근대 이후 인간은 사회, 문화, 즉 인간이 구축한 인공적인 것을 인간 존재의 조건으로 간주해 왔다. 하지만 인류세로 대표되는 오늘날의 생태적 위기는 인간이 배제해 온 사물의 세계, 특히 지구 규모의 사물이 인간 존재의 조건과 연동되어 있다는 사실을 드러냈다. 브뤼노 라투르는《가이아를 마주하기Facing Gaia》에서 이러한 상황이 근대를 지탱해 온 세계의 토대가 불안정해지는 것이라고 지적하면서 그것을 가이아의 등장으로 요약했다. 그에게 있어 지구 규모의 사물이 등장한다는 것은 가이아가 등장한다는 것이다. 제임스 러브록James Lovelock과 달리 라투르의 '가이아'는 생명체와 무생물이 서로 영향을 주고받으며 지구를 끊임없이 변화시키는 복잡하고 예측 불가능한 시스템이며, 그런 한에서 인간의 행동에 대해 무관심한 '자연'이 아니라 인간의 행위에 반응하고 때로는 '반격'하는 '행위자'이다. 이런 점에서 행성으로서의 지구는 인간의 뜻대로 되지 않는 '사물'이자 모든 "인간적 활동의 절대적 외부"[1]라고 말할 수

---

1 이진경 · 최유미,《지구의 철학》, 그린비, 2024, 33쪽.

있다.

중요한 것은 지구 규모의 사물이나 가이아가 새롭게 등장한 것이 아니라는 사실이다. 그것은 근대적 패러다임으로 인해 배제되고 무시되었던 것, 비세계적이고 자연적이라는 이유로 외면당하던 것이 재등장한 것이다. 그것은 루소 등의 낭만주의를 통해 '자연'이 발견된 것과 마찬가지로 '인류세'라는 개념이 지시하는 행성적 위기 국면으로 인해 발견되었다. 이런 점에서 지구 규모의 사물 또는 '행성'은 스피박Gayatri Chakravorty Spivak의 "지구는 또 다른 체제에 속하며 타자성의 종 안에 있다. 그러나 우리는 그곳에 세 들어 산다."[2]라는 진술에 등장하는 타자성과 일맥상통한다. 요컨대 행성은 세계와 지구의 이면, 즉 타자성이라고 말할 수 있다. 또한 그것은 라투르의 지적처럼 견고한 것처럼 인식되던 토대가 불안정해짐으로써 비로소 감각할 수 있게 된 어떤 것이다.

철학은 오랫동안 인간이 인위적인 제작물로서의 '세계'에 의해 조건 지워졌다고 주장해 왔다. 하지만 행성적 규모로 진행되는 최근의 생태적 위기는 인간이 그와 동시에 지구 규모의 사물 세계에 의해서도 조건 지워졌다는 것을, 따라서 우리의 상상과 달리 문화와 자연의 경계가 분명하지 않다는 것을 알려주었다. 오늘날 우리는 사물과 자연의 경계를 근본적으로 다시 사유할 것을 요구받고 있다. 이는 19세기에서 시작된 '세계world'에 대한 사유가 20세기의 '지구Earth'를 거쳐 현재 '행성Planet'으로 연결되고 있는 장면에서도 확인된다. 분명한 것은 오늘날 우리가 '지구'와 '행성'에, 인공적인 것과 자연적인 것에 동시에 거주하고 있다는 것, 또한 두 세계 모두에 의해 이중적으로 조건 지워진 상태로 살고

---

2 가야트리 스피박, 《경계선 넘기》, 문화이론연구회 옮김, 인간사랑, 2008, 143쪽.

있다는 점이다. 디페시 차크라바르티Dipesh Chakrabarty는 이러한 사태를 가리켜 우리가 "지구적인 것과 행성적인 것이 마주치는 끝점에 살고 있다"[3]라고 주장했다. 현대의 특징 가운데 하나는 지구적인 것은 끝나 가고 있다는 사실이다. 아래에서는 '행성'이라는 개념이 등장한 배경과 그것이 20세기까지 인문학을 지배한 '세계' 또는 '지구'와의 차별성을, 그 차이점이 오늘날 학문 전반에 미치고 있는 영향과 논점을 살핌으로써 우리 시대가 나아가야 할 사유의 출구를 모색해 보고자 한다.

'행성'의 발견:
'세계/지구'에서 '행성'으로

'행성'이라는 개념은 인류세 담론을 배경으로 등장했다. 인류세 시대에 '행성'이 핵심적인 개념으로 등장하게 된 이유는 "지구화 이론, 마르크스주의 자본 분석, 서발턴 연구 그리고 포스트식민주의 비평에 대한 지난 25년 동안의 나의 모든 독서가 지구화를 연구하는 데 엄청나게 유용하긴 했지만, 오늘날 인류가 처해 있는 이 행성적 사태를 내가 이해할 수 있도록 실제로는 준비해 주지 못했다는 것을 깨달았다"[4]라는 차크라바르티의 지적처럼 기존의 개념으로는 오늘날 인류가 당면하고 있는 위기를 인식하는 것은 물론이고 적절하게 대응할 수 없기 때문이다. 물론 차크라바르티 이전에도 '행성'이라는 개념은 토마스 베리Thomas Berry, 가야트리 스피박 등에 의해 쓰였다. 하지만 그것이 오늘날과 같은 대안적

3　디페시 차크라바르티, 《행성 시대 역사의 기후》, 이신철 옮김, 에코리브르, 2023, 143쪽.
4　디페시 차크라바르티, 《행성 시대 역사의 기후》, 143쪽.

개념으로 주목받는 데는 차크라바르티의 영향이 결정적이었다. 그에게 '행성'이라는 개념은 인간을 탈중심화하기 위한 전략의 일환이다.

'지구'나 '세계'라는 개념을 사용할 때 우리는 거의 무의식적으로 그 중심에 인간을 배치한다. 자본주의가 국민국가의 경계와 무관하게 지구 전체를 하나의 질서로 통합한 현상을 지구화Globalization라고 할 때의 '지구'라는 개념 또한 마찬가지이다. '지구'가 인간중심의 개념이라면 '행성'은 그와 달리 인간의 중심성이 제거된, 인간과 자연이 얽혀 있는 상태를 나타낸다. '행성'에 관한 차크라바르티의 사유는 '세계'에 대한 한나 아렌트Hannah Arendt의 철학적 사고를 비판적으로 검토하는 과정에서 시작된다. 그는 아렌트의《인간의 조건》의 첫머리에 등장하는 스푸트니크호 발사(1957)에 관한 진술이 인간의 조건에 있어서 근본적인 변화로 인식되었다는 사실에 주목한다. 아렌트에게 '세계'는 인간이 삶의 의미와 가치를 부여받고 타인과 공동체를 형성하며 정치적 행위를 할 수 있는 공동 세계이다. 아렌트에게 '세계'는 인간이 노동과 작업 활동을 통해 인공적으로 만들어 낸 영속적인 대상들의 총체이다. 이는《인간의 조건》에서 인간의 활동을 노동, 작업, 행위로 구분하고, 이 가운데 '작업'과 '행위'를 통해 형성되는 공간이자 인간 존재의 근본적인 조건으로서의 '세계'를 설명한 대목에서 명시적으로 확인된다. 아렌트에게 사물의 세계나 자연의 세계는 '비세계'에 지나지 않는다. 즉, 아렌트에게 '세계'는 인간이 자연을 변형시켜 만든 인공적인 사물로 이루어진 견고한 터전이며, 이러한 '세계' 인식에서 인간 활동의 바깥에 위치한 자연 세계는 배제된다. 아렌트에게 있어서 이러한 인공물로서의 사물은 인간의 삶에 현실성과 확실성을 제공하는 것이었다. "인간 세계의 실재성과 신뢰성은 우선적으로 우리를 둘러싼 사물들이 자신들을 산출해 낸 생산 활동보다 더 영속적이고 잠재적으로 제작자의 삶보다 더 영속적이라는 사실에 기인한다."[5]

　20세기 철학에서 ‘세계’라는 개념이 ‘인간’과 맺는 관계는 하이데거의 철학에서 한층 분명하게 드러난다. 일찍이 하이데거는 인간을 현존재Dasein로 규정하고 현존재의 본질적 구조를 세계-내-존재In-der-Welt-sein라고 설명했다. 하이데거의 ‘세계’ 개념은《예술 작품의 근원》에서 ‘세계’와 ‘대지’를 구분한 것, 그리고《형이상학의 근본 개념들》에서 제시한 세 개의 중간 논제—“돌은 세계 없음 속에 존재한다, ‘동물은 세계 빈곤 속에 존재한다’, 인간은 세계 형성 속에 존재한다"[6]—에서 분명하게 드러난다. 티머시 모턴Timothy Morton은 ‘세계’에 관한 이 논제를 “하이데거는 오직 인간만이 완결되고 풍요로운 ‘세계’가 있고, 꿈틀거리는 생명체(‘동물’)는 세계가 빈곤하며, 돌과 같은 사물은 아무 세계가 없다고 주장했다."[7]라고 비판했다. 아감벤Giorgio Agamben 역시《열림The Open》에서 인간과 동물, 세계와 환경의 분할에서 현존재의 구조(세계-안에-있음)를 도출하는 하이데거의 설명 방식을 인류학적 기계anthropological machine라고 지적했다. 하이데거에서 아렌트로 이어지는 이러한 ‘세계’ 개념은 R. N. 마이어R. N. Maier가 제1차 세계대전 이후 유럽에 출현한 모더니즘을 가리켜 ‘세계 상실의 문학’이라고 규정한 것이나 이들이 전후 경험을 “세계 없는 세계의 경험”이라고 표현한 것에서도 확인된다.

　요컨대 지난 19~20세기에 ‘세계’는 인문학이 자연적·물리적 세계와 구분되는 공동 세계를 설명할 때 근거가 되는 개념이었고, 이때 ‘세계’에는 인간(현존재)과 분리될 수 없는 인간화된 공간/장소로서의 의미가

5　한나 아렌트,《인간의 조건》, 이진우 옮김, 한길사, 1996, 150쪽.
6　마르틴 하이데거,《형이상학의 근본개념들》, 이기상·강태성 옮김, 까치, 2001, 309쪽.
7　티머시 모튼,《생태적 삶》, 김태한 옮김, 앨피, 2023, 109쪽.

부여되었다. 이런 의미에서 인간에게 '세계'는 실존적 범주라고 말할 수 있다. 인간을 둘러싸고 있는 현실에는 고정된, 본질적인 의미가 없다. 이는 행성으로서의 지구도 마찬가지이다. 행성-지구는 인간을 비롯한 모든 생명이 서식하는 표면이지만, 정작 행성-지구 자체는 인간의 생존에 아무런 관심이 없다. 하지만 인간은 이러한 무의미에 익숙하지 않다. 프랭크 커모드Frank Kermode의 주장처럼 인간은 그러한 '근본 없음'을 혐오하는 방향으로 진화했으며, 이 허무에서 벗어나기 위해 고통, 죽음, 그리고 시간 등에 일관된 의미를 부여하는 상징적 구조, 즉 '허구fictions'를 만들어 냄으로써 그 허무에 맞서 왔다. 이런 점에서 모든 서사는 실존적 행위라고 말할 수 있다. 그것은 외부 세계를 "연대기적-위상학적chronotopological이고 존재론적ontological인 총체적 게슈탈트gestalt"[8]로 한데 묶는 지극히 인간적인 행위이다.

　20세기 후반에 이르러 인간적 범주로서의 '세계'는 신자유주의의 출현으로 인해 지구적 규모로 확장되었다. 지구화 또는 세계화가 바로 그 것이다. 이때의 '지구=세계'는 경계가 무한히 확장된 세계, 즉 행성적·지질학적 의미의 지구가 아니라 세계의 확장된 표현으로서 지구의 표면과 같은 의미이다. 이처럼 20세기까지 인문·사회과학은 '세계'에 관한 탐구(세계관 등)에 근거하고 있었다. 하지만 2000년대 초 '인류세'로 대표되는 새로운 현실의 등장은 인문·사회과학의 근거인 '세계'의 선차성을 뒤흔들어 놓았고, '행성'이라는 개념은 이러한 변화의 결과로 등장했다. "나는 행성planet이라는 단어가 세계the globe라는 단어를 덮어쓸

8　Roy Scranton, *Impasse : climate change and the limits of progress*, Stanford University Press, 2025, p. 16.

것을 제안한다"[9]라는 가야트리 스피박의 주장이 대표적이다. 스피박에게 '세계'는 계몽주의 이후로 현재까지 지속되는 인간중심적인 틀인 반면 '행성'은 인간중심적 사고에서 벗어나, 지구 자체의 비인간적이고 비가시적인 측면을 포괄하는 개념이다. 오늘날 '행성'에 관한 논의를 주도하고 있는 것은 디페시 차크라바르티와 영국의 지리학자 나이절 클라크Nigel Clark이다. 나이절 클라크가 브로니슬라우 세르신스키Bronislaw Szerszynski와 함께 쓴 《Planetary Social Thought: The Anthropocene Challenge to the Social Sciences》(2020)는 인류세에 대한 사회과학의 대응을 화두로 삼은 저작이다. 일반적으로 사회과학은 인간의 영역, 즉 '사회'를 연구 대상으로 하지만, 이 책에서 나이절 클라크는 지구 시스템으로서의 사회 개념을 통해 인간 사회가 지구의 지질학적, 생물학적, 기후적 과정과 상호작용하며 변화한다는 사실을 강조한다. 이들은 '행성적 다중성Planetary Multiplicity'을 통해 지구가 고정된 배경이 아니라 끊임없이 변화하고, 새로운 형태를 만들어 내는 가변적인 경향을 지닌다고 주장하고, '지구적 다중체Earthly Multitudes'를 통해 지구 시스템 내에 존재하는 다양하고 복잡한 행위자들(인간, 비인간 생명체, 지질학적 힘, 기후 현상 등)이 서로 영향을 주고받으며 역동적인 전체를 형성한다고 주장한다. '행성적 사회사상'이라는 나이절 클라크의 문제의식은 이런 점에서 매우 징후적이다. 왜냐하면 오늘날의 행성적 위기 앞에서 사회과학의 학문적 대상이 '사회'에 국한될 수 없음을 보여 주기 때문이다. 행성적 위기와 인류세, 오늘날 인류가 직면하고 있는 문제들은 사회과학, 인문과학, 자연과학이라는 분과적 구분에 근거해서는 제대로 포착되지 않는다.

---

9 가야트리 스피박, 《경계선 넘기》, 142쪽.

　디페시 차크라바르티의 '행성'에 관한 선구적인 업적이 갖는 중요성이 여기 있다. 주지하듯이 역사학은 '인간의 역사'를 다루는 학문이다. 하지만 차크라바르티는 인류세라는 개념, 즉 인간이 지질학적 행위자가 되었으며, 특히 그것이 약 1만 2천 년 전에 시작되었다는 기후과학자들의 지적을 받아들여 역사에 대한 새로운 시각을 제안한다. 요컨대 지난 1만 2천 년 전부터 인류는 지구라는 행성의 지질학적 행위자로서 행동했음에도 불구하고 그동안 역사는 '인간의 역사'와 '자연의 역사'를 구분하고 전자만을 연구 대상으로 삼아 왔다는 것이다. 이는 인문학 모든 분야의 중심 주제인 '자유'도 마찬가지이다. 지금까지 자유의 철학은 인간과 인간의 관계만을 다루었을 뿐 정작 지질학적 요인들에 대해서는 아무런 관심을 표시하지 않았다. 차크라바르티는 이런 맥락에서 "행성적인 것은 궁극적으로 생명 있는 것과 생명 없는 것을 포함하는 매우 장기적인 몇 가지 행성 과정이 어떻게 인간의 존재와 번성을 가능케 하는 조건을 제공했고 계속 제공하고 있는지에 관한 것이다"[10]라고 주장했다. 이는 인간만을 전제한 '세계'와 달리 '행성'이 인간과 비인간, 생물과 무생물의 경계에 무관심하다는 것을 가리킨다.

　'행성적'이라는 것은 단순히 재난의 규모가 크다는 사실만을 강조하기 위한 표현이 아니다. 그것은 오늘날 우리가 마주하고 있는 현실을 제대로 인지하기 위해서는 인간적 의미를 전제하는 '세계' 개념과 단절해야 한다는 의미이며, 이 새로운 인식이 '인간'을 중심으로 하는 근대적 사고에서 벗어나야 한다는 것을 가리킨다. 인간이 아닌 행성을 기준으로 삼으면 '역사=시간'의 규모는 45억 년으로 확장된다. 이는 시공간

10　디페시 차크라바르티,《행성 시대 역사의 기후》, 142쪽.

을 행성적 규모로 확대하면 '인간'은 결코 중심이 될 수 없다는 의미이다. 이런 점에서 행성적 사고는 '지구의 철학'[11]이라고 불러도 좋을 듯하다. 영국의 생태학자 사이먼 루이스Simon L. Lewis와 지구과학자 마크 마슬린Mark A. Maslin은 《사피엔스가 장악한 행성》에서 45억 년이라는 지구의 역사를 24시간으로 압축하면 최초의 인류가 등장한 것은 자정 4초 전의 사건이라고 지적했다. 로이 스크래턴Roy Scranton 또한 "지구상에서 인류의 삶을 하루라고 치면, 기록된 5천 년은 자정 직전의 30분 정도에 해당한다."[12]라고 주장했다. 45억 년이라는 지구의 시간에서 현생인류가 지구상에 처음 등장한 것은 길게 잡아도 20만 년 전이다. 시간을 기준으로 판단하면 인간은 이 행성에 가장 늦게 합류한 생명체 가운데 하나일 뿐인 셈이다.

행성적 사고의
세 가지 방향

행성적 사유의 문제의식은 '인류세'라는 개념이 함축하고 있는 바와 크게 다르지 않다. 하지만 그것들의 관심사와 논의 방향은 조금 다르다고 말할 수 있다. 이는 인류세를 개념이 아니라 하나의 서사로 파악하면 한층 명확해진다. '인류세'는 인간이 행성에 미친 영향을 포괄적으로 지시하기 위해 제안된 명칭이자 현재 인류가 당면하고 있는 행성적 문제를 해결하기 위해 "인간-자연-사회의 새로운 관계 정립을 요구하는 실

---

11   이진경 · 최유미, 《지구의 철학》, 34쪽.
12   로이 스크랜턴, 《인류세에서 죽음을 배우다》, 안규남 옮김, 시프, 2023, 46쪽.

천적 개념"[13]이다. "인류세는 새로운 지질 시대를 가리키는 과학적 개념이지만, 인간이 지구 행성의 변화에 주요 행위자로 거듭났음을 내포하기 때문에 이에 대한 깊은 성찰과 행동 변화를 요구하는 실천적 개념이기도 하다."[14] 이 지점, 즉 과학적 개념이 실천적 개념으로 전환되는 지점에서 인류세는 '책임'의 논리로 변화한다. '인류세'는 인간의 행동이 행성에 미친 영향을 지시하는 개념이지만, 사실 과학자들이 사용한 앤트로포스anthropos라는 단어에는 책임, 즉 도덕적 가치가 담겨 있지 않다. 이와 관련하여 차크라바르티는 "행성은 … 스스로 인간에게 말 걸지 않는다."[15] 행성의 표면 온도와 직결되는 "대기는 그 가스가 거대한 화산 폭발에서 나오는지 아니면 내부적으로 불공정한 인간 사회에서 나오는지 상관하지 않는다"[16]라고 진술하기도 했다. 이런 점에서 행성적 사고는 인류세의 원인이 자본주의에 있다고 주장하는 자본세Capitalocene와도 지향점이 다르다. 이는 기후과학의 관심사가 인간이 아니라 (종으로서의 인간이라는) 생명이기 때문에, 즉 라틴어 호모homo가 아니라 그리스어 앤트로포스이기 때문에 생기는 문제이다.

이처럼 행성적 사유는 '인간'이 아니라 '생명'을 중심으로 하는 사유이며, 그런 점에서 이것은 생명정치에 관한 아감벤의 논의에 등장하는 조에zoe에 가깝다고 말할 수 있다. 하지만 이런 설명에도 불구하고 현실에서 '앤트로포스로서의 인간'과 '호모로서의 인간'은 명확히 구분되지 않음으로써 "왜 우리가 종이나 인류 같은 모두를 포괄하는 용어를 사용

---

13 강남우 외,《인류세 풍경》, 이음, 2024, 22쪽.

14 강남우 외,《인류세 풍경》, 73쪽.

15 디페시 차크라바르티,《행성 시대 역사의 기후》, 118쪽.

16 디페시 차크라바르티,《행성 시대 역사의 기후》, 96쪽.

함으로써 세계의 가난한 사람들, 어쨌거나 그 탄소 발자국이 작은 사람들을 포함해야 한단 말인가?"[17] 같은 반론이 계속 제기되고 있다. 가장 대표적인 사례가 바로 캐서린 유소프Kathryn Yusoff가 《10억 개 혹은 0개의 흑인 인류세》에서 인류세 담론을 '백인 지질학'이라고 규정하고, 흑인은 인류세 시대에 주체가 아니라 '비인간'에 속했다고 주장한 경우이다. 유소프는 인류를 동질적인 집단으로 간주하여 인류세라는 새로운 지질시대를 구분하려는 시도가 인종차별의 역사를 삭제하는 오류를 반복한다고 비판했다.[18] 하나의 이름으로서 대문자 인간이 있는 것이 아니라 수많은 '인간들'이 존재할 뿐이라는 주장이다. 이러한 반론은 행성적 정의의 문제와 연결되며, 이 지점에서 '호모'와 '앤트로포스'의 구분은 이론적으로는 가능하지만 현실적으로는 작동하기 어렵다는 난제에 부딪힌다. 가령 파울 크뤼천Paul Crutzen 등이 1945년부터 2015년까지의 인간의 역사를 '대가속 시기'The Great Acceleration'라고 명명할 때가 바로 그렇다. 행성적 사고는 지구적 차원의 접근, 지구를 인간의 거주지가 아니라 인간을 포함하는 모든 생명이 공존하는 시스템으로 인식할 것을 요구하지만 현실적으로 지구적 정의와 지역적 정의가 갈등하는 상황—가령 저개발 국가의 발전이 소득과 부의 분배 측면에서는 정의로운 일이지만 기후문제에 있어서 치명적일 수 있다는 것 등—을 조율하는 문제는 여전히 난제로 남는다.

　도나 해러웨이Donna Haraway는 '인류세'가 인간만을 세계를 만드는 유일한 행위자로 여기는 인간중심주의적 개념이라고 비판하면서 쑬루

17　디페시 차크라바르티, 《행성 시대 역사의 기후》, 68쪽.

18　이성미, 〈캐서린 유소프의 〈10억 개 혹은 0개의 흑인 인류세〉로 본 근대 지질학의 인종주의 정치학〉, 《현상과 인식》 47-3, 2023, 189쪽.

세ChThulucene라는 개념을 제안했다. '쑬루세'는 그리스어의 크토니오스 chthonios에서 파생된 것으로서, 땅속이나 지하에 사는 존재들, 또는 땅과 관련된 신비롭고 다차원적인 존재들을 의미하는 단어에 지질시대를 나타내는 세cene가 붙어서 만들어진 말이다. 도나 해러웨이와 애나 칭Anna Tsing 등은 오늘날 인류가 직면하고 있는 재난적 상황의 원인과 책임을 찾는 것보다 인간과 비인간이 함께 세계를 만든다는 사실에 관심을 집중하고 있다. 혼종, 반려종, 친족 만들기 같은 해러웨이의 개념들은 지구라는 거대한 시스템이 다양한 존재들이 뒤섞여 함께 살아가는 행성임을 강조하기 위해 고안된 것들이다. 이처럼 행성적 사유는 '지구=행성'을 '인간'이 아니라 '생명'을 중심으로 포착한다. 차크라바르티는 인간이 특별하지 않다는 것을 알려준다는 점에서 '과학'의 가치를 강조했다. 하지만 해러웨이, 애나 칭, 에두아르두 비베이루스 지 카스트루 등의 인류학적 사고야말로 이 세상을 인간과 비인간이 다양한 관계를 맺으며 뒤섞여 살아가는 곳으로 인식한다는 점에서 행성적 사유에 가장 근접한 것으로 보인다. 차크라바르티도 인정했듯이 토테미즘에 대한 뒤르켐의 설명에서 인간과 동물은 동등한 가치를 지닌 관계로 간주된다. 이러한 행성적 사유의 탈인간중심주의는 티머시 모턴의 생태학, 제인 베넷Jane Bennett의 신유물론적 정치 이론 등에서도 확인된다. 그러나 전반적으로 살펴보면 오늘날 행성적 사유는 기후·생태적 위기 앞에서 몇 개의 방향으로 분기되는 양상을 보인다.

사회과학적 방향

먼저 기후·생태적 위기가 초래할 현실적인 문제에 대응하기 위한 사회과학적인 모색의 흐름이 존재한다. 가령 지리학자 조엘 웨인라이트 Joel Wainwright와 제프 만Geoff Mann의 《기후 리바이어던》이 대표적이다.

이 책은 기후변화가 주권적/영토본위적 국민국가 시스템에 초래할 변화를 행성적 주권이라는 개념으로 분석하고 있다. 이들은 1648년 30년 전쟁으로 출현한 베스트팔렌조약 이후에 일반화된 인류 집합체를 조직하는 방법으로서의 국민국가 모델이 기후변화가 행성적 규모로 나타남에 따라 변화될 수밖에 없다고 주장하면서 그 변화의 방향과 대안을 모색한다. 기술철학자 육후이許煜의 《기계와 주권: 행성적 사고를 위하여》 또한 근대국가 이후의 주권 모델에 관한 저작이다. 이 책에서 육후이는 근대국가 너머를 사고하는 것, 다양한 사람들과 종種이 행성에서 살아갈 수 있는 공존의 언어를 형성하는 것, 영토 문제를 넘어설 수 있는 새로운 틀을 개발하고, 현재의 생태적 위기에 대응하며, 인류세의 가속화된 엔트로피 과정을 역전시키는 것 등을 행성적 사고의 구체적 내용으로 제시한다. 이러한 맥락에서 그는 카를 슈미트Carl Schmitt의 '대공간Großraum', 루이스 멈포드Lewis Mumford의 '메가 머신megamachines', 가라타니 고진柄谷行人이 자본-네이션-국가의 삼위일체로 이루어진 현재의 정치 형태를 초월하기 위해 제안한 '세계 공화국' 등의 모델을 비판적으로 검토하고 '기술'과 '정치'를 결합한 정치-기술학을 대안적인 사상으로 제안한다. 문제는 기후·생태적 위기에 대한 정치적 대응, 특히 국민국가를 넘어서는 정치체를 통해 현실적인 문제를 해결하려는 움직임은 생명, 즉 조에의 정치가 아니라 전형적으로 아리스토텔레스에서 아렌트까지 연결되는 '정치'의 영역이라고 말할 수 있다. 이런 점에서 행성적 주권에 관한 사고는 '행성'이라는 단어를 포함하고 있지만 실제로는 '행성적인 것'보다는 '지구적인 것'에 가깝다. 이 차이는 지속가능성Sustainability과 거주가능성Habitabilty의 차이를 통해서도 확인된다.

지속가능성은 정치라는 말의 아렌트적 의미에서 철저하게 정치적인 관념이다. 그것은 언제나 태어나지 않은 자들의 복지에 대한 약간의 논의를 포함하는 방식으로 인간사에서 새로움이 출현할 수 있게 해 준다. 이 관념의 발전은 유럽의 팽창 시기에 유럽의 농경과 농업의 경험에 빚지고 있으며, 따라서 지구적인 것의 역사에 확고히 속한다. … 지구적 사상에서의 지속가능성 관념과 마주 놓을 수 있는 행성적 사유의 핵심 용어는 거주가능성이다. 거주가능성은 인간을 참조하지 않는다. 그 중심 관심사는 생명—복잡하고 다세포적인 생명 일반—과 인간만이 아닌 그것을 지속할 수 있게 만드는 것이다. 지구시스템과학ESS 전문가들은 묻는다. 행성을 수억 년 동안 복잡한 생명에 우호적이게 만드는 것은 무엇인가? 그러므로 거주가능성 문제는 생명정치라는 규정 아래 인문학에서 진행되어 온 생명에 대한 논의와 구별되어야 한다.[19]

지구적인 것과 행성적인 것이 다르듯이 지속가능성과 거주가능성 또한 다르다. 같은 맥락에서 우리는 두 가지 정치, 즉 인간의 정치와 생명의 정치, 혹은 비오스의 정치와 조에의 정치를 구분할 수 있다. 최유미는 이러한 조에의 정치를 "조에의 정치는 인간의 정치가 아니다. 지금 그것은 차라리 인간의 권력을 겨냥한 비인간들의 정치다. 비인간 중에서도 인간의 눈에 잘 보이지 않는 생명체들의 정치다. 인간의 눈에 보이지 않기에 치안의 권력에서 벗어나 있고 치안의 권력 틈새로 흘러 다니는, 보이지 않는 생명체들의 정치다. 인간의 권력이 끝내 멸종시키지 못했고 대개는 겨냥도 하지 못하는 미생물들의 정치다"[20]라고 설명했다. 조에의 정치는 인간의 정치가 아니지만, 그렇다고 인간을 배제한 정치

---

19 디페시 차크라바르티,《행성 시대 역사의 기후》, 136~139쪽.
20 최유미,〈포네의 정치, 조에의 정치〉, 재단법인 여해와 함께,《바람과 물》12, 2024, 174쪽.

도 아니다. 그것은 인간이라는 특권의 장소를 삭제한 정치일 뿐이며, 그런 점에서 존재론적인 평등의 평면 위에서 인간과 인간 아닌 것들이 동맹과 연대의 관계를 맺는 공동체 아닌 공동체를 지향한다고 말할 수 있다. 정치 혹은 공동체에 대한 이러한 사유가 오늘날 생태학과 인류학 등에서 사유되고 있다는 것은 널리 알려진 사실이다. 요컨대 행성적 사고는 '인간'이라는 특권의 자리를 해체함으로써 사회과학을 점차 생태학과 인류학에 근접시킨다. 최근 등장한 '녹색 공화주의'에 관한 논의가 대표적인 사례라고 말할 수 있다.

녹색 공화주의의 핵심은 "시민이라는 개념을 다시 정의하고 기존의 폴리스라는 정치적 공동체의 사유를 넘어 모두가 분리될 수 없는 생태적 공동체를 지향하는 것으로 기존의 경계를 확장하는 것"[21]이다. 전통적인 의미에서 시민권은 특정한 '국민국가=공동체'에 속한 권리였고, 이때 권리의 주체는 이미-항상 '인간'이었다. 하지만 탄소 배출 등의 문제에 대한 국제기구와 국제협약의 한계에서 드러나듯이 전통적인 영토와 시민권 개념에 근거한 정치로는 행성적 규모의 기후위기에 어떠한 실효적인 대응도 할 수 없다. 특히 시민권이 '권리'로 이해되고 위기의 효과가 비균질적으로 나타날 때 시민권에 근거한 운동은 무력할 수밖에 없다. 녹색 공화주의 담론은 따라서 시민권을 '권리'가 아니라 '책임'을 중심으로 재규정하며, 그것의 범위를 근대적인 국경 개념을 초월하는 비영토적인 것으로 인식한다. 문제는 녹색 공화주의 담론이 공화주의 이념에 근거한다는 사실이다. 여기에서 말하는 공화주의란 '인민 주권'과 '공동선 추구'로 요약할 수 있다. 요컨대 녹색 공화주의 담론은 생

---

21 박성진, 《얽힘의 윤리와 정치철학》, 그린비, 2025, 45쪽.

태적, 또는 행성적 사유로의 전환이 선택이 아니라 의무와 책임의 차원에서 이해되어야 한다고 주장하지만 "생각이 너무 많은"[22] 사람들이 지배하는 세상에서 의무와 책임이 욕망을 제압할 수 있을지는 의문이다.

인류학적 방향

다음으로 인류학적 방향이 존재한다. 앞에서 언급했듯이 여기에는 애나 칭, 도나 해러웨이, 에두아르두 비베이루스 지 카스트루 등 인류학적인 사고에 근거하여 인류세, 혹은 '종말'을 재전유하려는 사유의 전환이 있다. 인간중심주의의 바깥에서 인간과 비인간의 관계를 사유하는 이들의 인류학적 사유는 '행성'과 '인류세'에 관한 담론이 선구적인 역할을 담당하고 있는 오늘날 대안적인 담론으로 주목받고 있다. 특히 데보라 다노프스키와 에두아르두 비베이루스 지 카스트루가 함께 쓴 《세상의 종말》은 브뤼노 라투르와 이사벨 스탕제르Isabelle Stengers의 '가이아Gaia' 개념을 원용하여 기후위기 시대의 대안을 모색한 저작으로 평가된다. 이들은 스탕제르의 '우주정치적 둔화cosmopolitical slowing down'라는 개념을 통해 정치-경제 시스템의 속도를 늦추고, 다양한 존재들(인간과 비인간)과의 외교적 대화를 통해 새로운 공존 방식을 모색해야 한다고 주장한다. '종말'이 다가올 것이라고 생각하는 서구인들과 달리 식민주의를 경험한 이들은 세상의 종말을 경험하고 살아남은 원주민 공동체의 경험을 강조한다. 또한 이들은 근대적, 보편적 주체를 의미하는 '인간Humans'과 대비되는 '테란Terrans'이라는 개념을 사용한다. 테란이란 땅의 사람들, 즉 지구terra에 속한 존재를 의미한다. 이들은 생물학적

---

22 이진경·최유미,《지구의 철학》, 그린비, 2024, 56쪽.

종으로서의 인간을 넘어, 지구 생태계와 물질적 조건에 깊이 얽혀 있는 존재, 비인간 존재들과 복잡한 관계를 맺으며 살아가는 존재라는 점에서 '인간/자연'의 서구적 이분법을 넘어서는 존재라고 말할 수 있다. 요컨대 행성적 사고로서의 인류학은 오늘날의 기후·생태적 위기를 인류와 지구가 맺어 온 관계 방식에 대한 근본적인 성찰을 요구하며, 원주민들의 지혜를 통해 새로운 공존의 가능성을 탐색한다고 말할 수 있다. 인류학자 애나 칭은 지속가능성이라는 용어가 "종종 파괴적인 관행을 은폐하는 데 사용"되거나 "인간의 계획과 프로그램에만 초점"을 맞춘다는 사실을 지적하면서, 이 개념을 "다종 회복multispecies resurgence, 즉 다양한 유기체들의 행동을 통해 살기 좋은 경관을 재구축하는 것"[23]이라는 의미로 재해석한다. 그녀는 교란 속에서 다종의 거주 적합성 군집을 형성하기 위해 차이점들을 협상하는 유기체들의 작업을 '회복resurgence'이라고 정의하고 그것을 인류세의 '증식proliferation'과 비교한다.

생태학적 방향

다음으로 생태학적 방향이 있다. 생태 담론은 현재 폭발적으로 증가하고 있는 담론의 하나이다. 이러한 생태학 담론의 유행과 확산은 기후·생태적 위기와 직접적으로 연결되어 있으며, 생태학 담론의 상당수는 행성적 사고만이 아니라 인류세 담론과도 연결된다. 게다가 '생태'라는 개념은 '자연'이라는 단어만큼이나 다양한 방식으로 이해되고 있다. 따라서 생태학적 사상 모두를 행성적 사고라고 말하기는 어렵다. 가라

---

23 Anna Lowenhaupt Tsing, "A Threat to Holocene Resurgence Is a Threat to Livability," *The Anthropology of Sustainability: Beyond Development and Progress*, Palgrave macmillan, 2017, p. 51.

타니 고진은 "이산화탄소의 증가가 온난화의 원인이라는 설"과 "인간의 활동이 지구의 기온을 대폭 상승시킬 정도로 영향력을 갖는다는 견해"를 신뢰하지 않는다. "온난화의 원인이 오로지 인간의 활동에 있다는 것은 일견 겸허한 태도처럼 보이지만, 역으로 인간의 능력을 과대시하는 오만한 태도입니다. 인간이 각 지역의 환경을 파괴할 능력이 있고, 그것을 멈추고 회복시킬 능력도 있습니다. 하지만 지구 전체의 환경을 바꿀 정도의 힘은 없습니다."[24] 그는 생태학적 위기를 인간과 자연의 관계로 바라보는 태도가 결과적으로 "인간과 인간의 관계, 즉 자본=국가에 의해 근본적으로 규정되는 것"임을 볼 수 없도록 만든다고 비판한다. 요컨대 그는 생태학적 위기를 통상적인 의미의 생태 문제가 아니라 자본 또는 국가의 문제로 인식하며, 따라서 그 해결책 또한 자본 또는 국가의 문제를 넘어서는 방식을 통해 모색되어야 한다고 본다. 이처럼 특정한 담론 배치에서 생태 담론은 종종 강하게 지구적, 인간적 맥락을 띠기도 한다.

그렇다면 생태 담론 가운데 지구적인 것과 행성적인 것을 나누는 기준은 무엇일까? 그것은 생태를 '생명'을 중심으로 보느냐 '인간'을 중심으로 보느냐의 문제이다. 전자의 경우 인간은 수많은 생명 가운데 하나의 종으로서 다른 것들과 존재론적인 층위에서 평등한 존재로 간주된다. 이것은 지구를 인간이 거주하는 공간이 아니라, 물리적, 생물학적, 인류학적 측면이 복합적으로 얽힌 총체적인 존재로 이해하는 관점이다. 또한 이것은 인간을 포함한 지구상의 모든 존재가 서로 연결되어 있다고 생각한다. '생태ecology'를 '연결성'으로 간주하는 티머시 모턴이 대표

24　가라타니 고진, 《자연과 인간》, 조영일 옮김, 도서출판b, 2013, 66~67쪽.

적이다. 그의 생태학적 사고는《자연 없는 생태학Ecology Without Nature》
이라는 책 제목에 명확하게 드러난다. 자연 없는 생태학이란 생태학적
으로 사고하기 위해서는 '자연'을 포기해야 한다는 의미이다. 이때 자연
은 낭만주의가 창조한 대문자 자연Nature을 가리킨다. 그는 근대, 자본
주의, 산업화로 인해 인간과 자연 간의 유기적 관계가 해체되었고, 따라
서 이 관계를 회복해야 한다는 식의 생태학에 동의하지 않는다. 또한 그
는 자연을 칭송하거나 그것의 질서를 이상화하는 것에 반대한다. 요컨
대 그에게 생태는 근대 이전의 상태로 돌아가거나 회복하는 문제가 아
니다. 그는《어두운 생태학》에서 예측 가능한 순환과 주기 등으로 특징
되는 '자연'이란 농업로지스틱스agrilogistics의 산물 가운데 하나일 뿐이
라고 주장한다. 이런 점에서 그는 인류세는 결코 자연을 파괴한 적이 없
으며, 오히려 '자연'이야말로 지구온난화의 주범이라고 주장한다. 티머
시 모턴에게 생태는 만물이 연결되어 있다는 의미 그 이상도 이하도 아
니다. 이때 연결이란 중심-주변의 관계로 설명되지 않는다. 생태적 관
점에서 인간은 지구라는 행성에 거주하고 있는 수많은 종 가운데 하나
일 뿐이고 비인간 존재들과 함께/더불어 살아가는 생명체일 따름이다.
또한 이때의 연결은 인간(생명체)을 둘러싸고 있는 환경과 달리 상호적
영향과 변화, 그리고 촉발의 관계이다. 환경이 고정된 것과 그것을 둘러
싸고 있는 세계로 구성된다면, 생태의 세계에서는 어느 것도 고정되어
있지 않으며, 만물이 서로 영향을 주고받는다. 생태적 사유에서 만물은
고정되어 있지 않으며 항상-이미 서로에게 영향을 끼친다. 이것은 만물
이 개체가 아니라 언제나 다양체라는 뜻이다. 이런 점에서 대부분의 환
경적인 것은 생태적이지 않다고 말할 수 있다. 티머시 모턴은 생태적 사
유를 생물권biosphere이라는 생물학적 개념을 통해 설명한다. 생물권이란
다양한 개체들의 네트워크라고 말할 수 있는데, 이때 중요한 것은 생물

권이 그것을 구성하는 부분들로 환원될 수 없다는 사실이다.

생물권은 그 자체로 고유하고 분별되는 사물이다. 이 사물은 나무와 벌레와 산호와 생물권 관념 등등을 포함하는 그 사물의 부분들과 분별된다. 따라서 여기에서 전체 그림은 생명체 및 생물권에 관한 관념, 느낌, 계획이 생명체 및 생물권과 공존한다는 것이다. 그것들은 서로 연결된 것의 부분이다. 우리는 생물권의 외부에서 생물권을 들여다보고 있는 것이 아니다. 우리는 생물권에 달라붙어 있다. 초강력 접착제보다 훨씬 더 강력하게.[25]

만일 우리가 생태라는 단어가 그리스어 오이코스oikos에서 유래한 것임을 감안하여 생물권을 '집'이라고 주장한다면, 이때의 '집'은 우리가 익숙하게 알고 있는 집-공간과는 사뭇 다른 곳이라고 말할 수 있다. 생물권이라는 개념을 통해 우리가 알게 되는 것은 이 세상에 어떤 것도 오직 개체로만 존재하지 않는다는 것, 그리고 우리가 언제나 다른 공생적 존재들과 얽힌 상태로 살아가는 공생적 존재라는 사실이다. 그럼에도 생물권을 '집'이라고 말한다면, 그때의 '집'은 우리가 원하지 않은, 원한 적이 없는 것들과 공생하는 상태를 의미할 것이다. 티머시 모턴은 〈퀴어 생태학〉에서 생태학적 상호의존이 '차이'를 '같음'으로 축소하는 유기체주의와 달리 차이를 증가시킨다고 주장하면서 생태학이야말로 퀴어 이론이고 퀴어 이론이 곧 생태학이라고 주장했다. 여기서의 '집'이라는 사고는 정확하게 차이를 증폭시키는 상호의존이라는 설명과 일치한

---

25 티머시 모튼,《생태적 삶》, 111쪽.

다. 또한 이것은 '생태'가, 우리의 상상과 달리, 항상 순수하거나 고상한 것은 아닐 수 있음을 말해 준다. 이처럼 생태가 차이를 증폭시키는 방식의 생태학적 상호의존이라면 지금-이곳에서 우리는 무엇을 해야 하는 것일까? 인간 아닌 존재와의 비폭력적인 공존/공생을 지향하는 것일 터이다. 다만 행성적 사고는 '인간'이 잣대가 아니라는 점에서 이때의 비폭력적인 공존/공생은 애나 칭이 말하는 다중 회복multispecies resurgence과 거주 적합성의 관점에서 이해되어야 할 것으로 보인다.

결론

현대는 다중 위기의 시대이다. 이것은 위기의 성질이 단일하지 않다는 의미만이 아니라 단일한 분과학문으로는 인식은 물론이고 올바른 대응 방식도 모색하기 어렵다는 의미이다. 현재 인류가 직면하고 있는 다중 위기는 20세기 후반까지 지속된 근대적인 분과학문 체제의 탈구축을 요청하고 있다. 가야트리 스피박의 '학문의 죽음death of a discipline', 디페시 차크라바르티의 '행성planet' 등은 이러한 문제의식을 공유하고 있다. 물론 분과학문 체제를 탈구축한다고 해서 그것이 현재의 행성적 위기를 막을 수 있다는 의미는 아니다. 다양한 학문 분야에서 학자들이 지적하듯이 우리는 이미 행성적 위기의 임계점을 넘어섰으며, 지금 우리에게 필요한 것은 기후위기를 해결하는 것이 아니라 이미 도래한 문명의 종말이라는 현실 안에서 살아가는 방법을 모색하는 일일 것이다. '인류세에서 죽음을 배우다'라는 로이 스크랜턴Roy Scranton의 책 제목은 이런 점에서 깊은 울림을 가져다준다.

이 글에서는 지난 19~20세기의 인문·사회과학에서 세계, 지구 등의 개념이 차지하고 있던 위상과 비교하여 다중 위기의 시대를 사유할 학문적 개념의 하나로 '행성적 사유'에 주목했다. 이를 위해 먼저 '세계/지구'에서 '행성'으로의 변화가 갖는 위상과 '행성적인 것'이라는 개념이 출현하게 된 배경을 설명했고, 몇몇 주요 논점을 중심으로 행성적 사유가 전개되고 있는 양상과 그것이 기존의 지식 담론에 초래한 시각의 변화를 초점화하고자 했다. 사회과학적인 방향, 인류학적인 방향, 생태학적인 방향이 바로 그것들이다. 이들 세 개 흐름이 '행성' 개념을 중심으로 교직과 산포를 거듭하고 있는 것이 21세기 지식 담론의 현실이라고 말할 수 있다. 이러한 행성적 사유의 특징 가운데 하나는 인문과학, 사회과학, 자연과학 간의 경계를 해체한다는 것이며, 특히 '깊은 시간Deep Time'으로 표상되는 지질학적 시간의 등장과 '인간'과 '자연' 간의 존재론적 평등이라는 '생태적 사고'의 등장은 기존의 분과학문에 엄청난 변화를 초래하고 있다. 우르술라 하이제Ursula K. Heise는 이 변화를 '장소감'에서 '행성 감각sense of planet'으로의 변화를 통해 설명했다. 하지만 우리는 이러한 인식을 순전한 학문적 관심으로만 치부할 수는 없다. 오늘날 인류에게 필요한 과제는 이미 현실이 되어 버린 문명의 종말을 인식하는 것이 아니라 그 안에서 살아가는 방법, 이전과는 전혀 다른 삶의 방식을 체득하는 일이기 때문이다. 오늘날 행성적 사고의 중요성도 바로 여기에 있다. '행성적 사고'라는 표현이 함축하고 있는 바는 무척 다양할 것이지만 한 가지 분명한 것은 그것이 인간중심주의에서 벗어나는 것, 그리하여 인간과 인간 아닌 존재의 연대와 동맹을 전제한다는 사실이다. '행성'이란 이 새로운 연대와 동맹의 삶이 펼쳐지는 표면이자 동시에 인간적인 의미로 환원되지 않는 외부에 붙여진 이름이라고 말할 수 있다.

참고문헌

가라타니 고진, 《자연과 인간》, 조영일 옮김, 도서출판 b, 2013.
가야트리 스피박, 《경계선 넘기》, 인간사랑, 문화이론연구회 옮김, 2008.
강남우 외, 《인류세 풍경》, 이음, 2024.
디페시 차크라바르티, 《인류세에 대해 인문학이 답하다》, 조성환·이우진 옮김, 군자
　　출판사, 2024.
디페시 차크라바르티, 《행성 시대 역사의 기후》, 이신철 옮김, 에코리브르, 2023.
로이 스크랜턴, 《인류세에서 죽음을 배우다》, 안규남 옮김, 시프, 2023.
마르틴 하이데거, 《형이상학의 근본개념들》, 이기상·강태성 옮김, 까치, 2001.
박성진, 《얽힘의 윤리와 정치철학》, 그린비, 2025.
시노하라 마사타케, 《인간 이후의 철학》, 최승현 옮김, 이비, 2023.
이성미, 〈캐서린 유소프의 〈10억 개 혹은 0개의 흑인 인류세〉로 본 근대 지질학의 인
　　종주의 정치학〉, 《현상과 인식》 47-3, 2023.
이진경·최유미, 《지구의 철학》, 그린비, 2024.
최유미, 〈포네의 정치, 조에의 정치〉, 재단법인 여해와 함께, 《바람과 물》 12, 2024.
티머시 모튼, 《생태적 삶》, 김태한 옮김, 앨피, 2023.
한나 아렌트, 《인간의 조건》, 이진우·태정호 옮김, 한길사, 1996.
허남진 외, 《어떤 지구를 상상할 것인가》, 모시는 사람들, 2023.

Scranton, Roy, *Impasse: Climate Change and the Limits of Progress*, Stanford
　　University Press, 2025.
Tsing, Anna Lowenhaupt, "A Threat to Holocene Resurgence Is a Threat to Livability,"
　　The Anthropology of Sustainability: Beyond Development and Progress, Palgrave
　　macmillan, 2017, pp. 51-65.

인류세의 행성질서

: 마음권의 공화국

| 최인호 |

인류세의 행성질서

: 마음권의 공화국

이 글은《한국정치학회보》제58권 4호(2024.12.)에 게재된 원고를 대중적 총서의 형식에 맞게 수정 및 보완하여 재수록한 것이다. 마음권 개념을 처음 소개해 준 동아시아연구원의 하영선 선생님, 그리고 Berggruen Institute의 Boris Shoshitaishvili 박사에게 감사를 드림을 다시 밝힌다.

인류세의 부상

수십억 년에 걸친 지구 역사의 지질학적 시대 구분의 새로운 단계로서 크뤼천Paul Crutzen과 스토머Eugene F. Stoermer가 2000년에 제안한 인류세人類世, Anthropocene는 지난 20여 년 동안 자연과학을 넘어 인문학, 사회과학 전반에서 큰 반향을 일으켜 왔다.[1] 약 1만 년 전부터 최근까지의 지질시대를 뜻했던 홀로세Holocene를 대체할 새로운 지질시대로서, 인류세는 기후변화 등 인류의 집합적인 영향력이 지구의 지질학적 특성을 결정하게 된 시대를 지칭하는 개념으로 큰 주목을 받았다. 특히 이 개념은 더 이상 인간의 행위에 영향을 받지 않는 배경으로서의 지구가 아니라, 그에 역동적으로 반응하는 새로운 지구의 모습을 부각한다는 면에서 큰 이론적·철학적 관심을 받아 왔다. 인류세의 적합성에 대해 지질학자들의 집합적인 검증 과정이 있어 왔고, 2024년 공식 채택에 대한 투표가 있었지만, 채택은 일단 부결되었다.[2] 하지만 이 부결이 인류세라는 개념이 더 이상 유용하지 않음을 의미하는 것은 아니다. 인류세는 이미 과학계 내부를 넘어, 행성적인 규모의 인류의 영향을 대표하는 개념이 된 만큼 이를 둘러싼 논쟁은 앞으로 더 심화될 것이다.

이 글은 이 인류세의 의미를 국제정치적인 관점에서 분석하고자 한다. 지구의 거시적인 구조를 다루는 국제정치학에서도 행성 전체의 질서에 영향을 끼치는 인류세의 부상은 아주 중요함 함의를 갖는다. 그 결

---

1 Paul J. Crutzen and Eugene F. Stoermer, "The 'Anthropocene'." *Global Change Newsletter* 41, 2000, pp. 17-18.

2 Sigal Samuel, "Why Did Geologists Reject the "Anthropocene" Epoch? It's Not Rock Science," *Vox*, Mar 21, 2024.

과 국제정치학계에서도 다른 분야보다 뒤처지기는 했지만 인류세가 가지고 있는 규범적·이론적 의미에 대한 검토와 연구가 지난 10여 년 간 축적되어 왔다. 특히 인류세의 부상은 단순한 환경의 위기가 아니라 새로운 우주론적 충격이며, 그 결과 인류와 자연을 아우르는 행성 차원의 질서, 즉 생명이 살 수 있는 지구의 지속을 보장할 질서, 특히 탈주권적 질서로의 전환을 요구하고 있다.

이 글의 주 목적은 이 요구에 부합하는 새로운 행성 질서의 가능성으로 테이야르 드 샤르댕Pierre Teilhard de Chardin의 마음권noosphere 이론과 성리학의 질서론을 결합한 마음권의 공화국을 제시하는 것이다. 마음권은 대기권과 같은 지구의 다른 권역과 같이, 인간의 연결된 마음이 행성을 덮는 권역을 형성함을 의미한다. 역사적으로 우주론의 변환은 정치 질서의 변환과 결부되어 있었으며, 특히 근대적인 주권국가 질서로의 전환은 근대 우주론의 전환과 결부된 사건이었다. 마찬가지로 인류세는, 지구 및 우주 자체의 이해, 그 속에서 인간의 위치에 대한 새로운 인식을 낳고 있으며 이는 국제 질서 및 행성적 차원의 질서, 그리고 이와 결부된 개인 윤리의 변화로 이어질 가능성이 높다. 현재 국제정치학의 인류세 논의 또한 그 우주론과 국제 질서의 연결을 어느 정도 탐구하고 있지만, 주로 현재 인류의 정치적 질서와 행위가 지구적 환경에 끼치고 있는 악영향, 그로 인한 위기 상태가 초래할 변화에 초점을 두다 보니, 좀 더 긴 역사적 전환의 시각에서 우주론적인 변화가 가져올 탈주권적 행성 질서의 변화를 분석하고 있지는 못하고 있다. 이 글은 기존 논의를 참조하여 인류세가 지니는 우주론적 전환의 계기를 분명히 하고, 이에 부합하는 새로운 행성 질서의 대안을 제시하여 질서 변환의 계기로 인류세가 갖는 함의를 더 명료히 드러내고자 한다.

테이야르의 마음권론과 성리학의 질서론은 그들이 처한 역사적 맥락과 규범론적인 한계에도 불구하고, 둘 모두 우주론적인 맥락에서 인간의 위치와 그것의 정치적 의미에 대해서 천착하고 있기 때문에 인류세 질서 모색에 중요한 참조가 된다. 주로 전간기에 저술 활동을 한 테이야르는 신학자이자, 사상가, 고생물학자로서, 인류의 역사를 우주의 시원까지 연결시키는 오늘날의 빅히스토리Big History류의 작업과 같이 인류라는 '현상'에 거시적·우주진화적 의미를 부여하고자 했다. 이 글은 그의 진화론적 서사를 통해, 인류세는 위기의 순간이기도 하지만, 인간이 우주진화에 좀 더 건설적인 기여를 할 수 있는 기회이기도 함을 논할 것이다. 하지만 테이야르의 주장은 행성 전체를 포괄하는 마음권의 통합을 지나치게 강조하여, 그 안에서 개별 행위자들의 자립적 위치와 능력을 위태롭게 하는 문제가 있다. 이러한 문제를 해소하기 위해 성리학의 질서론, 특히 성즉리性即理 논의를 거쳐, 위로부터의 전체적 통합이 아닌, 행위자들의 개별적 마음 자체를 행성적 권역으로 확장한 아래부터의 공화적 질서로서 마음권의 공화국 개념을 제시한다.

서로 크게 다른 시공간의 맥락에 위치한 두 사상적 전통을 결합하고자 하는 것은, 단순히 예외적 전통을 소개하려는 것도 아니고, 또 테이야르의 기독교 전통에 대한 동아시아 성리학 전통의 우위를 말하기 위한 것도 아니다. 이는 무엇보다도 마음권과 성리학이 정치철학에서는 드물게 인간의 마음 상태에 기반을 둔 질서론을 제시하고 있기 때문이다. 테이야르에게서 이는 지구를 규제하는 행성의 마음의 권역으로, 성리학에서는 후술할 마음의 공적 성격으로 나타난다. 또 마음권은 행성환경의 규제라는 성리학에는 부재했던 거시적 차원을 제공해 주고, 성리학은 마음권에서 부각되지 못한 개인의 자기수양을 강조한다는 면에서 서로 상보적인 역할을 할 수 있다.

인류세와 국제정치

인류세는 여러 환경적인 악영향으로 인해 주목을 받고 있지만, 좀 더 근본적으로는 당연시해 왔던 국제정치의 철학적, 우주론적 가정들에 근본적인 의문을 제기하고 있다. 국제정치라고 하면 대체로 인간의 영역과 자연의 영역을 구분 지어 인간의 문제만을 다루는 것으로 생각해 왔지만, 인간과 자연이 얽히면서 나타난 인류세의 도전에 이러한 가정은 더 성립할 수 없다.[3] 인류세는, 인간에 의해 지구가 변화하는 과정인 동시에, 변화하는 지구 자체의 힘에 의해 인류의 모든 정치사회적 구조가 변화하는 일이므로 양쪽을 통합적으로 이해하는 새로운 철학적·이론적 구도가 필요하게 된 것이다. 철학자 라투르Bruno Latour는 인간과 지구의 얽힘이라는 새로운 우주론적 변화가 국제정치 조직 원리로서 주권과 충돌할 수밖에 없음을 논변한다.[4] 특히 서로 분리된 영토주권국가와 그 고정된 배경이 되는 균질적 지구 공간으로서 근대 유럽의 글로브globe 관념은, 인간과 자연의 뒤얽힘이 존재하는 기후변화의 시기에 적합하지 않으며, 부분 속에 실은 전체가 항상 담겨 있음을 명료히 할 수 있는 새로운 공간 관념과 정치 조직 원리가 필요하다. 나아가 인류세의 국면에서는 진보적 규범이론이라 할 수 있는 세계시민주의조차도 인간중심적이며, 인간의 안보와 생물권의 보존이 엮여 있는 속에서는 이종간 세계시민주의inter-species cosmopolitanism 규범을 모색할 필요가 있다.[5]

---

3   Cameron Harrington, "The Ends of the World: International Relations and the Anthropocene," *Millennium* 44-3, 2016, pp. 478-498.

4   Bruno Latour, "Onus Orbis Terrarum: About a Possible Shift in the Definition of Sovereignty," *Millennium* 44-3, 2016, pp. 305-320.

5   Anthony Burke, "Interspecies Cosmopolitanism: Non-Human Power and the Grounds of

그런데 인류세 개념을 국제정치적으로 적용할 때 한 가지 주의해야 할 편향이 있는데, 그것은 위기, 종말, 위협의 부정적 측면, 그로 인한 역사적 단절과 격변을 강조하는 편향에 빠질 수 있다는 것이다. 이는 인류세 개념이 인류를 지구의 균형을 깨뜨리는 비정상적인 물질적 힘으로 규정하고, 이로 인해 초래될 각종 위기와 위협들, 그와 결부된 부정적인 불안, 두려움과 같은 감정들, 그리고 종말의 서사를 강조하는 경향이 있기 때문이다.[6] 이러한 경향은 인류세와 기후위기를 논하고 있는 국제정치학 논문들의 제목에서 명확히 드러난다. "세계의 종말들", "국제정치학은 세계의 종말을 어떻게 해야 하는가?", "행성정치: 국제정치학의 종말에서 온 선언" 등의 제목들은 인류세가 인류에게 종말의 실존적 위협을 제기하며 이를 해소하기 위한 극적인 이론적·실천적 변화가 필요함을 시사하고 있다. 종말과 위기에 대한 강조는 전례 없는 행성 차원의 위기에 따른 당연한 결과이지만, 이는 인류와 지구 생물권의 얽힘이 만들어 내는 현상의 부정적·단절적인 면만을 보게 하고 그 역사적·복합적인 측면을 간과하게 한다.

하지만 쇼시타이슈빌리Boris Shoshitaishvili 같은 학자들은 인류세와 마음권의 개념을 대비하면서, 같은 현상을 마음권의 시각에서 보면 오히려 긴 우주의 진화에서 지구가 한 단계 높은 차원으로 진화하는 과정으로 현재의 위기 상황을 이해할 수 있다고 강조한다.[7] 즉 지적·기술적 활동을 통해 연결된 인류의 마음이 지구 전체를 덮는 마음의 권역으로 발

World Order in the Anthropocene," *Review of International Studies* 49-2, 2023, pp. 201-222.

6   Boris Shoshitaishvili, "From Anthropocene to Noosphere: The Great Acceleration," *Earth's Future* 9-2, 2021.

7   Boris Shoshitaishvili, "From Anthropocene to Noosphere."

전하여, 생물권 등 다른 지구 권역을 의식적으로 조정하게 되는 과정으로 볼 수 있다는 것이다. 달리 표현하면 현재의 환경위기는 생물권과 미성숙한 기술권이technosphere 잘못 결합되어 발생한 것으로, 인류의 지성이 발달하여 성숙한 기술권이 등장하면 이전의 생물권보다 더욱 안정적인 지구환경이 조성될 수 있다.[8] 즉, 인류세의 원인이라고 제시되어 온 인류의 사회적·경제적·기술적인 지구적 팽창이 단순히 위기를 초래하는 것이 아니라, 지구가 우주의 역사에서 새로운 진화의 단계로 진입할 수 있는 조건을 만들고 있는 것이다.

이런 복합적인 우주론적, 우주사적인 전망을 고려할 때, 인류세와 결부된 인간의 팽창을 부정적으로만 묘사하는 것은, 불필요하게 정치적인 좌절감을 심어 줌으로써 오히려 위기의 극복을 위한 정치적 집합행동을 저해할 수 있다. 또 나아가 구체적인 대안을 제시할 때에도, 인류의 팽창에 담긴 내재적인 역사성을 무시한 채, 위기 상황에서의 선택이라는 우연성만을 강조함으로써 이미 다가온 극적인 정치적 변환의 가능성을 간과하게 한다. 현재 인류세 논의에서 행성적 차원의 새로운 정치적인 질서에 대한 논의가 상대적으로 부족한 것은 그러한 위험성을 시사한다. 따라서 인간 팽창의 결과 급격히 가속된 인간과 자연의 얽힘이 초래한 인류세의 도전을 인지하면서도, 그것이 제시하는 좀 더 적극적인 정치적 전망의 가능성을 명료하게 이해할 필요가 있다. 다시 말해 위기이지만 동시에 우주사의 맥락 속에서 새로운 진화의 기회이기도 한 현 시점이 갖는 행성 차원의 정치적 함의를 명확히 이해할 필요가 있는 것이다.

---

8 Adam Frank, David Grinspoon, and Sara Walker, "Intelligence as a Planetary Scale Process," *International Journal of Astrobiology* 21-2, 2022, pp. 47-61.

우주론과 주권국가

인간의 팽창이 제시하는 이 새로운 정치적 전망을 가늠하기 위해서 인류세 이전 근대 우주론과 정치사상의 관계를 먼저 이해할 필요가 있다. 인류세의 변화는 단순한 물질적인 변화가 아니라 근대 인류가 가지고 있었던 우주론 자체의 변화를 의미한다. 인류세는 인간이 우주의 중심이라는 가정의 전복, 능동적 인간과 수동적 자연이라는 이분법의 극복, 인간과 자연계의 다양한 행위체들 간의 복합적인 연결과 얽힘, 그리고 이들로 구성된 생물권의 역동성이라는 새로운 우주론적 현실을 만들어 내고 있다. 인류세가 새로운 정치적 전망의 계기가 되는 것은, 이런 특성들이 근대의 우주론과 그에 기초한 국제정치 조직 원리로서 국가주권에 근본적인 도전을 제기하기 때문이다. 따라서 이 근대적 우주론과 국가주권의 결합을 이해해야 인류세의 정치적 함의를 분명하게 이해할 수 있다.

프랑스 철학자 미셸 푸코Michel Foucault의 분석에 따르면 근대국가는 중세의 신에 의해서 통치되는 우주와 그 안에 존재한 왕국을 대체한 근대적 우주론의 일부로서 등장했다.[9] 근대적 우주론에서 우주는 더 이상 신에 의해 통치되지 않는 기계적인 대상으로 변화했고, 통치 공간은 오로지 인간들의 정치체가 만들어 내는 공간으로 한정되게 되었다. 바로 이 인간들의 정치체가 근대 주권국가로서, 자연은 이 주권적인 인간들의 국가가 통치를 위해 활용하는 수단이 되었다. 비슷하게 국가 이성, 세력 균형과 같은 근대적 정치 원리의 등장도 자연과학 발전에 따른 기

---

9   Michel Foucault, *Security, Territory, Population: Lectures at the Collège de France, 1977-78*, Graham Burchell trans., New York: Palgrave Macmillan, 2007, pp. 236-248, p. 300.

계론적 우주론의 등장에 의해서 촉발되었다.[10] 한편 우주론의 변화는 신학의 변화로도 나타났는데, 유명론nominalism 신학이 자연에 내재한 올바른 질서라는 기존의 신학관을 부정하고 모든 내재적 질서의 제약에서 자유로운 절대적 국가주권을 등장시키는 과정에 기여했기 때문이다.[11] 즉, 근대 국가주권의 숨겨진 형이상학적 원리로서 비인간 및 자연을 배제한 인간의 주권 원칙이 작동하고 있는 것이다.[12] 종합하면 근대 주권은 국가의 주권이기 이전에 신, 그리고 자연의 내재적 원리를 정치 질서에서 배제하고 등장한 인간의 주권이었다. 이 때문에 인간과 자연의 경계를 해체하고, 비인간 개체들의 행위능력과 독자적 질서를 인정하는 인류세는 근대 주권의 가장 근본적인 원칙을 수정하는 우주론적인 변화가 된다.

따라서 인류세와 관련된 새로운 우주론의 변화는 새로운 정치조직 원리의 등장을 예고하고 있으며, 이미 관련된 정치철학적 탐색이 여러 사상가와 이론가들에 의해 이루어졌다. 그 가장 대표적 예가 라투르이다. 그와 공동 연구자들은 글로브를 대체하는 새로운 지구의 형상으로 가이아Gaia를, 지표를 얇게 덮고 있는 모든 살아 있는 생물체들 그리고 이들과 연결된 비생물적 과정들의 복합적이고 매우 반응적인 자기조직적 네트워크로 정의한다.[13] 이렇게 정의된 가이아는 그 복합성으로 인해

---

10 Bentley Allan, *Scientific Cosmology and International Orders*, New York: Cambridge University Press, 2018, pp. 75-138.

11 William Bain, *Political Theology of International Order*, Oxford: Oxford University Press, 2020.

12 Alexander Wendt and Raymond Duvall, "Sovereignty and the UFO," *Political Theory* 36-4, 2008, pp. 607-633.

13 Timothy M, Lenton, Sébastien Dutreuil, and Bruno Latour, "Life on Earth Is Hard to Spot," *The Anthropocene Review* 7-3, 2020, pp. 248 -72.

전체를 포괄하는 하나의 고정된 시점에서 표상될 수 없고, 복합적인 전체가 각각의 네트워크상의 시점에 의해서 다른 방식으로 인지되고 포섭될 수밖에 없다.[14] 이 때문에 앞서 잠시 언급했듯, 하나의 고정된 시점에서 표상된 균질적 공간인 글로브 위에서만 존재 가능한 서로 분절된 영토주권국가는 가이아로 새롭게 이해된 지구 속에서는 불가능한 실체이다. 따라서 라투르는 하나의 부분이 전체를 포섭할 수 있는 형태의 조직 원리로 지구의 질서가 새롭게 만들어져야 함을 주장한다.[15]

이 글에서 제시하고자 하는 마음권과 성리학 질서론도 인류세에 적합한 새로운 우주론에 기초한 정치적, 국제정치적 질서의 모색이다. 이 글에서 특히 이 둘에 주목하는 이유는 앞의 라투르와 같은 사례들보다, 이 둘의 논리가 지난 수만 년간의 인류 팽창에 적극적인 진화적 의미를 부여하고 있기 때문이며, 나아가 행성 차원의 좀 더 구체화된 질서의 비전을 제시하기 때문이다. 이들로부터 도출되는 새로운 행성의 정치적 비전을 통해 인류세 개념의 종말론적 수사를 넘어서 지구사의 긴 맥락에 부합하는 새로운 행성 질서의 비전을 전망할 수 있다.

마음권

테이야르는 마음권의 개념을 발전시키고 분석한 대표적 인물로, 가톨

---

14 Alexandra Arènes, Bruno Latour, and Jérôme Gaillardet, "Giving Depth to the Surface: An Exercise in the Gaia-Graphy of Critical Zones," *The Anthropocene Review* 5-2, 2018, pp. 120-135.

15 Bruno Latour, "Onus Orbis Terrarum."

릭 사제이자, 고생물학자, 그리고 대중적인 저서의 저자였다. 그의 논의는 지구사 속에서 마음권의 진화를 분석하며, 특히 마음권의 윤리적, 정치사회적인 함의를 명료하고 직설적으로 드러내고 있다. 물리학, 고생물학, 진화사, 인류사, 가톨릭 신학 등 여러 분야를 종합한 그의 저작은 얼핏 한 개인의 사고실험에 불과한 것으로 보일 위험이 있지만, 인류의 발전을 장기간의 행성과 우주의 진화사에 위치시키고 있는 빅히스토리 저작들의 선구라고 할 수 있다.[16]

테이야르는 최근의 장기사 작업들과 비슷하게 인류의 등장과 발전을 생명과 우주의 발전 과정 속에 위치시키며, 마음권의 등장을 인류 발전의 절정으로 이해한다. 마음권을 완성함으로써 인류는 마침내 우주의 진화 과정에서 자신의 운명과 역할을 완수하게 된다는 것이다. 테이야르에게 우주의 역사는 마음이 점차 풍부해지고 더 집중되는 연속적인 진화의 과정이다.[17] '인간이라는 현상'은 이 진화 과정에서 특수한 위치를 차지하는데, 그것은 인간이 가지고 있는 성찰성reflection이라는 특수한 능력 때문이다. 테이야르가 보기에, 인간은 자신의 의식을 스스로에게 돌려서 자기 자신을 의식할 수 있는 유일한 생물종으로, 바로 이 성찰의 능력이 우주사에서 정신적 에너지의 폭발적 성장을 가져왔으며, 이는 인류가 전 지구로 팽창하여 지구의 전 표면을 덮는 마음의 권역, 곧 마음권을 형성할 수 있게 하였다.[18] 즉, 지구의 표면을 덮고 있는 대

---

16   Tim Lenton and Andrew Watson, *Revolutions that Made the Earth*, New York: Oxford University Press, 2011; Craig Benjamin, Esther Quaedackers, and David Baker, *The Routledge Companion to Big History*, London: Routledge, 2019.

17   Pierre Teilhard de Chardin, *The Future of Man*, New York: Image Books, 2004, pp. 169-175; Pierre Teilhard de Chardin, *The Phenomenon of Man*, New York: Harper Perennial Modern Thought, 2008, pp. 219-226, pp. 257-264.

18   Pierre Teilhard de Chardin, *The Phenomenon of Man*, pp. 163-184.

기권과 생물권에 더하여, 또 하나의 층위인 마음권이 생겨났다는 것이다. 마음권의 완성은 인간의 성찰성 능력이 절정에 다다르는 단계로서, 성찰적인 인류 모두가 각각의 내면세계를 하나의 전체로 통일하여 마침내 행성을 덮고 통치하는 초영혼super-soul을 형성하게 됨을 의미한다.[19]

테이야르의 다소 사변적인 논의만 보아서는 마음권 개념이 구체적으로 와닿기 어려운 부분이 있을 수 있지만, 마음권 논의의 출발점이 되는 생물권 논의, 그리고 그동안의 정치사상 전통을 통해 충분히 마음권의 현실적인 근거를 확인해 볼 수 있다. 우선 마음권에 영감을 준 생물권의 결정적인 성격은, 그 안의 다양한 개체들의 분산된 지적 활동의 피드백 네트워크가 자기 스스로를 규제하여 지구에 생명이 존재할 거주가능성habitability을 만들어 내고 있다는 것이다.[20] 마음권의 성찰성이라는 개념은 바로 이 생물권의 분산된 자기규제를 인류가 만들어 낸 제도 및 기술 체계를 통해 통합적이고 의식적 형태로 전환하는 것으로 이해할 수 있다.[21] 이는 이미 지구적 차원의 기후변화를 감시하는 수많은 센서들, 지구공학의 형태로 부분적으로 이루어지고 있으며, UN 기후변화협약 등의 기후 거버넌스 기제는 그 정치적 표현이라고 할 수 있다.[22] 마음권에서 개인들의 내면세계가 통일, 초영혼을 이룬다는 것 또한 이 맥락에서 이해할 수 있다. 지구의 생물 거주가능성의 의식적 통제를 위해서는 하나의 통일된 의지의 출현이 필요한데 그것이 홉스의 구상처럼 하나의 절대적 주권자를 통해서 이루어진다기보다는, 마음권 전체의 보편의지

---

19   Pierre Teilhard de Chardin, *The Phenomenon of Man*, pp. 233.

20   Adam Frank, David Grinspoon, and Sara Walker, "Intelligence as a Planetary Scale Process"; Timothy M. Lenton, Sebastien Dutreuil, and Bruno Latour, "Life on Earth Is Hard to Spot."

21   Pierre Teilhard de Chardin, *The Future of Man*, p. 171.

22   Timothy M. Lenton and Bruno Latour, "Gaia 2.0," *Science* 361-6407, 2018, pp. 1066-1068.

가 곧 개인의 개별의지가 되는, 비유컨대 루소가 정치공동체의 일반의지가 시민들의 개별의지와 같다고 주장한 바를 행성 차원으로 확장한 것으로 볼 수 있다.[23]

테이야르의 논의가 가지고 있는 여러 문제적 측면들, 인간예외주의, 서구중심주의, 전체주의에 대한 손쉬운 용서 등에도 불구하고, 인간과 우주의 진화에 대한 그의 논의는 인류세 시기 새로운 정치 질서와 그를 위한 윤리를 모색하는 데 있어 두 가지 특별한 장점을 지니고 있다. 첫 번째는 테이야르의 우주의 통일성과 일관성에 대한 집착에 가까운 추구이다. 현재 인류세가 제기하는 우주론적인 변화를 논하는 여러 논자들 중에서 테이야르만큼 우주 진화의 통일성과 일관성을 고수하고 있는 사상가는 찾기 어렵다. 그의 이 집착에 가까운 추구는 그동안 근대의 우주론과 인류세에 대한 다양한 논의들이 해결해 주지 못했던 우주론적 곤란에 대한 해답을 제시한다는 면에서 매우 중요하다. 테이야르에 따르면 인류는 르네상스 우주론이 근대의 과학적 우주론에 의해 대체된 이후, 일종의 '시공의 병space-time malady'를 앓고 있다. 즉, 코페르니쿠스 이후 지구는 신의 통치에서 벗어나 의미가 사라지고 기계적인 물리법칙에 의해서 지배되는 은하와 별들로 가득찬 공허하고 거대한 시공간 속으로 던져지게 되었다. 푸코가 지적했듯 이러한 던져짐은 인류로부터 지구 위를 감싸고 있던 신성한 신의 통치의 영역, 그리고 신성한 영역에 의해 의미를 부여받았던 지상이라는 공간을 빼앗아 갔다.[24] 그 결과 인류는 아무런 가치도 없고, 서사도 없는, 기계적이고 인간에게 무

---

23 Jean-Jacques Rousseau, *The Social Contract and Other Later Political Writings*, Victor Gourevitch, trans., New York: Cambridge University Press, 1997, pp. 51-53.

24 Michel Foucault, *Security, Territory, Population*, pp. 236-248, p. 300.

관심한, 즉 무의미한 공간에 살고 있다는 우주론적인 불안을 내면에 갖게 되었다.[25] 마음권은 이 병에 대한 테이야르의 대답으로, 무의미했던 우주에 마음권을 종착지로 하는 하나의 진화적 서사를 제공해 주며, 마음권의 중심을 차지하는 인간에게 결정적인 역할을 부여한다. 얼핏 인간의 특수성을 강조하는 테이야르의 서사는 또 다른 형태의 근대적 인간-자연 이분법의 반복으로 보일 수 있다. 하지만 근대적 이분법과의 결정적인 차이는 인간의 고유한 특성인 성찰성마저도, 인간 자신의 것이 아니라 인간과 비인간이 얽히면서 진화한 결과, 즉 우주적 산물로 이해되고 있다는 것이다. 우주적 진화는 태동의 시기부터 원초적인 의식을 내포해 왔으며, 그것이 인간 성찰성의 등장에 의해 새로운 단계에 접어들었고, 마음권에서 그 최종적인 형태에 이른다는 것이다. 그리고 진화라는 이 세속의 과정은 마음권이라는 최종 단계에서 비로소 신의 초월과 접속하게 된다.[26] 마음권을 통해서, 우주는 통일성을 획득하고, 인간은 우주적 진화라는 서사에서 자신의 자리와 의미를 획득하게 된다.

우주론적 통일성의 추구는 인류세의 시기에 막대한 정치적인 함의를 지니고 있다. 먼저 마음권은 근대적 우주론과 주권의 한계를 드러내고, 거기에 잠재된 개인들의 우주론적 불안을 해소할 수 있다. 앞서 언급했듯, 근대의 주권이라는 국제정치 조직 원리는 근대적 우주론에 기초하고 있다. 테이야르의 논의는 이 우주론이 사실상 불완전한 것이었음을 의미한다. 근대의 우주론과 주권의 조직 원리는 표면적인 정치경제적 차원에서 안정적인 통치 공간을 제공해 준 것처럼 보였지만, 시공의 병으로 인해 인류는 일종의 우주론적 허무주의, 미아의 상태에 놓인 채로

---

25 Pierre Teilhard de Chardin, *The Phenomenon of Man*, pp. 226-229.

26 Pierre Teilhard de Chardin, *The Future of Man*, pp. 173-175.

명료한 도덕적·영적인 가치의 준거를 확보하는 데 실패하고 불완전한 정치 질서만을 유지해 왔던 것이다. 좀 더 완전한 우주론에 기초한 정치 조직 원리는 개개 인간들의 내적인 동요를 해소하고 그들이 광막한 우주의 시공간에서 자신들의 위치와 존재 의의를 가늠할 수 있는 방향을 제시해 주어야 한다. 여기에 실패한 근대성은 진정한 새 우주론 없이 새로운 우주만을 발견한 셈이었다. 인류세의 위기는 실제 경험적인 우주에서 인류를 근미래에 사라질 수 있는 무의미한 점 같은 존재로 만든다는 점에서 이 근대 우주론에 내재한 불안을 더욱 심화시키고 있다. 마음권은 인류와 그 정치 질서에 우주의 통일적인 진화를 위한 유의미한 기능을 부여함으로써, 불완전한 근대의 우주론과 주권 질서에서 비롯되고 인류세에 의해 더욱 심화된 우주론적 불안을 해소할 가능성이 있다.

두 번째로, 마음권 개념은 인류를 그를 초월하는 우주 진화의 목적에 종속시킨다는 점에서 인류세의 대안적 정치 질서로서 가능성을 보여준다. 테이야르는 근대의 인간-자연 이분법에서 벗어나, 성찰성과 이로 인한 인간의 정치적, 윤리적 행위와 조직들이 마음권 형성을 통한 우주 진화에 복무해야 함을 강조한다. 특히 지구의 궁극적인 진화의 끝이 인간 마음들의 통일에 의해 건설될 지구적 마음권의 질서이므로, 인류의 정치적, 윤리적 원리는 내부적 기준으로 평가되는 것이 아니고, 최종적으로 등장할 마음권의 질서에 부합하는지로 평가되어야 한다. 중세 정치가 신의 질서의 일부였다면, 테이야르에게 인간의 정치는 우주적 질서의 일부여야 하는 것이다. 마음권을 목적으로 하는 이런 사유는, 전체주의 정치체제에 대한 테이야르의 입장에서 구체화된다. 그는 전체주의를 개별 인간의 마음들이 지표 위에서 점차 밀접하게 하나로 통합되어 가는 과정에서 나타난 정치 질서로 일단 그 의미를 평가하고 있다. 다만 이 통합이 잘못된 방향으로 나아가 각 개인들을 생각이 부재한 전체 속의 부품으로 만들어 전체적인 성찰성의 증대를 가져온 것이 아니라 오히려 감소시켰다고 지적하고 있다.[27] 따라서 결과적으로 마음권의 형성을 저해하였기 때문에 전체주의는 진화적으로 정당하지 못한 정치 질서가 된다.

이와 같은 마음권은 새로운 행성의 질서에 대한 좀 더 야심적인 비전의 단초를 제시한다. 테이야르는 무한한 우주의 시공과 인류세의 위기에서 비롯되는 불안을 해소할 수 있는, 인간과 자연을 포괄하는 통일적 질서로서 마음권을 제시한다. 이를 우주적 진화의 궁극적인 귀결로 제시함으로써 테이야르는 현재의 인류세 논의와는 정반대의 매우 희망적인 비전을 가지는 역사 발전의 경로를 그린다. 또한 정치윤리 철학과 우주 진화에 대한 논의를 통합함으로써, 인간과 자연의 영역이 하나로서 조화를 이룰 수 있는 질서의 방안을 찾도록 유도한다. 그러나 새로운 가능성에도 불구하고, 구체적인 정치조직 원리에 대해서는 테이야르는 명확한 방향을 제시하지는 않는다. 논의의 방향상, 일종의 행성적 차원의 정치적 통합을 암시하고 있지만, 이 통합이 어떤 형태여야 하는지에 대해서는 구체적으로 논하지 않는다. 그는 현재와 같은 민족국가로 분절된 행성 질서의 시대는 이미 끝난 것으로 전망하지만, 그렇다고 하여 어떤 세계국가와 같은 질서를 제안하고 있지도 않다.

테이야르의 마음권은 개인적 윤리에 대해서는 정치적 비전보다는 명료한 방향을 제시하고 있다. 인류세에서 개인 윤리는 정치 질서만큼이나 중대한 정치적 의미를 지는데, 개인들 삶 속의 윤리와 지구적인 과정들의 괴리가 인류세 위기의 근본적 원인 중 하나이기 때문이다.[28] 테이

---

27   Pierre Teilhard de Chardin, *The Phenomenon of Man*, pp. 256-257.

28   James Miller, *China's Green Religion: Daoism and the Quest for a Sustainable Future*, New

야르는 특히 초인간super-person 개념을 통해 마음권 진화의 과정에서 개인 윤리를 논하고 있는데, 이 논의는 인류세 시대의 윤리에 몇 가지 중요한 원칙을 제공한다. 테이야르가 이야기하는 초인간으로서의 개인은 거시적인 마음권의 질서에 대응하는 미시적인 개념이다. 테이야르는 통일적 마음권의 등장이 개인적 인격의 소멸을 의미하는 것은 아니고, 오히려 개인은 자신의 독립적 인격을 통해서만 마음권에 기여할 수 있다고 본다.[29] 나아가 테이야르는 완벽한 마음권의 등장이 개인의 인격적 완성을 위해서도 필수적이라고 주장한다. 이는 개인의 인격이 지구적으로 통일된 인격인 마음권에 기여하는 것이 개인의 인격을 '초인간화superpersonalizing' 하기 때문이다.[30] 테이야르는 특히 "통일은 분화시킨다union differentiates"라는 명제를 통해 마음권과 개인의 인격 간의 상보적 성격을 강조한다.[31] 즉, 인간의 장기들이 하나의 몸에 통합됨으로써 그 특수한 기능을 갖게 되듯이, 마음권에서 개인의 인격 또한 분화한다는 것이다.[32] 다만 몸과 장기와는 달리, 마음권에서 독자적인 인격은 사라지지 않고 완성된다.[33]

테이야르는 이 상보성에 기초해서 개인들을 위한 윤리적 원칙을 도출한다. 만약 인간의 자연스러운 의무가 자신이 가지고 있는 잠재적 능력을 최고로 계발하는 일이라면, 각 개인들은 항상 마음권의 형성에 유

York: Columbia University Press, 2017.

[29] Pierre Teilhard de Chardin, *Human Energy*, New York: Harcourt Brace Jovanovich, 1971, p. 67.

[30] Pierre Teilhard de Chardin, *Human Energy*, p. 67.

[31] Pierre Teilhard de Chardin, *Human Energy*, p. 67; Pierre Teilhard de Chardin, *The Future of Man*, p. 44; Pierre Teilhard de Chardin, *The Phenomenon of Man*, p. 262.

[32] Pierre Teilhard de Chardin, *The Phenomenon of Man*, p. 262.

[33] Pierre Teilhard de Chardin, *Human Energy*, p. 64.

리한 방향으로 행동하고자 해야 한다. 마음권의 완성이 곧 각 개인들의 초인간화를 의미하기 때문이다. 테이야르의 표현을 따르면 이것이 곧 우주가 개인에게 부과하는 의무이다: "개인들의 운명이란 우주 전체의 운명에 의존하므로, 우리는 어떤 특정한 방식으로 행동해야 한다. 의무는, 그 기원을 따진다면, 전체 우주가 하나의 원자에 반영된 것에 불과하다."[34] 비슷하게, 칸트 또한 세계시민주의를 통한 사회화와 소통의 확대가 개인들의 도덕적·미학적 감수성을 계발하기 위해 필수적임을 지적한 바 있는데,[35] 마음권은 칸트적 계보를 이으면서도, 훨씬 더 집중적이고 통일적인 과정을 요구한다. 왜냐하면 마음권의 진화는 인간들뿐만이 아니라, 물질을 포함한 지구 전체를 통치하는, 영혼을 가진 하나의 통일된 개체를 창출하는 과정이기 때문이다.[36] 바로 이 행성 차원의 통일성이 개인들의 완전한 발전을 위한 필요조건이며, 그 완성으로 가는 도정에서 그들의 행동을 안내하는 윤리적 원칙이 된다.

위와 같이 테이야르는 통합된 마음권에서 개인들에게 나름의 역할과 자유를 보장하고 있다. 그럼에도 그는 통일된 전체의 의지가 개인에 우선한다는 전체주의적인 위계를 일관되게 유지하고 있어, 마음권에서 개인 마음이 의미 있는 수준의 자유와 능력을 가지고 있는 것이라 보기 어렵다.[37] 개인의 위태로운 위치는 단적으로 두 측면에서 드러나는데, 먼저 그가 개인적 고통을 일종의 필요악으로 이해한다는 것이다. 그는 당

---

34 Pierre Teilhard de Chardin, *Human Energy*, p. 29.

35 Hannah Arendt, *Lectures on Kant's Political Philosophy*, Chicago: University of Chicago Press, 1992, pp. 58-77.

36 Pierre Teilhard de Chardin, *The Future of Man*, p. 171.

37 Pierre Teilhard de Chardin, *The Phenomenon of Man*, p. 263; Pierre Teilhard de Chardin, *Human Energy*, p. 64.

시 세계에 개인들의 고통이 만연해 있음을 인정하지만, 이를 마음권이라는 전체의 궁극적 목적을 성취하기 위해 피할 수 없는 일로 인식한다.[38] 다음으로 그는 마음권을 위한 우생학적 실험들을 긍정하는데, 그는 개인의 자유의지와 마음권의 의지는 완벽한 조화를 이룰 수 있다는 논리로, 마음권의 완성과 유지를 위해, 민족들과 개인들의 생물학적 구성까지 우생학, 그의 표현으로는 인간 에너지학human energetics으로 통제할 수 있다고 본다.[39] 그의 이런 논리는 그가 실제로 전체주의 정권들의 우생학적 실험들을 공식적으로 옹호했다는 사실을 고려할 때 더욱 변호하기 어렵다.[40]

개인과 전체로서 마음권의 완벽한 조화의 가능성이라는 테이야르의 이런 전제는, 개인들과 민족들의 자기결정권, 그리고 문화와 믿음의 다양성뿐만 아니라, 심지어 우주와 신성에 대한 개념들의 다양성까지 존중해야 한다는 오늘날의 기대에 비추어 볼 때 받아들이기 어려운 것이다. 편협한 개인주의적·민족적 집착이 지구 체계를 효과적으로 조절하는 일을 어렵게 하고 있는 인류세의 위기 상황에서, 개인들의 시야를 확장하고 좀 더 보편적인 것으로 만들고자 하는 테이야르의 시도 자체는 분명히 매력적이다. 그럼에도 마음권 내에서 너무나도 취약한 개인의 위치는 이 개념의 매력을 떨어뜨리고 심지어 위험한 것으로 만들어 버린다. 따라서 현재 인류세의 요구에 부합하기 위해서, 마음권 개념은 개인의 자유와 능력을 더 확실하게 보장하고 마음권이라는 종착지와 그

38 Pierre Teilhard de Chardin, *Human Energy*, p. 50.

39 Pierre Teilhard de Chardin, *The Phenomenon of Man*, p. 283.

40 John P. Slattery, "Dangerous Tendencies of Cosmic Theology: The Untold Legacy of Teilhard de Chardin," *Philosophy and Theology* 29-1, 2017, pp. 69-82.

로 이행하는 도정에서 개인들의 자유를 존중할 수 있는 방향으로 새롭게 수정될 필요가 있다.

이를 위해서 특히 세 가지 방향의 재구성이 필요하다. 먼저 무엇보다도, 마음권 논의에서 통일성 개념의 성격이 수정되어야 한다. 테이야르의 유기체적 언어는 계속해서 일부분에 불과한 개인들을 통합된 전체에 복속시키려는 경향을 보인다. 새로운 통일성 개념을 통해 이러한 부분과 전체라는 도식을 해체할 필요가 있다. 두 번째로 마음권의 형성과정에서, 각 개인들이 어떻게 자신들의 인격을 발전시켜 나가야 하는지를 더 상세하게 논할 필요가 있다. 테이야르는 마음권의 완성이 개인들의 완성 또한 가져올 것이라 단순히 가정해 버리는데, 이는 마음권 형성과정에서 각 개인들의 실질적인 역할과 자유를 무시하는 일이다. 마지막으로, 마음권 논의는 현재 정치 질서의 한계를 넘어서면서도 개인들의 자유를 보장해 줄 수 있는 좀 더 구체적인 행성 질서의 구상으로 발전되어야 한다.

이어서 성리학 전통의 개념과 원리들을 활용하여 마음권을 이 세 방향에서 재구성하고자 한다. 성리학이라는 전혀 다른 전통을 끌어들이는 것은, 그동안의 마음권을 둘러싼 논쟁에서 다루어지지 못한 새로운 가능성을 열 수 있기 때문이다. 서양 종교 및 철학 전통 내에서 마음권에 대한 여런 비판적 논의들이 있었지만, 대체로 그 인간중심주의, 서구중심주의, 인종주의 등을 드러내는 데 집중해 왔다.[41] 물론 이 비판들은 중요하고 이 글의 영감이 되기도 했지만, 여기서는 마음권 개념의 가능한 기여를 인간과 우주의 통일성에 대한 같은 관심을 자기수양이라는 다

---

41   John P. Slattery, "Dangerous Tendencies of Cosmic Theology."

른 각도에서 기울여 온 성리학 전통을 통해 재구성해 보고자 한다. 먼저 마음권 내에서 개인의 위치와 관련된 첫 두 문제를 성리학적 통일성과 자기수양의 시각에서 논의하고, 다음으로 성리학을 통해 변용한 마음권 개념을 통해서, 마음권의 공화국이라는 행성 차원의 새로운 질서 구상을 제시할 것이다.

마음권과 성리학

전체 없는 통일: 성즉리

성리학 특히 그 한 양태로서 도학道學은 11~12세기에 송나라 당대에 나타나 중국의 보편적·정치적 권위가 약화되고 중앙정치 참여가 어려운 상황에서, 중국 엘리트들의 생활세계 내의 도덕적 실천과 그를 뒷받침해 주는 형이상학을 통해서 세계의 통일성을 주장하였다.[42] 이 면에서 그들의 사유 체계는 통일성에 천착한 테이야르와 비슷하다. 하지만 도학자들이 통일을 추구한 방식은 테이야르와 결정적인 차이가 있다. 이는 성性과 이理의 개념 그리고 성즉리性卽理라는 명제에서 잘 나타난다. 도학자들의 이는, 인간과 자연을 포괄하는 우주 자체의 보편적 원칙을 의미한다. 이理는 단 하나의 우주의 보편원리로서 우주 안의 모든 개체들을 관통하고 있다. 테이야르가 우주의 진화사 안에 인류를 위치시켰던 것처럼, 이理라는 우주의 보편원리 또한 인간의 도덕적 세계와 자연

---

[42] Peter Kees Bol, *Neo-Confucianism in History*, Cambridge, Mass.: Harvard University Asia Center, 2008, pp. 7–42; Youngmin Kim, *A History of Chinese Political Thought*, Cambridge, UK: Polity Press, 2018, pp. 116–134.

의 물리적 세계를 분리하지 않고 양쪽 모두를 규정한다. 성性은 서구에서 유래한 근대 정치철학의 인간 본성, 인간 실존, 인간 조건 등과 유사한 개념으로 세계 속에 인간이 존재하는 기본적 방식을 의미한다. 도학자들은 우주의 통일성을 추구하는 동시에 이 통일성 속 개별 인간들에게 의미를 부여하기 위해서 모든 개별적 존재들, 특히 인간의 성性이 곧 우주의 이理, 성즉리라는 논리를 펼쳤다. 즉, 도학자들은 개별 인간들 자신이 곧 우주 전체를 반영한 하나의 소우주임을 주장했으며, 이理는 개별 인간 자신들이 그들에게 필요한 모든 도덕적·자연적 지식을 이미 자신의 성性 속에 날 때부터 부여받았음을 의미했다. 성性과 이理의 이와 같은 관계를 도학자들은 달의 형상이 많은 강에 비친 모습에 비교하곤 했다. 하늘의 달은 비록 여러 강에 비칠 수 있지만, 달이 비친 그 형상은 달의 부분적인 재현이 아니라, 달 전체의 모습을 온전히 보전하고 있다는 것이다. 마찬가지로, 한 개별자의 성性 또한 이理의 일부분으로 존재하는 것이 아니라 이 전체를 담지하고 있다고 보았다.[43]

이러한 도학자들의 통일성은 테이야르가 제시한 마음권의 통일성과 근본적으로 다르다. 테이야르의 논의에서 전체로서 마음권은 그 부분들인 개인들의 합을 초월하는 것으로, 부분과 전체 사이에 명백한 위계가 존재한다.[44] 전체인 마음권은 그 독자적인 중심을 소유하고 있고, 이 중심이 하나의 초중심으로서 부분들인 개별적 중심들, 즉 개인들에게 질서를 부과한다.[45] 마음권의 통일성은 전체의 이 초월성과 우월성에서 유

---

43 Youngmin Kim, "Political Unity in Neo-Confucianism: The Debate between Wang Yangming and Zhan Ruoshui," *Philosophy East and West* 62-2, 2012, pp. 246-263.

44 John P. Slattery, *The Phenomenon of Man,* pp. 178-179.

45 Pierre Teilhard de Chardin, *The Future of Man*, p. 67.

래한다. 이와 달리, 성즉리라는 명제에 따르면 전체인 우주의 이理는 부분들의 합보다 크지 않으며, 오히려 각 부분들이 전체의 이理를 성性으로서 그 안에 담지한다. 기실, 부분과 전체라는 표현을 적용하는 것조차 어려운데, 전체를 포함하는 부분은 사실상 더는 부분이라 하기 어렵기 때문이다. 이것이 개별자들의 성性이 곧 이理라는 명제의 의미이다. 여기서는 부분과 전체 사이에 위계가 존재하지 않는다. 도학자들의 통일성은 부분을 통할하는 전체의 통일성이 아니라, 모든 개별자들 안에 전체의 우주가 항상 현존함으로써 달성되는 통일이다.

도학자들의 통일성은 테이야르와 같이 거시적인 우주적 시야를 견지하면서도, 그의 마음권보다 개별 인간들의 자유와 능력의 발휘를 위한 훨씬 더 확고한 토대를 제공한다. 각 개인들은 우주와 전일적인 조화를 이루면서도, 그들 자신의 성性에 우주 전체의 이理를 담지하게 되므로 전체의 일부라는 열등한 지위를 벗어나게 된다. 테이야르가 지적한 시공의 질병 또한 우주 자체의 원리를 담지하고 있는 개별자에게는 더 이상 문제가 되지 않는다. 또한 개별 인간들이 곧 우주의 보편적 원리가 내재하는 곳이 되므로, 이 원리에 부합하게 행동한다면 그들의 도덕적·정치적 행위들은 그 자체로 우주에 질서를 부여하는 행위가 된다. 즉, 테이야르의 전체주의적 비전과는 달리, 그 어떤 전체도 자신의 의지를 부분들에게 부과하지 않는다. 오히려 도학의 이상은 아래, 즉 개별적 행위에서부터 점차 보편적인 우주의 질서로 올라오는 형태의 과정을 강조한다. 테이야르 식의 전체의 초중심은 없으며, 개별 인간들 자신들이 초중심으로서 우주의 질서를 만들어 나가게 된다.[46] 또한 이미 우주

---

46 Youngmin Kim, "Cosmogony as Political Philosophy," *Philosophy East and West* 58-1, 2008, pp. 108-25.

의 이理가 개인들에게 내재해 있으므로, 개인들은 자신들의 인격의 완성, 테이야르의 언어로 초인간화를 위해 마음권의 완성을 기다릴 필요가 없다. 개인들의 인격의 완성, 즉 성리학자의 언어로 자신의 성性을 완전하게 발휘하는 것은, 어떤 전체적 통일이 아니라 스스로 자기를 연마함으로써 인격과 존재를 완성해 나가는 과정에 달려 있다.[47]

이와 같은 도학의 형이상학 속에서 마음권과 그를 구성하는 초인간들을 새롭게 이해하는 것이 가능해진다. 즉, 테이야르가 이야기하는 초인간을, 이理를 자신의 성性 속에 담지하면서 각자 다른 방식으로 이를 표현하는 도학적 수양자로 재이해하는 것이다. 더 정확하게는, 이理의 실현은 수양자들의 도덕적 완성의 정도에 달려 있으므로 이들을 잠재적 초인간으로 불러야 할 것이다. 테이야르가 이야기하는 마음권의 완성이란 성리학적 통일성 관점에서 다시 해석하자면, 최종적 진화의 단계에서 성취되는 전체의 통일이 아니라, 이 잠재적 초인간들의 끊임없는 자기수양으로 이理가 다양한 삶의 국면에서 실현되어 종합된 결과로 새롭게 이해될 수 있다. 즉, 통일된 이理가 이미 각 개인들의 성性 속에 충분히 접근 가능한 형태로 존재하고 있으므로, 먼 미래의 마음권이라는 최종적 통일성이 도래하기를 기다릴 필요가 없는 것이다. 잠재적 초인간들의 윤리적 목표는 끊임없는 자기수양으로 우주의 이理를 실현하면서, 서로 연대를 맺고 이를 통해 아래로부터의 자기조직화를 통해 우주의 질서, 즉 마음권을 만들어 가는 것이 된다. 새롭게 해석된 마음권의 통일성이란 바로 이 잠재적 초인간들의 계속적인 자기수양과 자기조직화에 다름 아니다.

---

47 Youngmin Kim, "Cosmogony as Political Philosophy."

도학적 자기수양과 우주로서 개인의 마음

도학의 논리로 새롭게 이해된 마음권은, 아래로부터 개인의 인격적 완성의 통합이자 공명이므로, 제도 건설에 더해 개인들의 수양이 이루어져야 달성될 수 있다. 테이야르의 논의는 마음권의 완성을 곧 개인적 완성으로 가정함으로서 이 수양의 필요성을 놓치고 말았다. 마음의 수양을 위해 도학자들은 의복의 규범, 일상에서 가족과 친척들이 갖추어야 할 예절, 감정과 느낌의 미묘한 움직인, 장례와 제사에서 행해야 할 예식, 그리고 무엇보다도 마음의 내면 상태를 조절하기 위해 노력했다.[48] 이러한 일상적 규율은 도학자들이 자신들의 마음을 계발하여, 그들의 행위와 인격이 자신들의 성性과 일치되도록 하기 위해 반드시 필요한 일이었다. 개인의 인격은 우주의 질서를 이루는 핵심이었고, 그러므로 마음권의 형성 같은 거시적 과정에 맡겨질 것이 아니라 의식적인 노력에 의해 수양되어야 하는 것이었다.

도학 전통을 이어받은 16세기 사상가 담약수湛若水의 논의를 참조하면, 이러한 자기수양은 하나의 미시적인 행성적 마음, 즉 마음권 자체를 개인의 마음 안에서 형성하는 것으로 이해할 수 있다. 이전의 도학 사상들을 혁신하면서, 담약수는 통일성을 담보하는 이理를 인간 내면 바깥의 우주에서 인간 마음의 내면으로 새롭게 위치시킨다. 그에게 있어, 이理라는 것은 외부의 원리가 아니라 마음의 어떠한 올바른 상태에 다름 아니다. 하지만 이러한 재정위再定位가 인간 마음이 우주와의 전일적인 합일을 잃어버렸음을 의미하지는 않는다. 그가 인간 마음을 우주 그 자

---

48 Curie Virág, "Emotions and Human Agency in the Thought of Zhu Xi," *Journal of Song-Yuan Studies* 37, 2007, pp. 49-88; 윤인숙, 《조선 전기의 사림과 소학》, 역사비평사, 2016; Youngmin Kim, "Cosmogony as Political Philosophy"; Martina Deuchler, *Under the Ancestors' Eyes*, Cambridge, MA: Harvard University Asia Center, 2015.

체로 재정의함으로써, 마음과 우주의 일치, 그리고 우주 자체의 통일성을 새로운 방식으로 달성하기 때문이다. 마음은 더 이상 인간의 몸 안에 갇힌 협소한 무엇으로 이해되지 않고, 우주 자체와 같은 연장extension을 가지는 것으로 이해된다. 담약수에 의하면, 마음은 하나의 빛의 원천과, 그 빛이 사물에 드리워져 있는 모습을 합친 것과 같다. 빛의 원천과, 그로 인해 밝혀진 사물이 빛나는 양상을 구분할 수 없듯이, 마음과 마음에 의해서 인식된 사물도 구분할 수 없다는 것이다. 같은 논리로, 우주 전체도 잠재적으로는 마음에 의해서 인식될 수 있으므로, 우주와 마음은 동일시될 수 있다.[49] 이렇게 재정의된 마음은, 잠재적으로 테이야르의 마음권과 비슷한 의미와 규모를 갖는다. 도학적 자기수양은 한 개인이 마음을 다루는 방식을 완벽하게 함으로써 그것이 실제로 우주 전체를 포괄할 수 있게, 마음권의 맥락에서는 행성 전체를 포괄할 수 있게 만들어 나가는 과정이다. 달리 말하면, 자기수양을 통해서, 한 인간은 그 자신의 마음속에서 미시적인 마음권을 완성할 수 있다.

미시적인 마음권의 형성이라는 목적은 담약수를 비롯한 도학자들로 하여금 기술과 마음권의 관계를 테이야르와는 전혀 다른 방식으로 인식하게 한다. 테이야르의 논의에서 기술은 인간의 지식 발전의 결과 나타난 것으로, 인간들의 행성적 연결을 가능하게 하는 결정적인 역할을 한다. 비슷하게 도학자들도, 도학 사상을 표현한 그림, 도덕적 행위의 장부, 다양한 예의의 양식, 고전 텍스트 등의 기본적인 도구들을 사용하여 자신들의 자기수양을 촉진하였다. 하지만, 도학자들의 경우 방점은 이 도구들을 사용하여 개인 의식의 시야를 확장하는 것에 있었지, 테이

---

49 김영민, 〈리(理)의 재정위(再定位)와 심(心)의 재정의(再定義)〉, 《철학》 85, 2005, 47~74쪽.

야르나 현대의 인공지능 연구자들처럼, 거대한 행성 차원의 지능을 건설하는 것에 있지 않았다. 도학자들의 이런 접근법은 개인들의 감각적·인식적 능력을 확대하여 복잡한 지구의 과정들에 민감하게 반응하게 하기 위한 현대의 여러 기술-예술적 실험들과 궤를 같이하고 있다.[50] 예컨대 존 애덤스는 바다의 움직임을 모방한 음악을 통해 바다라는 추상적 자연, 나아가 기후와 해류 등 지구 체계의 여러 변화에 대해 좀 더 민감한 감각을 기르고자 하였다.[51] 토마스 사라세노 같은 경우, 실제 사람이 올라갈 수 있는 형태의 네트워크를 제작해, 다양한 정치 수준의 행위자들이 서로 밀접하게 동기화된 형태의 세계가 무엇인지를 몸을 통한 체험으로 감각하게 한다.[52] 도학자들은 물론 현대에 비해 훨씬 제한적인 기술들을 가지고 있었지만, 그들의 형이상학적 체계와 수양의 기술들을 통해 인간 마음의 인지적 지평을 확장하고자 하였다. 인간 마음과 우주 혹은 행성의 일치는 인간 마음에 대한 이와 같은 직접적인 규율적·기술적 개입에 의해서 달성되는 것이었다.

앞에서 논한 새롭게 이해된 마음권의 통일성은 바로 위와 같은, 자기 수양 혹은 변화의 기술-예술적 실험과 규율을 통해 각 개인들이 스스로의 마음을 이념의 차원이 아니라 인지적 차원에서 확장하여 미시적 마음권을 이루어서 달성된다. 테이야르가 생각하듯 마음권의 발전에 따라 자연스럽게 초인간들의 인격이 완성되는 것이 아니고, 구체적이고 기술적인 여러 작용을 개인들의 인지와 마음에 가하여서, 그들이 마음을 행

---

50 William E. Connolly, "The 'New Materialism' and the Fragility of Things," *Millennium* 41-3, 2013, pp. 399-412.

51 Dianne Chisholm, "Shaping an Ear for Climate Change: The Silarjuapomorphizing Music of Alaskan Composer John Luther Adams," *Environmental Humanities* 8-2, 2016, pp. 172-195.

52 Studio Tomas Saraceno, "In Orbit," 2013. https://studiotomassaraceno.org/in-orbit/

성 전역으로 확장하고 그것들이 공명하고 자기조직화할 때 비로소 마음권은 달성되는 것이다.

여기서 중요한 것은 자기수양을 강조한다고 해서, 도학자들이 어떤 인간 본성에 대한 가정에서 인간들은 그런 수양을 원하고 할 수밖에 없다고 보는 것은 아니라는 것이다. 담약수를 비롯한 도학자들이 강조하는 것은 인간의 본성과 세계의 통일성일 뿐, 인간이 선하거나 악한 성향을 타고난다고 가정하는 것은 아니다.[53] 마음의 확장을 통한 미시적 마음권의 달성이라는 것도 하나의 가능성에 불과하다. 오히려 그들의 입장은 다분히 구성주의적인 것으로, 확장된 마음과 이를 추구하려는 동기 자체를 개인을 둘러싼 규율적, 기술적, 정치사회적, 자연적 조건의 결과로 보는 것이다. 어떤 가정이 있다면, 인간은 세계의 통일성을 체험함으로써 삶의 의미를 획득하고자 하는 성향이 있다는 것인데, 이는 인간에게 자기보존을 추구하는 성향이 있다는 가정보다 더 지나친 것도 아니고, 그것과 충돌하는 것도 아니다. 인간에 대한 이런 구성주의적 관점을 취할 때, 자기수양이나 현대의 기술-예술적 실험들은 인간들이 자신들의 세계를 만들어 가는 가능한 방법 중 하나가 되며, 그것의 효과나 그를 실천하려는 동기 또한 다양한 역사적 조건과 과정에 의해 결정되게 된다. 따라서 이 미시적 마음권의 형성이 달성될 필연성은 없지만, 또한 그 성격이 과거 민족이라는 상상의 공동체가 당시의 기술-예술적 조건들로 결정된 인지적 지평에 의해 형성된 과정과 크게 다르지 않다는 면에서 충분히 가능한 변화의 방향이며,[54] 또 인류세라는 지구자연적 조건에 의해서 구조적으로 추동되고 있기도 하다.

---

53 Youngmin Kim, "Political Unity in Neo-Confucianism." 2012.

54 Benedict Anderson, *Imagined Communities*, London: Verso, 2006.

마음권의 공화국

도학자들은 개인 윤리에 주목한 정치적 비전을 제시했는데, 이를 통해 미시적 마음권에 기초한 구체적인 행성 질서를 개념화해 볼 수 있다. 앞서 말했듯 도학자들은 각 개인들이 그들의 도덕적 본성, 즉 성性에 우주의 이理를 담지하고 있다고 보았다. 이는 그 어떤 개인이라도 자신들의 도덕적 인격을 수양함으로써 우주적인 질서 형성에 동등한 참여자로 기여할 수 있음을 의미했다. 또 각 개인의 마음이 우주적 질서 형성의 핵심적 장소가 됨에 따라서, 오히려 국가의 질서 형성 역할은 개인에 비해 부차적인 것이 된다. 그 결과 도학자들의 이상적 정치 질서란 확장된 마음을 가진 개인 행위자들이 자기조직적으로 연합한 우주적인 탈중심의 공화적 질서이고, 이는 민병희가 이름 붙였듯 마음의 공화국이라 할 수 있다.[55] 도덕적 행위는 그 자체로, 세계의 질서를 만들어 낸다는 의미에서 최고의 정치적 행위가 되며, 모든 개인은 이 행위에 참여할 가능성을 동등하게 가지고 있다. 따라서 도학자들이 만들어 낸 수평적이고, 잠재적으로 초국경적인, 자기수양하는 개인들의 자기조직적 연합 혹은 네트워크는 공화적 질서이며, 이들은 자신들을 수양하여 그들의 성性에 담지된 이理가 모든 상황에서 실현될 수 있도록 공동으로 노력한다.

특히 도학자들은 수신, 제가, 치국, 평천하의 단계로 널리 알려진《대학大學》의 8조목 도식을 활용하여 여러 사회적·정치적 단위들을 자기

---

55 Youngmin Kim, *A History of Chinese Political Thought*, pp. 129-131; Byounghee Min, "The Republic of the Mind: Zhu Xi's "Learning(xue)" as a Sociopolitical Agenda and the Construction of Literati Society," Ph. D. Diss., Harvard University, 2007.

를 수양하는 개인들의 네트워크 속으로 통합시켰다. 8조목에 드러나는 자기수양과 정치적 혁신의 연속체는 우주를 질서 짓는 여러 영역들 사이의 공생적 관계를 의미한다.[56] 분산된 개인들의 자기수양은 국가, 그리고 천하에 이르는 여러 인간 집합의 질서를 만들어 내는 토대의 역할을 한다. 반대로 충분한 자기수양을 달성한 국가 지배자의 통치는 다른 개인들이 자신들의 도덕적 본성을 성공적으로 실현시키는 데 도움을 준다. 이는 국가의 통치가 개인들의 자기수양을 보완하기도 함을 의미한다.[57] 8조목은 상호의존적인 질서 형성의 영역들로 이루어진 우주적 정치 질서의 모형을 제시한다.

이 공화적 질서관을 통해 앞에서 도학의 맥락에서 재해석한 마음권 논의를 행성 질서로 구체화한 것이 바로 '마음권의 공화국'이다. 도학자들의 공화적 비전에 따라 이 질서는 상호의존적인 자기수양과 정치적 혁신에 의해서 우주의 이理를 실현하는 것을 추구하는 질서이다. 성즉리의 논리에 따라, 국가든, 개인이든, 이 질서의 모든 정치행위자들은 상호의존 속에서 그들의 성을 통해 궁극적으로 이理를 실현시켜 우주의 질서를 완성하고자 한다. 동시에 담약수의 해석을 따르면 이 이理의 실현이라는 것은 다름 아닌 마음의 확장을 통해 개인 자신 안에 미시적인 마음권을 만들어 나가는 일, 즉 행성으로 인지적 차원을 넓혀 나가는 일이다. 개인 마음은 잠재적으로 우주적 혹은 행성적인 연장extension을 가질 수 있고, 개인들의 이 확장 가능성을 완전히 실현하는 것은 행성에

---

[56] Youngmin Kim, *A History of Chinese Political Thought*, pp. 185-186.

[57] 朱熹,《大學章句》,〈大學章句序〉: 則天必命之以為億兆之君師, 使之治而教之, 以復其性 … 其學焉者, 無不有以知其性分之所固有, 職分之所當為, 而各俛焉以盡其力. 此古昔盛時所以治隆於上, 俗美於下, 而非後世之所能及也!

걸친 마음, 마음권을 형성하는 일이다. 마음권의 공화국은 자기수양 프로그램을 통해서 자신들의 마음을 완전히 실현하는, 즉 자신의 위치에서 각자 나름의 마음권을 만들어 내는 개인들과 정치 지배자들의 공화적 네트워크이다. 이는 자신들을 통괄하는 그 어떤 전체도 가지고 있지 않은 잠재적 초인간들의 공화국이다.

마음권의 공화국은 테이야르와 달리 전체로서 마음권이 주권을 가지고 여기에 부분이 종속되는 암묵적인 위계적 구조를 상정하지 않는다. 도학자들의 구상에서는 주권을 갖는 그 어떤 전체도 존재하지 않으며, 모든 개별자들이 전체를 담지하는 존재로서 우주의 이理를 담지하고 있다. 도학자의 비전에서는 국제연합과 같은 조직을 확대하여 오늘날 행성을 아우르는 조직을 만든다 할지라도, 그러한 기구 또한 이理를 실현하는 상호의존적인 개별자들의 네트워크의 한 노드에 불과하다.

이 마음권의 공화국에서 정치적 정당성은 개별 행위자들이 지닌 마음의 덕성에 의해 결정된다. 이는 도학자들의 논리에 따른 것으로, 그들은 한 국가의 지배자는 도학의 자기수양 프로그램을 통해 충분히 마음의 덕성을 길러 항상 자신의 성性에 따라 행동함으로써 우주의 이理를 실현시킬 수 있을 때만 정당성을 가진다고 보았다.[58] 이理를 마음의 어떤 올바른 상태로 본 담약수의 경우, 이 정당성은 마음이 그 행위자가 초래할 행위의 모든 결과를 가장 멀리까지 그리고 적합한 비율로 인지하고 평가할 수 있는 상태일 때 획득된다.[59] 이 마음은 행위자의 직접적 이익을 넘어선 다수의 관계자에게 끼치는 영향을 고려한다는 면에서 공적이며, 실제 여러 도학자들은 올바르게 수양되어 정당해진 마음을

<hr>

58 Peter Kees Bol, *Neo-Confucianism in History*, pp. 128-137.

59 Youngmin Kim, "Political Unity in Neo-Confucianism."

공적인 것으로 보았고, 그것을 공심公心이라고 부르기도 하였다.[60]

개별 마음의 행성적 확장에 기초한 마음권의 공화국에서, 공적 마음을 기른다는 것은 행위자가 지방공동체, 민족국가, 지역, 그리고, 자연을 포함한 지구 전체의 질서에 이르는 수준까지 자신의 행위가 초래할 영향을 고려하면서 행동할 수 있는 마음을 기른다는 것이다. 예컨대, 마음권의 공화국에서는 민족국가의 지도자라도 단순히 국익이라는 명분에 기초해서 자신의 행동을 정당화할 수 없다. 이 지도자의 행동은, 다른 모든 정치적 행위자처럼, 지도자가 지방부터 지구에 이르는 모든 수준에 끼칠 자신의 행동의 영향을 충분히 고려했을 때에만 정당한 것이 된다. 인류세의 맥락에서 이는 특히, 자기조직적 질서를 가지고 있는 지구, 즉 라투르가 가이아라고 부르는 체계에 끼칠 영향을 고려해야 함을 뜻한다.[61] 오직 국익에만 기초해서 행동하는 것은, 단순히 외부자의 관점에서뿐만 아니라, 그 국가 시민들의 관점에서도 부당한 것이 된다. 만약 시민들이 국익만을 중시하는 지도자를 편협한 관점에서 지지한다면, 이는 이들 시민들도 마음권의 공화국에서 정당성을 가지지 못함을 의미한다.

---

60   이선규, 〈주희의 공 개념과 지역자발주의의 출현〉, 《한국정치연구》 22-1, 2013, 135~162 쪽. 도학자들이 공심을 사용한 사례로 다음과 같은 것이 있다. 朱熹, 《朱子語類》, 〈中庸二〉: 如此也無難. 只心無一點私, 則事事物物上各有箇自然道理, 便是中庸. 以此公心應之, 合道理順人情處便是, 恐亦無難.

61   Timothy M. Lenton and Bruno Latour, "Gaia 2.0," 2018.

인류세의 행성 질서들

인류세는 시대의 화두로서 앞으로 점차 그 중요성이 증가할 것이다. 더욱이 역사적으로 우주론의 변화와 정치 질서의 변화가 밀접하게 연결되어 있다는 면에서, 인류세는 현대 국제 질서의 핵심 원리인 주권의 변환에 큰 영향을 끼칠 것으로 보인다. 따라서 인류세 개념과 현상의 복합적인 측면을 명확히 이해하고 이론화하는 것은, 미래 국제 질서의 방향을 설정하기 위해서 매우 결정적인 문제이다. 이 글에서는 그간 종말 및 위기와 같은 부정적인 측면에 주목해 왔던 인류세 논의의 편향을 수정하기 위해서, 인간의 팽창을 좀 더 복합적인 우주사, 지구사적 전망에서 조명하고자 마음권과 성리학적 질서론을 다루었다. 먼저 테이야르의 논의를 통해서, 인류의 팽창은 행성 전체를 통치하는 통일적 조직 상태로서 마음권을 등장시키며, 우주적 진화의 한 완성으로 나아가는 계기가 될 수 있음을 보였다. 다음으로 전체주의적 경향, 구체적 행성 질서 비전의 부재라는 테이야르의 문제점을 보완하기 위해, 성리학의 질서론을 변용하여 마음권의 공화국을 새로운 행성 질서 구상으로 제시하였다. 마음권의 공화국은 그간 막연한 위기 상태로 주로 인식되어 온 인류세에 내재하는 행성 나아가 우주적 차원의 진화적인 계기를 좀 더 명료하게 밝힘으로써 미래의 행성 질서를 긴 지구사, 우주사적 시각에서 조망하는 작업들에 새로운 단초를 제공할 것이다.

여기서 시도한 작업이 단초라는 것은 새로운 행성 질서를 모색하는 작업이 마음권이나 성리학 전통에 국한될 필요는 없음을 의미한다. 새로운 행성 질서를 모색하는 작업은 그간의 인간중심적 주권을 넘어서는 작업인 동시에, 그 지적 기반이 되었던 서구의 주류 정치철학적 전통의 한계를 넘어 서구와 비서구 내의 다양한 전통들을 활용하려는 모색이다. 이 글에서 논의된 전통 외에도 아메리카의 원주민 철학 전통, 새로운 관계주의적 우주론, 세계 각지의 버섯 연구자 및 재배자들의 실천 등, 분과와 지역을 가로지르는 다양한 영역에서 인류세의 새로운 질서를 모색하고 있다.[62] 이 글은 이러한 다양한 시도 중 하나이지만, 동시에 동아시아에 폭넓게 존재했던 정치적 실천에 기반한 성리학을 활용함으로써 이 지역을 인류세 논의에 좀 더 적극적으로 관여시키고자 하였다.

---

62   Dborah Danowski and Eduardo Viveiros de Castro, *The Ends of the World*, Malden, MA: Polity, 2017; Anna Lowenhaupt Tsing, *The Mushroom at the End of the World: On the Possibility of Life in Capitalist Ruins*, Princeton: Princeton University Press, 2015; Milja Kurki, *International Relations in a Relational Universe*, Oxford: Oxford University Press, 2020.

朱熹,《大學章句》.
朱熹,《朱子語類》.

김영민, 〈리(理)의 재정위(再定位)와 심(心)의 재정의(再定義)〉,《철학》85, 2005.
윤인숙,《조선 전기의 사림과 소학》, 역사비평사, 2016.
이선규, 〈주희의 공 개념과 지역자발주의의 출현〉,《한국정치연구》22-1, 2013.

Allan, Bentley, *Scientific Cosmology and International Orders*, New York: Cambridge University Press, 2018, pp. 75-138.

Anderson, Benedict, *Imagined Communities*, London: Verso, 2006.

Arendt, Hannah, *Lectures on Kant's Political Philosophy*, Chicago: University of Chicago Press, 1992.

Arenes, Alexandra, Bruno Latour, and Jerome Gaillardet, "Giving Depth to the Surface: An Exercise in the Gaia-Graphy of Critical Zones," *The Anthropocene Review* 5-2, 2018, pp. 120-135.

Bain, William, *Political Theology of International Order*, Oxford: Oxford University Press, 2020.

Benjamin, Craig, Esther Quaedackers, and David Baker, *The Routledge Companion to Big History*, London: Routledge, 2019.

Bol, Peter Kees, *Neo-Confucianism in History*, Cambridge, Mass.: Harvard University Asia Center, 2008.

Burke, Anthony, "Interspecies Cosmopolitanism: Non-Human Power and the Grounds of World Order in the Anthropocene," *Review of International Studies* 49-2, 2023, pp. 201-222.

Chisholm, Dianne, "Shaping an Ear for Climate Change: The Silarjuapomorphizing Music of Alaskan Composer John Luther Adams," *Environmental Humanities* 8-2, 2016, pp. 172-195.

Connolly, William E., "The 'New Materialism' and the Fragility of Things," *Millennium* 41-3, 2013, pp. 399-412.

Crutzen, Paul J. and Eugene F. Stoermer, "The 'Anthropocene'." *Global Change Newsletter* 41, 2000, pp. 17-18.

Danowski, Dborah and Eduardo Viveiros de Castro, *The Ends of the World*, Malden, MA: Polity, 2017.

Deuchler, Martina, *Under the Ancestors 'Eyes*, Cambridge, MA: Harvard University Asia Center, 2015.

Foucault, Michel, *Security, Territory, Population: Lectures at the College de France, 1977-78*, Burchell, Graham trans., New York: Palgrave Macmillan, 2007, pp. 236-248, 300.

Frank, Adam, David Grinspoon, and Sara Walker, "Intelligence as a Planetary Scale Process," *International Journal of Astrobiology* 21-2, 2022, pp. 47-61.

Harrington, Cameron, "The Ends of the World: International Relations and the Anthropocene," *Millennium* 44-3, 2016, pp. 478-498.

Kim, Youngmin, "Cosmogony as Political Philosophy," *Philosophy East and West* 58-1, 2008, pp. 108-125.

Kim, Youngmin, "Political Unity in Neo-Confucianism: The Debate between Wang Yangming and Zhan Ruoshui," *Philosophy East and West* 62-2, 2012, pp. 246-263.

Kim, Youngmin, *A History of Chinese Political Thought*, Cambridge, UK: Polity Press, 2018.

Kurki, Milja, *International Relations in a Relational Universe*, Oxford: Oxford University Press, 2020.

Latour, Bruno, "Onus Orbis Terrarum: About a Possible Shift in the Definition of Sovereignty," *Millennium* 44-3, 2016, pp. 305-320.

Lenton, Tim, and Andrew Watson, *Revolutions that Made the Earth*, New York: Oxford University Press, 2011.

Lenton, Timothy M. and Bruno Latour, "Gaia 2.0," *Science* 361-6407, 2018, pp. 1066-1068.

Lenton, Timothy M., Sebastien Dutreuil, and Bruno Latour, "Life on Earth Is Hard to Spot," *The Anthropocene Review* 7-3, 2020, pp. 248-72.

Miller, James, *China's Green Religion: Daoism and the Quest for a Sustainable Future*, New York: Columbia University Press, 2017.

Min, Byounghee, "The Republic of the Mind: Zhu Xi's "Learning(xue)" as a Sociopolitical Agenda and the Construction of Literati Society," Ph. D. Diss., Harvard University, 2007.

Pierre Teilhard de Chardin, *Human Energy*, New York: Harcourt Brace Jovanovich, 1971.

Pierre Teilhard de Chardin, *The Future of Man*, New York: Image Books, 2004.

Pierre Teilhard de Chardin, *The Phenomenon of Man*, New York: Harper Perennial Modern Thought, 2008.

Rousseau, Jean-Jacques, *The Social Contract and Other Later Political Writings*, Gourevitch, Victor trans., New York: Cambridge University Press, 1997.

Samuel, Sigal, "Why Did Geologists Reject the "Anthropocene" Epoch? It's Not Rock Science," *Vox*, Mar 21, 2024.

Shoshitaishvili, Boris, "From Anthropocene to Noosphere: The Great Acceleration," *Earth's Future* 9-2, 2021.

Slattery, John P., "Dangerous Tendencies of Cosmic Theology: The Untold Legacy of Teilhard de Chardin," *Philosophy and Theology* 29-1, 2017, pp. 69-82.

Tsing, Anna Lowenhaupt, *The Mushroom at the End of the World: On the Possibility of Life in Capitalist Ruins*, Princeton: Princeton University Press, 2015.

Virag, Curie, "Emotions and Human Agency in the Thought of Zhu Xi," *Journal of Song-Yuan Studies* 37, 2007, pp. 49-88.

Wendt, Alexander and Raymond Duvall, "Sovereignty and the UFO," *Political Theory* 36-4, 2008, pp. 607-633.

디지털 미디어와 인프라

기술적 대상과 디지털 밀리유의 정치경제학

: 질베르 시몽동과 기술문화 연구의 접합

| 박성우 |

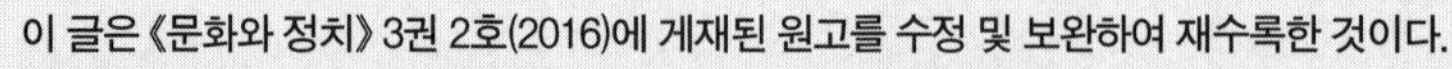

이 글은 《문화와 정치》 3권 2호(2016)에 게재된 원고를 수정 및 보완하여 재수록한 것이다.

"모든 시기는 문명이 작동하고 만들어 내는 소외의 가장 심각한 측면
에서 자신의 휴머니즘을 재창조해야 한다."[1]

폭발적으로 늘어나고 있는 여러 종류의 디지털, 자동화 프로세스와
기술적 대상들에 대하여 대중들의 비판적 관심이 크지 않은 가운데, 고
유한 자기개선과 진화의 특성을 가지는 기술적 대상화objectification는 갈
수록 파악하기 힘든, 라투르Bruno Latour 식으로 표현하자면 어느덧 결합,
조합assemblage에 성공하여 안정적으로 자리 잡게 된 현대사회의 거대한
블랙박스와 같아지고 있다. 이러한 현실은 현 시기 대중문화와 기술 담
론을 둘러싸고 우리에게 특히 중요한 의미를 드러낸다. 그렇지만 문화
연구와 정치경제학, 철학 등 주요 연구들의 흐름에서 이 현상을 정교하
게 파악하기 위해 필요한, 특히 관계, 경험, 그리고 기술과 진화라는 대
표적 측면에서 핵심적 사유의 토대 역할에 적합한, '개체화individuation'[2]
로 대표되는 시몽동Gilbert Simondon의 논의들은 여전히 꽤 멀리 떨어져
있다. 최근 10여 년 만 하더라도 포스트휴머니즘, 사이버네틱스에서부
터 상당히 많은 수의 디지털 기술철학 저작들이 전 세계적으로 생산되
었다. 하지만 인공지능 시대에 대한 정치철학적 이해와 관련하여 시급
히 요구되는 기계론과 자동화 논의, 네트워크의 정치학, 신유물론적 물
질과 대상의 특성이나 정보사회 공간에의 참여 등의 담론을 논하기 위
해 시급히 필요한 시몽동의 사유는 아직도 중요하거나 시급하게 다뤄

---

1 질베르 시몽동,《기술적 대상들의 존재양식에 대하여》, 김재희 옮김, 그린비, 2011, 150쪽.
2 특히 시몽동(《기술적 대상들의 존재양식에 대하여》)의 '형태와 정보 개념에 비추어 본 개체화
  L'individuation: à la lumière des notions de forme et d'information'에서 두드러진다. 이 논의는
  특히 기술적 환경과 디지털 문화의 연결이라는 측면에서 특별히 뛰어난 통찰을 제공해 준다.

지지 않고 있다는 견해가 자리한다.[3] 오랫동안 들뢰즈Gilles Deleuze, 가타리Felix Guattari, 라투르 등 저명한 사회철학자들에게 매우 큰 영향을 주었던 시몽동의 사유가 비교적 최근에서야 스티글러Bernard Stiegler, 한센Mark Hansen 그리고 마수미Brian Massumi 등 당대의 지성들에 의해 조금씩 알려지는 데 그치는 정도라 하겠다. 이처럼 현시대 디지털 문화와 정치경제학적 함의를 분석하는 데 반드시 필요한 시몽동의 사유와 철학이 높은 시의성과 관련성에도 불구하고 한국을 비롯하여 전 세계적으로 여전히 드물게 다뤄져 왔다는 점이 바로 이 글을 우선적으로 시작하게 된 배경이다.

왜 시몽동인가?
왜 디지털 문화인가?

우선, 시몽동이 디지털에 대하여 직접적으로 언급하거나 저술한 바가 없다는 점은 그가 활동했던 시기를 감안해 보더라도 자명한 사실이다. 하지만 그가 기술적 대상technical object, 개체화individuation, 진화evolution, 정보information와 같이 오늘날 디지털 국면 분석과 관련되는, 주요 핵심 개념들에 대하여 이야기한 점은 여러 연구들[4]에서 밝혀졌듯이 분명하

---

3 가타리로 대표되는 일군의 철학자들이며 2000년대 이후 이들에 의해 출판된 시몽동의 과거 강연록 묶음집들인 Gilbert Simondon, *L'invention dans les Techniques*, Paris: Seuil; *Imagination et Invention*, Chatou: Éditions de la Transparence; *Communication et Information*, Chatou: Éditions de la Transparence 참조.

4 대표적으로 Yuk Hui, *On the Existence of Digital Objects*, Minnesota: University of Minnesota Press, 2016 참조.

다. 오늘날 직면하는 사회현상들 가운데 디지털 국면과 관련된 문제들의 해답 역시 시몽동의 사고에선 분명 존재하지 않았다. 그렇지만 그가 사유했던 주요 개념들을 지금 다시 살펴보면, 디지털 현재가 가지고 있는 본질적 문제에 대한 통찰력, 해법이 그에게 이미 존재했었다고 분명히 말할 수 있겠다. 무엇보다 시몽동은 기술의 역사성 논의에서, 새로운 기술 등장을 '사회적, 기술적 불양립성incompatibility' 속에서 새로운 기술-사회 결합 양태가 준 안정적이며 유동적으로 자리하는 과정techno-social metastable assemblage'[5]으로 바라본다. 이 관점에 의하면, 지금의 디지털 국면 역시 이전의 사회·기술적 불양립성 속에서 어떠한 새로운 혼종적인 사회-기술 결합 양태가 드러나는 사건이며, 그래서 어떤 면에서는 해결되어야만 하는 시급한 사회·기술적 문제들이자 동시에 이에 대한 해결 방안일 수도 있는, 열려 있는 '잠재태multiplicities' 네트워킹의 한 과정으로 볼 수 있다. 즉, 시몽동 식으로, 조금 다르게 이야기하자면 지금의 디지털 문화는 사회·기술적 진화에서 등장하는 일련의 흐름이자 과정process으로, 그런 점에서 디지털 문화는 현시대 심각한 사회-기술의 문제 지점이자 동시에 잠재적 해결 지점, 그리고 무엇보다 향후의 진화 방향을 설정, 유인, 강화해 주는 '전前개체적 지표'[6]라고 할 수 있겠다. 그래서 우리는 '지금, 사회적인 것the social'에 대한 문제의 원인으로 디지털 테크놀로지만을 대상적으로 바라보아선 안 되는 것만큼이나 기술의 문제를 빼고 '사회적인 것'에 대해서만 설명해서도, 그리고 오직 이 둘 사이의 인과관계만을 사고하는 것도 모두 적절치 않다. 마찬가지

---

5   Gilbert Simondon, "The Genensis of the Individual," Jonathan Crary and Sanford Kwinter, eds, *Incorporations*, New York: Zone Books, 1992, p. 302 참조.

6   Gilbert Simondon, *Incorporations*, p. 318.

로, 디지털 문화를 이야기해야 한다면 더 이상 디지털 테크놀로지와 문화 사이를 구별 짓거나 어느 한쪽의 낭만주의적 결정론을 고집해서도 안 된다. 시몽동은 오랫동안 우리 사회에 존재해 왔던 기술과 문화 사이의 뿌리 깊은 적대적 시선에 반대했고, 오히려 문화를 기술과 함께 본질적으로 상호구성적인 맥락 안에서 사유하길 제안했다. 기술적 대상의 기원과 관련한 시몽동의 입장은 기술이 문화 형성에 우선하며 더 본질적이라고 바라본다. 이러한 관점은 기술과 관련한 사고의 체계가 바로 철학이며 그래서 철학사에서의 최초 질문이 다름 아닌 기술에 대한 것이라고도 이야기하는 라투르와 스티글러[7]에까지 강력하게 영향을 미친다. 결국, 디지털 문화는 디지털과 문화가 마치 부분과 전체의 관계를 이루는, 어떠한 더 큰 총체적인 시스템 가운데 한 부분이거나, 혹은 다른 여타 종류의 문화들과 대립하며 존재하는 그러한 개념이 아니다. 오히려 우리가 일상에서 마주하고 있는 사회의 구조, 지식으로의 접근, 과학적인 방법, 예술의 창조, 믿음의 실천 등에서 발생하고 있는 본질적이고 자연적이며 그러면서도 예측 불가한 '형질변환적인transductive'[8] 생성 흐름의 어떠한 국면이다. 조금 극단적으로 말하자면 디지털 문화는 다름 아닌 디지털 알고리즘[9]과 이와 함께 결합되는 주체적·집단적 경험

---

7 Bruno Latour, *Reassembling the Social: An Introduction to Actor-Network Theory*, New York: Oxford University Press, 2005와 Bernard Stiegler, *Technics and Time 1*, Richard Beardsworth and George Collins trans., Stanford: Stanford University Press, 1998 참조.

8 질베르 시몽동, 《기술적 대상들의 존재양식에 대하여》, 205쪽.

9 알고리즘이란 일반적으로 데이터와 계산적 구조에서 작동하는 명령된 양식의 집합을 의미한다. Andrew Goffey, "Algorithm," M. Fuller, ed, *Software Studies: A Lexicon*, Cambridge: MIT Press, 2008 참조. 알고리즘은 특히 컴퓨터들 사이의 결합에서 두드러지는데, 전적으로 데이터 속에서만 작동하기도 하지만 여기서의 데이터들이 외부와의 관계 속에서 흘러넘쳐 세상의 여러 측면들을 변화시키기도 한다.

데이터의 결합 양식이자 선취된 기투 양식이라고 하겠다. 이와 함께, 시몽동이 생각하는 기술적 휴머니즘[10]은 언제나 태생적으로 기술과 함께하는 것으로, 하이데거가 사르트르에 대한 응답[11]에서 비판한 그러한 근세적이며 형이상학적이고 친숙한 접근으로 여겨지는 인간중심의 휴머니즘과도 매우 다르다. 오히려 스스로 탈휴머니즘적으로 사고하는 방식으로 설명하는 것에 가깝다고 하겠다. 그래서 기술로부터의 소외 문제역시 그에겐 기술과 기계에 대한 몰이해에 기반을 둔 잘못된 철학적 접근일 뿐이다. 다시 말하자면, 기술이나 정보 소외 현상 또한 문화가 기술technique을 침입자 혹은 낯선 것으로 대하는 관점에서 출발하고 있는한 언제나 부적절할 수밖에 없다는 의미이다. 즉, 시몽동이 기술 안에서 '기술적 휴머니즘technological humanism'을 사유하길 바랐다는 점은 분명하다.[12]

그렇다면 시몽동의 기술 논의와 기술적 휴머니즘은 지금 활발해지고 있는 디지털 문화정치, 디지털 휴머니티digital humanities 관련 논의들과 어떻게 연결될 수 있는가? 디지털 문화정치, 디지털 휴머니티 논의들이 현시대의 디지털화에 대한 응답이라면 이는 정확히 무엇에, 어떤 현상에 철학적으로 응답하고 있는지, 더불어 이러한 논의들이 파편적인 산업, 학술 과제 이상의 그 무엇을 현실 사회에 제안할 수 있는지를 살펴보고 고찰하는 것에서부터 그 연결은 가능할 것이다. 사실 이에 대한 해답은이미 시몽동 스스로가 충분히 드러냈다고 보인다. 이는 바로 기존의 기

---

10 질베르 시몽동, 《기술적 대상들의 존재양식에 대하여》, 150쪽.

11 Martin Heidegger, "Letter on Humanism", *Basic Writings: Martin Heidegger*, London: Routhledge, 1977 참조.

12 Yuk Hui, "A Contribution to the Political Economy of Personal Archieves" 및 질베르 시몽동, 《기술적 대상들의 존재양식에 대하여》 참조.

술 휴머니즘 연구 영역들이 후기산업자본주의의 일반적 형태에서 새로운 것 혹은 '영원한 대상eternal object'[13]을 가치 증식 과정을 지속적으로 추동게 하는 자본의 주요한 형태로 활용하고 있다고 시몽동이 비판한 바로 그 지점[14]이 될 수 있을 것이다. 이처럼 위선적, 환영적 새로움[15]들을 만들어 내고 언제나 이를 진기함, 놀라움, 진보성과 함께 적당히 포장하여 상품자본주의 교환의 테두리 안에서만 설명하려는 그런 과정이 디지털과 디지털 휴머니티, 정치경제 논의들의 전부여선 안 된다는 시급함과 절박함은 시몽동의 기술철학적 사유를 통해서 지금 다시 충분히 전달될 수 있다. 그래서 필자는 시몽동과 지금의 디지털 국면 사이의 논의와 대화, 특히 문화와 기술 그리고 정치경제에 대한 논의가 매우 중요하고 시급하다고 생각한다. 만약 지금의 디지털 세상에서 시몽동이 다시 소환된다면 형질변환, 밀리유, 전개체성, 개체화, 생태계, 감각, 경험에서 기술문화 정치에 이르는 많은 그의 관심 영역들이 더욱 체계적이고 본격적인 진전을 이룰 수 있을 것이다. 이 글은 그의 대표적 사유들 가운데 연합환경과 전개체성을 현 시점에서 적응의 개념과 결합하여 우리 일상의 문제와 함께 간략히 살펴보고자 한다.

---

13 Alfred N. Whitehead, *Process and Reality: An Essay in Cosmology*, New York: Free Press, 1978. 참조.

14 질베르 시몽동,《기술적 대상들의 존재양식에 대하여》, 149쪽.

15 Luciana Parisi, *Contagious Architecture: Computation, Aesthetics, and Space*, Cambridge: MIT Press, 2013, 128쪽. 파리시가 '부분-전체 위상학mereotopology'으로 잘 설명하고 있는 부분 참조.

연합환경associated milieu과 적응adaptation
그리고 전개체성

시몽동의 개체화individuation에서 핵심은 수반되는 형질변환transduction에 있다. 즉, 개체화는 개체individual의 발생, 진화와 더불어 이 과정에서 고유한 진화적 환경, 조건milieu이 형성, 강화된다는 것이다. 개체는 언제나 그 자체로는 불완전하다. 인간이라는 존재 자체도 생물학적biological, 정신적psychological, 그리고 사회적social, 기술적technological 구성 및 개체화 과정process 자체를 의미한다. 이 개체화 과정은 들뢰즈의 표현에선 '기계'로, 화이트헤드Alfred N. Whitehead에겐 '관계'로, 라투르에겐 '행위자 네트워크'로, 갤러웨이Alexander Galloway 식으론 '인터페이스'로, 파리시Luciana Parisi에 따르면 '아키텍처' 작용으로 부를 수도 있겠다. 스티글러는 여기서 개체화의 과정이 정신적 '주체(나, I)'와 '집단(우리, We)' 그리고 (나)와 (우리)가 연결되는 '기술적 환경technological milieu'에서 이뤄진다고 설명한다.[16] 요약하자면, 스티글러는 시몽동의 연합환경associated milieu을 '통시적 동시개체화diachronic co-individuation'를 통해 다층적 (나)들을 일시적 (우리)로 구성해 내는 '포월抱越개체화temporal synchronic transindividuation'의 과정이자 조건으로 해석한다. 이에 의하면 포월개체transindividual는 '전개체적 환경preindividual milieu'에 의한 준안정적 조건에서 진화적으로 발생하는 선취된 계통발생물이자 여전히 진화 중인 과정 자체인 것이다.[17] 필자의 견해에서 이 밀리유milieu 개념은 시몽동과

---

16 Bernard Stiegler, *Technics and Time 3*, Stephen Barker trans., Stanford: Stanford University Press, 2011.

17 박성우, 〈전지구적 문화, 문화산업 비판: 새로운 미디어 교환 시스템과 환영적 초개체화〉,

디지털 문화를 연결해 줄 수 있는 핵심적인 개념이라 하겠다.

역사적으로 살펴보면, 시몽동의 연합환경에서 환경을 뜻하는 밀리유 개념은 그의 은사였던 캉길렘George Canguilhem이 〈The Living and its milieu〉(1952)에서 생명체와 밀리유의 관계를 설명하는 데서부터 본격화하는데,[18] 시몽동은 캉길렘의 논지를 이어받아 이후 기술적 대상과 밀리유의 관계로 그 탐구 범위를 확장한다. 캉길렘은 밀리유 개념의 계보학을 콩트Auguste Comte로부터 시작하여 라마르크Jean-Paptiste Larmack와 다윈Charles Darwin을 거쳐 윅스퀼Jakob Uexküll을 통하여 설명하였다. 간략히 말하면, 밀리유에 대한 이들의 공통된 이해는 공기air나 분위기atmosphere 그리고 생명체를 묶어 주는 상황 혹은 환경circumstance과 유사하다. 캉길렘은 밀리유 논의가 본격 진행되게 한 핵심 인물로 뉴턴Isaac Newton을 꼽으면서, 전기파를 이끄는 에테르의 작용이 자신이 바라보는 밀리유와 관련이 깊다고 설명한 바 있다.[19] 뉴턴은 에테르가 불빛 조명의 문제를 풀어 주었을 뿐 아니라 동시에 시각의 심리적 현상과 빛을 발하는 느낌의 정신적 효과를 설명해 주어, 신경근의 부분을 이야기할 수 있도록 해 주었다고 한다. 캉길렘의 에테르에 대한 이 분석[20]은 오늘날 특히 디지털 문화 환경을 다룰 때 꽤나 적절하다. 즉, 뉴턴이 말한 에테르를 대신하여 오늘날 우리가 일상에서 마주하고 있는 디지털 데이터나 정보가 바로 수용자들에게 상호적이며 지능적인, 그리고 위험성을 동반한 기술적 밀리유를 구성하는 것이다. 여기서의 실제 위험은 지금의 디지털 인

《커뮤니케이션이론》, 10-2, 2014, 371~410쪽 참조.

18　Georges Canguilhem, "The Living Being and its Environment(Milieu)", *Le vivant et son milieu*, Paris: J. Vrin. 1952.

19　Yuk Hui, "A Contribution to the Political Economy of Personal Archieves," 2015. 참조.

20　Georges Canguilhem, "The Living and Its Milieu", *Grey Room*, p. 8.

프라 구조가 몇몇 거대 자본에 의해 지배되어서, 그리고 이들이 만들어
내는 많은 콘텐츠가 지니고 있는 내용적 유해성 때문만은 아니다. 오히
려 이것들, 즉 디지털 오브젝트들이 환경이나 생태계라는 시선보다 단
지 도구나 서비스, 콘텐츠로만 주로 이해되고 다뤄진다는 점에 더욱 큰
우려가 자리한다. 즉, 뉴턴의 밀리유를 구성하는, 습도를 만드는 대기
속 물 알갱이 같은 것들처럼 우리 주변 디지털 환경에서 끝없이 다가오
고 발생하는 '영원한 대상들eternal objects'인 무수한 디지털 데이터나 정
보들은 더 이상 분석과 비판의 대상인 텍스트 자체로 보아야 할 게 아
니라, 생성·진화하는 고유한 조건, 환경, 밀리유의 부분으로 보아야 하
겠다. 더불어 이 문제는 글로벌, 디지털 시대의 정치철학, 정치경제학적
세계관 논의와 실천에서 매우 중요하다.

이미 19, 20세기에서도 밀리유에 대한 논의는 풍부했다고 여러 문헌
들에서 전해진다.[21] 특히 라마르크에게 빛, 물, 공기와 같은 환경적 유동
체를 의미하는 밀리유에서 핵심은 바로 '적응adaptation'[22]의 문제였다. 여
기서 적응이란, 밀리유가 변화할 때 생명체가 마치 그 환경이 전혀 변하
지 않은 것처럼 느끼도록 스스로를 적응시켜 그 환경적 유동체가 자신
에게서 이탈하지 못하게 한다는 것을 일반적으로 의미한다. 라마르크의
밀리유 개념에서 핵심인 이 적응의 관점에선, 변화하는 밀리유에서의
개체들 스스로가 마치 아무것도 변하지 않은 듯, 이를 놓치지 않도록 이
미 선제적으로 조절 적응시키는 데 익숙해진다는 점을 알 수 있다. 이처

---

21 자세한 논의는 Yuk Hui, "A Contribution to the Political Economy of Personal Archieves," 2015. 참조.

22 Luciana Parisi, *Contagious Architecture: Computation, Aesthetics, and Space*; Yuk Hui, "A Contribution to the Political Economy of Personal Archieves," 2015. 참조.

※ 출처: http://webneel.com/top-most-popular-websites

럼 밀리유에 대한 개체들의 자발적 조절, 적응 과정은 놀랍지만 더불어 매우 문제적이다. 이는 특히 지금의 우리들이 구글, 페이스북, 트위터, 인스타그램 등 자기증식의 연산 가능성으로 무장된 알고리즘을 통하여 무수히 증가하는 정보 데이터로 이루어진 디지털 밀리유와 일상의 삶을 함께하고 있다는 점에서 더욱 그러하다. 그 과정에서 우리 몸이 열대와 온대기후, 조금의 시차를 가지는 나라들을 번갈아 이동할 때 무난히 반응하는 것처럼, 이용자들은 디지털 서비스 제공자의 정책 인터페이스 변화, 비용 지불 시스템 개선에서부터 APIs의 수정, 참여 제한 그리고 우리 자신의 개인 데이터 남용에 이르는 불이익에까지 스스로를 선취적으로 맞추며 '조용하고 기술적으로calm technic'[23] 적응, 반응하게 된다. 그렇다면 지금 우리는 과연 이러한 데이터나 정보를 매개, 중재하고 있는 것인지 아니면 이들이 우리를 매개, 중재하는 것인지, 또 그것이 뭘 의

---

[23] Mark Weiser, *Designing Calm Technology*, Xerox PARC 1995년 12월 21일. http://www.ubiq.com/hypertext/weiser/calmtech/calmtech.htm

미하고 만들어 내는지 원천적인 의문에 직면하게 된다.

시몽동의 연합환경은 이전에 논의된 밀리유 개념들보다 더욱 확장된 개념이다. 그가 기술적 대상의 개체화 사례로 자주 거론하는 갱발 터빈 Guimbal turbin[24]의 작동 환경에서처럼 시몽동이 말하는 연합환경은 대상을 보호하는 자기규제적 매커니즘self-regulating mechanism일 뿐 아니라 동시에 개체화를 촉진하는 강력한 조절자enforcing controller이기도 하다. 곧, 기술적 밀리유는 개체화의 외부 환경이 되면서 언제나 동시에 내부의 계통적 발생 토대, 조건이 되는 것이다. 스티글러는 시몽동의 이러한 관점을 약리학을 통해 구체적으로 설명하는데,[25] 독성을 가진 약이 치료제 역할을 하는 동안, 그 독성 때문에 생기는 의존성 또한 동시에 강화시켜 결국 이용자가 약과의 관계망으로부터 쉽게 빠져나오지 못하게 만드는 일반적인 약리학적 특성, 즉 '파르마콘Pharmakon'으로 이러한 기술적 밀리유의 상호의존성 부분을 강조하였다. 이처럼 시몽동의 연합환경 개념은 일종의 경향적 장치dispositif이자 이를 구성하는 토대이며, 이에 의해 주체·대상·환경은 정신적psychic, 집단적collective 그리고 또 다른 새로운, 기술적 방식으로 개체화에 동반된다. 그래서 시몽동의 밀리유 개념은 후생계통발생epiphylogenesis[26]적 특성을 가지는 생성적인 '되기 becoming'의 존재론이며 진화론이다.

시몽동은 기술적 대상을 도구로 인식하는 것을 넘어 지식이나 발명, 진화를 위한 토대적 환경으로 인식하고 동시에 이를 추동하여 형성되

---

24 질베르 시몽동, 《기술적 대상들의 존재양식에 대하여》, 81쪽 참조.

25 Stiegler, Bernard, "'The Theater of Individuation: Phase-Shift and Resolution in Simondon and Heidegger," *Parrahesia*, 7, Lebedeva, Kristina trans, 2009.

26 Bernard Stiegler, *Technics and Time 1*, *Technics and Time 2*, *Technics and Time 3* 참조.

※ 출처: http://www.scienceprofonline.com/evolution/pre-darwinian-evolutionary
-theory-lamark-cuvier-hutton-lyell.html

는 포월개체화 과정의 집합체assamblage로 바라본다. 결국 포월개체는 시공간적 인터페이스와 일시적 강도성이 있을 때, 그리고 그 인터페이스가 기술적 관점에서 관계지어져 구성되는 동안 발생하는 개체화의 한 단계로 '형질변환transduction'을 통해 그 일시적 존재성을 획득하며 이는 동시에 언제나 야기될 또 다른, 잉태한 채 넘어간다는 의미인 포월개체화의 전개체적 토대가 된다.[27] 그렇다면 지금의 스마트 미디어, 사용자, 정보 그리고 디지털 문화 환경은 이러한 시몽동의 사유에서 어떻게 설명될 수 있을까? 꾸준히 업데이트되고 스스로의 생명성을 가지며 유동하고 팽창하는 디지털의 '영원한 대상들'은 시몽동의 입장에서 보면, 바로 끝없는 포월개체화를 수반하는 디지털 환경, 밀리유이자 곧 환영적 디지털 문화 그 자체이다. 따라서 시몽동의 연합환경처럼 연산 알고리즘과 정보 데이터에 기반한 지금의 디지털 밀리유에서 역시 이러한 주

---

[27] 포월개체화에 대하여 Bernard Stiegler, *Automatic Society: The Future of Work*, 2016와 박성우, 〈전지구적 문화, 문화산업 비판: 새로운 미디어 교환 시스템과 환영적 초개체화〉, 371~410쪽 참조.

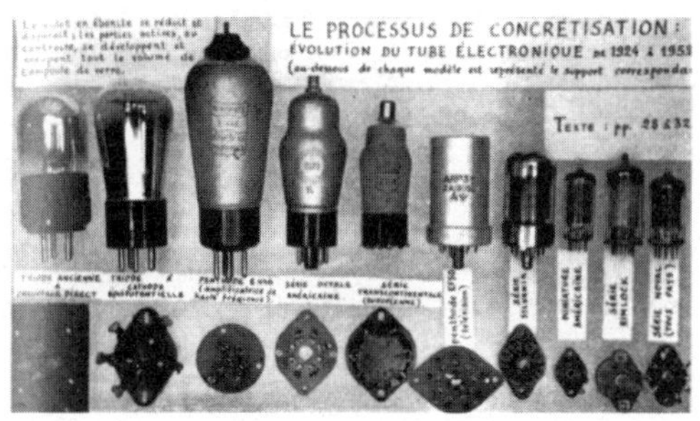

※ 출처: 〈기술적 대상들의 존재양식에 대하여〉, 김재희 옮김, 그린비, 2011.

체, 객체, 환경 모두는 정신적, 집단적, 기술적으로 공진화하며 그가 이야기한 '형질변환'이라는 급진적 과정에서 나타나게 되고, 그래서 지금의 디지털 연합환경은 바로 개체화individuation와 개별화individualisation 그리고 기계적인 것the mechanical과 생물학적인 것the biological이 일시적·준안정적으로 상호연결된, 기억에 기반한 새로운 '포월개체들'의 발생적인 존재 양식으로 정의될 수 있다.

디지털 데이터와
밀리유의 정치경제학

시몽동에서부터 최근의 스티글러[28]까지 대표적 기술철학자들은 이러한 인식의 토대 위에서, 우리가 기술적 대상들을 꾸준히 돌보아야care

---

[28] Bernard Stiegler, *Technics and Time 3*, 2011.

한다고 강조했다. 그리고 이들은 전개체적 성격인 밀리유에 강력한 정치성을 부여해야 한다고 주장하였다. 일찍이 시몽동은 기술적 문화를 문화와 기술 전반의 대립과 구획에서의 고립 문제를 푸는 해결책으로도 그렸고, 이 과정에서 연합환경 개념을 긍정적으로 사유하기도 했듯이, 지금의 디지털 연합환경 역시 돌봐야 할 어떤 문제적인 것일 뿐만 아니라 다분히 긍정적인 발전적, 생성적 과정이기도 하다. 시몽동이 즐겨 사용하는 갱발 터빈의 사례에서도 잘 설명되었듯이 물속 터빈에서의 에너지 손질과 과열 문제를 풀기 위해 처음 사용한 오일은 엔진을 부드럽게 하면서 동시에 엔진을 물과 분리시키는 고유한 환경을 만들어 내었다.[29] 또한 터빈의 냉각매로서 외부의 강물과도 생산적으로 결합시켜 갱발 터빈 고유의 연합체, 네트워킹을 만들 수 있었다. 즉, 이는 적응과 함께한 기능의 부분으로서, 이 외부적 밀리유의 채택이 곧 연합환경의 창조가 된다는 점을 적절히 보여 주는 것이다. 그렇다면 현재의 기술적 연합환경 역시 대상을 보호하는 자기규제적 매커니즘일 뿐 아니라 개체화를 촉진하는 강력한 조절자라면 스마트 미디어, 사용자 그리고 디지털 문화는 이에 대하여 어떠한 관점에서 이야기되어야 하는가? 이렇게 꾸준히 업데이트되고 스스로의 생명성을 가지며 유동하고 팽창하는 지금의 기술적 환경이 끝없는 포월개체화를 수반하는 디지털 밀리유이자 곧 디지털 문화라면, 그 형질변환과 전개체성의 방향은 현재의 디지털 연합환경을 긍정적, 생산적으로 적절하게 구성하고 있는가? 또한 우리는 이러한 기술적, 디지털 대상들을 오래도록 충분히 살피고 있는가? 그렇지 않다면 무엇을 어떻게 시작해야 하는가?

---

29   질베르 시몽동,《기술적 대상들의 존재양식에 대하여》, 86쪽.

무한한 자기증식적 연산 가능성과 잠재성으로 대표되는 알고리즘 기반의 디지털 정보, 데이터와 관련하여 시몽동이 말한 전개체성으로의 밀리유에 대한 시론적 접근을 위해 이제 마지막으로 우리 주변의 일상화된 프로그래밍 기술문화와 디지털 밀리유, 정보 데이터 그리고 적응의 관계를 조금 더 살펴볼 필요가 있다. 최근의 두드러지는 디지털 정보 소비와 관련하여 문제를 제기할 수 있는 지점은 대표적으로 다음과 같다. 첫째, 개인의 반복적 소비와 질적, 정동적 소비에 대한 문제이다. 그간 디지털 기술 기반 연구들에서 주된 관심 영역이었던 플랫폼이나 포맷, 그리고 디지털 참여와 같은 문제에 대해 꽤 많은 연구물들이 있었지만, 개별 사용자의 질적·반복적 소비(적응) 문제와 경험(적응) 양식은 그다지 많은 주목을 받지 못했다. 이 점은 왜 우리가 거의 유사한 기술적·문화적 대상을 고유의 경험 속에서 반복적, 주관적으로 소비하는지에 대한 기본적인 경제학적 질문이기도 하다. 특히 인터넷 사용자들의 정보 소유를 위한 저장 경험들, 예를 들어 시스템 패치 파일부터 인터넷 주식, 지도 애플리케이션, 자동차 네비게이션과 애플 시리Siri에 대한 경험까지 다양한 사례들이 존재한다. 두 번째는 그동안 주로 프라이버시와 감시의 문제에만 집중되어 있었던 개인들의 데이터 사용 혹은 데이터 교환에 대한 문제의식이다. 일반적으로 개인의 사적 영역에 대한 통제, 감시의 문제로 개별 데이터 사용에 대한 우려와 걱정의 목소리는 크지만, 정작 개인의 감응적 데이터 이용 양식 속에 감춰진 정치경제적 함의에 대한 이해와 논의는 부족하다. 그래서 이를 위해 마지막으로 디지털 대상과 기술적 밀리유, 그리고 여기에서 개별 주체들의 적응적 소비 adaptational use를 정치경제적 실천의 관점에서 살펴보고자 한다. 아래의 구체적 질문들은 이러한 질적 소비와 적응적 데이터 사용 방식의 논의 방향에 대한 시론적 접근을 위한 것이다.

① 당신은 얼마나 자주 유사한 정보나 데이터를 온라인 네트워크에서 반복하여 저장, 소비, 공유, 교환하는가?

② 당신이 사용하는 클라우드 서버와 정보 데이터가 정확히 어떻게 존재하며, 어떻게 사용되며, 또 이를 통해 당신의 어떠한 일상이 변화되고 있는지 인식하는가?

여기서 제기할 수 있는 정치경제적, 실천적 논점은 이러하다. 첫째, 우리가 디지털 알고리즘에 바탕을 둔 계산된 미지의 대상들에 더 적응하면 할수록, 즉 이를 더 많이 소유, 교환, 증여, 소비하면 할수록 우리는 이를 제어하는 능력을 점점 더 잃게 된다. 둘째, 우리는 이를 위해 점점 더 많은 디지털 연결 환경을 필요로 하지만 이 환경, 공간 구조를 직접, 오랫동안 들여다보는 행위는 점점 더 줄어들게 된다. 여기서 우려스러운 지점은 바로 알고리즘이 추동하는 디지털 연산 가능성을 둘러싼 연합환경 혹은 전개체적 밀리유, 즉 디지털 밀리유와 관련된 영원한 대상들을 다루고 조절하는 일반적인 능력이다. 사실 조절이라는 개념은 단순한 저장이나 소비의 개념과 구분해야 하는데, 일반적 관점에서 저장이 인덱스와 카테고리 순서대로 기억·유지하는, 즉 지시index적인 작업을 뜻한다면 조절은 대상을 돌보는care 맥락context적인 것을 지칭한다.[30] 그래서 조절은 곧 대상을 주체적으로 책임지기 위한 적극적이고 정치적인 행위양식이 된다. 이처럼 디지털 밀리유에서 우리는 환경에 적응하는 문제, 즉 환경을 저장·소비하는 행위를 이를 적극적으로 조절하는 능력과 구분해야 한다. 결국 이 점은 오늘날 알고리즘 기반 디지털 프로

---

[30] Yuk Hui, "A Contribution to the Political Economy of Personal Archieves" 2015 참조.

그래밍 기술문화와 그 환경milieu에 대한 우리의 근본적인 정치경제적 질문이 되어야 한다.

결국 오늘날 디지털 프로그래밍 기술문화의 참여자들은 예를 들어, 크라우딩 컴퓨팅나 소셜 네트워크, 빅데이터와 인공지능의 작동 원리, 그리고 이것들이 우리에게 기여하는 바에 대해서 정확히 판단하기가 점점 더 힘들어지고 있다. 끊임없이 유동하며 생성되는 데이터들이 스스로 자신의 상태를 업데이트하거나 우리가 가상적으로 검색하는 동안에는 더욱 그러하다. 친구추천 기능, 구매추천 기능, 검색추천 기능 등을 통해 우리에게 일상적으로 다가오는 디지털 시대의 놀라움, 진기함의 이면에 자리하는 이러한 전개체성과 자기생성적인 밀리유의 네트워킹은 '영원한 대상들'에 대한 일방적 거부가 아닌 새로운 관점에서의 관심과 돌봄을 우리에게 요구하고 있다. 이것은 자본과 마케팅이 주도하는 작금의 기술문화를 재구성하는 기술적 지식의 새 개념을 만드는 일로부터 출발해야 한다. 여기에서 우리 스스로 디지털 정보 데이터의 '개인적 조절자'[31]가 되는 것이 곧 모두를 위한 생산적 알고리즘의 연합환경을 만드는 것이고, 언제나 함께 지내고 바라보고 향하게 되는 디지털 정보 대상을 주체적으로 돌보는 일이 된다. 그런 점에서 오늘날의 디지털 기술 조건에서 생명 주체와 알고리즘 기반 연합환경의 관계를 재고려하며 다음과 같이 간략히 제안할 수 있겠다. 무엇보다 시몽동의 견해처럼 디지털 알고리즘과 밀리유를 정치적으로 보는 관점이 우선적으로 필요하다. 또한 이 관점과 함께 우리 모두 계산된 미지와 영원한 대상들에 대한 주체적 조절자controller, 아키비스트archivist 혹은 큐레이터curator

---

31 Yuk Hui, "A Contribution to the Political Economy of Personal Archieves" 2015 참조.

가 되어야 한다. 마지막으로 기술적 관점에선 디지털 정보 대상을 돌보기 위한 독립적 실천 도구들에 필수적으로 적응해야 한다. 널리 알려진 것처럼, 사실 인간은 이미 사물, 불, 무기, 펜 등을 가지기 시작했을 때부터 이러한 관계망의 핵심 조절자여서 이를 우리 식으로 구분하고 재구성하며 사용해 왔다. 그러나 이제 우리는 이러한 대상들과의 연결망에서 대상들뿐 아니라 스스로도 조절하지 못하는 상황에 강력하게 직면했다. 특히 자신이 직접 기술적 대상을 가지거나 지시하는 문제들은 매우 중요한데, 그러지 못하는 과정 속에서 다른 수준의 빈곤화가 부상하게 된다. 구체적으로 지금의 현실에서 계산된 미지와 관련하여 설명하자면 다음과 같은 문제이다. 첫째, 데이터 이동성이 주요 사회적 문제로 다루어지는 동안 연결 서비스는 점점 더 많이 촘촘하게 배포되고 거대하게 다가오게 된다. 둘째, 그 와중에 클라우드 네트워크는 우리의 개인 저장 공간에서 대상과 정보를 누군가의 서버로 무상으로, 자의적으로 옮겨 가고 있다. 셋째, 지시, 조절 도구와 개인적 라이브러리 소프트웨어는 여전히 우리의 주된 관심 대상이 아니다. 이것은 사용자들이 직면하고 있는 시급한 조절의 빈곤화이며 이는 다름 아닌 디지털 기술 조건, 환경, 밀리유에 대한 경제 자본의 일방적 포획 장치이다. 마르크스가 바라본 프롤레타리아계급은 시몽동과 스티글러가 바라본 관점에선 최초로 자신의 노동 생산 조절력을 기계에 빼앗긴 집단이다. 이처럼 정보 디지털 국면의 빈곤화와 그에 해당하는 주체들은 정치경제적, 실존적 대응을 위해 무엇보다 계산된 미지로 둘러싸여 있는 알고리즘과 밀리유 자체와 새로운 투쟁이 필요하다.

결론

결국 시몽동의 사유를 통해서 살펴본 현재의 주체와 디지털 기술 대상, 정보 그리고 밀리유 사이의 핵심적인 문제 지점은 조절 능력의 빈곤화proletarianisation이다. 요약하자면, 현재까지 등장한 매우 우려스러운 기술적 연합환경은 소비 대상을 콘텍스트로 변화시키며 강력하게 진화하고 있는 전개체적 밀리유이자 곧 디지털 밀리유이다. 친구추천, 구매추천, 콘텐츠추천 등 무한한 잠재성을 동반한 생성형, 재귀적 알고리즘을 통해 우리에게 일상적으로 다가오는 놀라움, 진기함의 이면에 자리하는 이러한 전개체성과 밀리유의 토대 아래서 우리는 디지털 대상들에 대한 일방적 거부보단 새로운 방식의 관심과 돌봄을 재구성해야 한다. 이것은 자본과 마케팅이 주도하는 작금의 기술문화를 거부하고 디지털 밀리유를 생산적, 윤리적, 긍정적인 일상으로 만드는 일로부터 출발해야 한다. 이를 위해 무엇보다 시급히 해야 할 일은 어느덧 우리의 일상 환경, 조건이 되어 버린, 즉 디지털 밀리유를 순수한 정치적 관점에서 대하는 것이다. 그리고 데이터와 정보에 대한 개인적, 주체적 조절자가 되는 것과 함께 '반엔트로피적' 연합환경으로 사고해야 하며, 무엇보다 우리를 향해 다가오는 디지털 오브젝트를 스스로 주체적 시선에서 바라볼 수 있어야 한다. 결국 개별 주체들이 더욱더 심각하게 직면하게 되는 조절의 빈곤화가 바로 지금의 디지털 국면에서 핵심이며, 그래서 디지털 기술 대상과 사용자 그리고 밀리유 사이의 새로운 정치투쟁이 더욱 절실히 필요하다.

끝으로 디지털 밀리유를 중심으로 앞으로 시급하게 다루어져야 하는 기술문화 연구에서의 문제의식은 다음과 같다. 우리 주위 모든 삶의 형태에 미치는 디지털 기술의 폭넓은 영향력을 고려한다면, 디지털 밀리유가 자본과 함께하는 교차 지점, 그리고 자본주의의 원리와 함께 결합되고 확장되고 논증되는 가운데 자리하는 힘과 권력의 작동 방식은 어떠한가? 더불어 디지털 밀리유가 가치를 생성할 수 있는가? 생성형 알고리즘, 디지털 밀리유와 자본주의bio capitalism의 관계는 어떠한가? 자본주의 경제에서 자본의 유기적 구성이 인공지능 기반 디지털 환경과 어떻게 반응하는가? 우리는 어떻게 디지털 밀리유를 자본주의 포섭 과정과 결합하여 다르게 바라볼 수 있는가? 디지털 밀리유를 둘러싸고 있는 알고리즘, 조절, 적응의 문제와 비물질 노동의 관계는 어떠한가? 대항적, 대안적인 디지털 문화의 구성은 가능한가? 디지털 밀리유가 어떻게 재정 및 가격 시스템, 부채 경제 그리고 기술적 통치의 과정에 개입하는가? 현재 프로그래밍 기술문화를 둘러싼 계산, 연산 시스템에 대한 분석 양식은 어떠해야 하며 이는 컴퓨터 과학, 소프트웨어 스터디와 문화 정치 연구 분야들 그리고 급진적 예술 질문들과 어떻게 관련되는가? 결국, 인간이 통제할 수 있었지만 통제력을 잃을 위기에 처한 "기술-환경associated milieu"[32]이라는 현실의 불안정성 자체가 향후 우리가 처하게 될 일종의 새로운 한계일 수 있다고 인식하는 것이, 바로 이 글에서 시몽동적 인식을 통해 발견할 수 있는 주요한 시사점이다.

---

[32] Gilbert Simondon, *Du mode d'existence des objects techniques*, Aubier, 1958.

참고문헌

박성우, 〈전지구적 문화, 문화산업 비판: 새로운 미디어 교환 시스템과 환영적 초개체
　　화〉, 《커뮤니케이션이론》, 10-2, 2014.
질베르 시몽동, 《기술적 대상들의 존재양식에 대하여》, 김재희 역, 그린비, 2011.

Canguilhem, Georges, "The Living Being and its Environment(Milieu)," *Le vivant
　　et son milieu*, Paris: J. Vrin. 1952, pp. 129-154.

Canguilhem, Georges, "The Living and Its Milieu," *Grey Room*, 3(Spring), 2001,
　　pp. 6-31.

Goffey, Andrew, "Algorithm," *Software Studies: A Lexicon*, Fuller, Metthew ed.,
　　Cambridge: MIT Press, 2008.

Heidegger, Martin, "Letter on Humanism," *Basic Writings: Martin Heidegger*, London:
　　Routhledge, 1977.

Hui, Yuk, "A Contribution to the Political Economy of Personal Archieves," *Compromised
　　Data From Social Media to Big Data*, Langlois, Ganaele eds,, New York: Bloomsbury,
　　2015.

Hui, Yuk, *On the Existence of Digital Objects*, Minneapolis: University of Minnesota
　　Press, 2016.

Latour, Bruno, *Reassembling the Social: An Introduction to Actor-Network Theory*,
　　New York: Oxford University Press, 2005.

Parisi, Luciana, *Contagious Architecture: Computation, Aesthetics, and Space*,
　　Cambridge: MIT Press, 2013.

Simondon, Gilbert, "The Genensis of the Individual," *Incorporations*, Crary,
　　Jonathan and Sanford Kwinter eds., New York: Zone Books, 1992.

Simondon, Gilbert, *Du mode d'existence des objects techniques*, Aubier, 1958.

Simondon, Gilbert, *L'invention dans les Techniques*, Paris: Seuil, 2005.

Simondon, Gilbert, *Imagination et Invention*, Chatou: Éditions de la Transparence,
　　2008.

Simondon, Gilbert, *Communication et Information*, Chatou: Éditions de la Transparence, 2010.

Stiegler, Bernard, *Technics and Time 1*, Beardsworth, Richard and George Collins trans., Stanford: Stanford University Press, 1998.

Stiegler, Bernard, *Technics and Time 2*, Barker, Stephen trans., Stanford: Stanford University Press, 2008.

Stiegler, Bernard, "The Theater of Individuation: Phase-Shift and Resolution in Simondon and Heidegger," *Parrahesia*, 7, Lebedeva, Kristina trans, 2009.

Stiegler, Bernard, *Technics and Time 3*, Barker, Stephen trans., Stanford: Stanford University Press, 2011.

Stiegler, Bernard, *Automatic Society: The Future of Work*, Ross, Daniel trans., London: Polity, 2016.

Weiser, Mark, Designing Calm Technology, *Xerox PARC* (21 December 1995). http://www.ubiq.com/hypertext/weiser/calmtech/calmtech.htm

Whitehead, Alfred N., *Process and Reality: An Essay in Cosmology*, New York: Free Press, 1978.

비인간과 인간의 공거 조건으로서 심-폴리스

: 행성과 비인간 인프라

| 김은주 |

비인간과 인간의 공거 조건으로서
심-폴리스

이 글은 *International Journal of Diaspora & Cultural Criticism* vol. 15, no. 2 (2025. 9.)에 게재된 원고를 수정 및 보완하여 재수록한 것이다.

인간의 조건으로서 지구와
행성적인 것의 출현

인류를 뜻하는 '안트로포스anthrope'와 시대를 의미하는 '세cene'로 만들어진 인류세Anthropocene 개념은 지구의 지질 환경에 가해진 직접적 인간 행위가 기후변화 그리고 기후위기와 긴밀한 관련이 있음을 드러내면서, 인간 경험의 능력을 벗어난 재앙에 대한 공유된 감각을 등장케 한다.[1] 이 감각은 정부가 정한 온실가스 감축 목표의 불충분성을 제기하고 환경권과 건강권 등의 침해를 주장하며 기본권 구제를 청구하는 헌법소원 등의 기후정치 행위로 나타난다.

이러한 정치 행위는 근대성의 경제가 목표로 삼은 성장과 발전 그리고 계몽과 진보를 향한 정치적인 것을 그 유효성 측면에서 질문의 대상이 삼으며, 비인간 행위자와 기후를 정치의 전면에 내세운다. 인간의 잔여를 의미하지 않는 비인간 행위자는 그간 인간의 거주지이자 인간의 조건으로 당연시되어 온 지구 공간을 문제화할 뿐 아니라, 단일하고 보편적인 지구globe가 아니라 대기와 산소의 역사를 드러내고 다양한 존재 방식과 공존하는 행성planet 개념을 등장시킨다.[2] 이런 점에서 인류세는 행성 시대의 출현에 다름 아니다.

이 글은 인간의 조건으로서 지구라는 범위의 한계를 짚고 행성적인 것the planetary을 조명한다. 이를 위해 먼저 아렌트Hannah Arendt가 제시한 '행위' 개념과 '인간의 조건'의 관계를 분석한 바에서 출발하고자 한다. 아렌트는 '인간의 조건'을 단지 한 사회나 국가의 범위로 국한하지 않

---

1 디페시 차크라바르티,《행성시대 역사의 기후》, 이신철 옮김, 에코리브르, 2023, 78쪽.
2 디페시 차크라바르티,《행성시대 역사의 기후》, 15~21쪽.

는다. 그는 권리의 공간으로서 지구, "우주에서 유일한 인간의 거주지"[3]를 강조한다. 아렌트에 따르면, 지구는 하나의 인간man이 아니라 다수 인간들, "이 지구에서 살아가는 모든 사람men"의 조건이자 활동적 삶에서 비롯한 폴리스를 가능케 하고, 사람들이 세계에 거주한다는 사실에 기반하는 조건으로서 의미를 지닌다.[4] 아렌트의 논의에서 폴리스 개념은 어디까지나 인간들 사이의 행위와 공존을 정치적 공간의 조건으로 삼는다. 그는 동식물, 생태계, 기술적 매개자와 같은 비인간적 존재들의 행위성과 정치적 지위를 사유하지 않는다. 비인간적 존재들과의 얽힘은 정치적 차원에서 논의되지 않는다.

그런데 지구가 점차 인간이 거주하기 어려운 공간이 되거나, 인간의 조건을 유지할 수 없고 정치적 행위를 실행하기 어렵게 된다면 어떻게 할 것인가? 기후변화는 해수면을 상승시키고, 연안과 저지대 지역은 점차 위험에 처한다. 기후위기로 많은 생물종은 멸종 위기 상황에 처했으며, 살 곳을 잃고 이주한 기후난민이 매해 증가하고 있다.

기후위기는 폭염과 한파로 기후 취약 계층의 삶에 직접적 영향을 끼친다. 기후 취약 계층의 다수는 빈곤율이 높은 노인 인구로 만성질환을 앓는 경우가 대다수이다. 이러한 상황을 고려했을 때, 기후위기는 인권의 차원에서 생명권, 건강권, 주거권, 물과 위생에 관한 권리 등의 문제와 직접으로 연관되며, 기후변화에 관한 역사적 책임의 문제 역시 제기된다. 이러한 기후위기 상황은 근대적 인간의 조건으로 설정된 유클리

---

3   한나 아렌트,《인간의 조건》, 이진우 옮김, 한길사, 2019, 50~51쪽.

4   한나 아렌트,《인간의 조건》, 51쪽. 아렌트는 활동적 삶의 영역에 해당하는 행위action, 작업 work, 노동labor을 비오스/조에의 이분법적 구별을 따라 구분한다. 그러나 행성적인 것으로 정치적 공간은 정치적인 것을 지속시키는 시간성의 문제를 제기하면서, 비오스와 조에 사이의 구분과 위계에 문제를 제기한다.

드 기하 공간의 구체球體로 설정된 지구라는 개념에 질문을 던진다.

지구온난화가 계속되면 2050년 기후난민이 10억 명에 이를 것으로 전망된다. 또한 기후변화의 역사적 책임을 누적된 온실가스 배출량으로 상정해 본다면, 미국의 비중이 25퍼센트로 가장 크고, 독일·영국·프랑스·폴란드의 비롯한 유럽 28개국의 비중은 22퍼센트, 중국 12.7퍼센트, 러시아 6퍼센트, 일본 4퍼센트, 캐나다 2퍼센트, 우크라이나 1.2퍼센트, 남아프리카공화국 1.2퍼센트, 멕시코 1.2퍼센트, 호주 1.1퍼센트를 차지한다. 한국은 1퍼센트로, 국가별로는 이산화탄소 누적 배출량이 16번째로 많은 국가다. 이들 국가의 비중을 합하면 77.4퍼센트에 이른다. 하지만 기후변화 유발에 책임이 거의 없는 국가들이 기후변화에 더욱 취약한 상태다.[5]

오늘날 기후위기나 지구 시스템의 불안정성은 인간들만의 정치로는 다룰 수 없는 문제이며, 동시대 정치적 공간은 인간-비인간의 집합적 얽힘 속에서 구성된다. 이 점에서 아렌트의 인간 조건은 행성적 차원을 사유하기에는 여전히 인간중심주의적 한계를 지니며, 새로운 정치적 상상력을 요청한다. 이러한 문제의식에서 출발한 이 글은 인간의 조건으로서만 한정 지어진 지구가 아닌 인간과 비인간의 거주지인 행성plant을 비인간과 인간의 공거 조건으로 설명하고, 비인간 인프라를 구축하고 행성에서 정치적인 것의 장소를 도모하는 거주 형상의 모색으로 심-폴리스sym-polis를 제안한다.

---

5 권승문, 〈기후위기는 평등하지 않다〉, 《인권》, 2020년 10월호 14~17쪽.

행위와 인간의 조건으로서
폴리스

아렌트에게 행위는 새롭게 시작할 능력이라는 점에서 탄생의 사실에 상응한다.[6] 시작으로서의 행위action as beginning는 예상할 수 없는 것, 기존에 불가능하게 여겨졌던 것을 수행할 수도 있음을 뜻한다. 이러한 행위의 특징은 다음과 같다. 첫 번째 행위는 인간들 사이에서 이루어지고 인간을 지향한다.[7] 여기서 인간은 한 인간이 아니라 복수의 다양한 인간이다. 아렌트가 강조하듯 지구에 살고 세계에 거주하는 복수의 인간들에게서 비롯한 인간의 조건으로부터 행위가 가능하다.

두 번째 행위는 말과 긴밀한 관련을 지닌다. 행위는 '인격'을 통해 나타나는 말과 더불어 시작되면서, 기존의 그물망, 공론 영역을 가능케 하는 복수성plurality을 조건으로 삼는 인간관계망에 의존한다. 인간관계망에는 수많은 갈등적 의지와 의도가 존재하며, 행위를 제한하고 경계 짓는 선이 인간의 역사 영역 안에 존재하게 된다.[8] 인간관계망은 인간의 고

---

6 아렌트에 따르면, 노동과 작업도 "탄생성에 그 뿌리를 두고 있다. 즉, 이방인으로서 세상에 태어나는 새로운 손님이 끊임없이 유입되도록 세계를 마련하고 보존하는, 그리고 이 유입을 예견하고 생각해야 하는 과제를 갖는 한, 노동과 작업은 탄생성에 뿌리를 두고 있는 것이다." 한나 아렌트, 《인간의 조건》, 57쪽.

7 행위의 시작 능력은 이야기의 측면, 즉 말의 차원에서 그의 고유한 삶의 이야기에서 출발하여, 타자의 삶에 영향을 끼쳐 이전과 다른 새로운 결과를 만들어 낼 수 있다는 것이다. 말을 통해 타자에게 자신을 드러내 보이는 것뿐 아니라 행위를 통해 새로운 시작을 하는 것은 항상 이미 존재할 뿐 아니라 행위와 말의 직접적 결과들이 감지되는 인간관계망으로 귀속된다. 이러한 점에서, 새로운 시작 능력으로서의 행위는 행위주체의 독자적인 활동이 아니라 타자들과의 관계 속에서 상호의존성을 지닌다.

8 인간관계에 의존하는 행위 개념의 특성으로 인해 타인의 현존, 인간관계망은 새로운 시작을 하는 행위자에게 행위를 가능하게 하는 동시에, 새로운 행위가 원래의 목적이나 의도를 달성할 수 없게 하는 조건이다. 행위의 불행 역시도 인간 조건인 다원성에서부터 비롯한다. 하

유성uniqueness을 만들어 내나 그 속에서 행위자는 자신의 원래 의도와 목적을 결코 온전히 달성할 수 없다.[9] 무엇보다도 행위의 결과는 예측 불가능하며, 그 과정은 환원 불가능하기에, 사실상 행위는 연약하다.[10] 그럼에도 불구하고 아렌트가 행위를 강조하는 까닭은 "정치적 조직체를 건설하고 보존하는 데 참여"하며 "기억함, 즉 역사의 조건을 창출"[11]하기 때문이다.

아렌트에 따르면, 그리스에서 행위의 연약성을 해결하는 방법은 폴리스의 구축이다. 폴리스라는 형식은 함께하는 인간의 삶을 일견 가장 무상한 인간 활동으로 여겨지지 않도록 행위와 말, 행위와 이야기가 사라지지 않도록 보장한다.[12] 폴리스는 기억의 공동체로 작동한다. 아렌트가 강조하는 폴리스의 역할은 일종의 조직화된 기억을 담당하는 것이다. 폴리스는 사멸하는 행위하는 자의 실존이 지나가 버리지 않도록, 유동

<hr>

지만 다원성은 아렌트의 논의에서는 "공론 영역인 현상의 공간을 위한 필수조건이다." 한나 아렌트,《인간의 조건》, 284쪽.

9 　행위와 말로 세계에 참여하고 삶을 시작하나 자기 삶의 이야기의 저자이거나 연출자일 수 없다. "행위자가 이야기의 '주인공', 즉, 주체로 남는다고 하더라도, 우리는 결코 그를 이야기의 최종 결과의 저자라고 분명하게 지목할 수 없다." 한나 아렌트,《인간의 조건》, 245쪽. 아렌트에 따르면, 행위와 모든 역사의 과정을 밝히는 빛은 역사의 종점에서만, 모든 참여자가 죽었을 때만 드러난다는 것이다. 행위주체의 본질은 생명이 떠나가거나 이야기 외에 아무것도 남기지 않았을 때에만 존재할 수 있다. 이야기의 완전한 의미는 이야기가 완전히 끝났을 때에만 알 수 있다.

10 　우선 행위의 연약성은 탄생이라는 인간의 조건에서 비롯한다. 행위에 내재하는 예측 불가능성은 "행위하는 자유를 사용하는 순간 행위자를 얽어매는 관계의 그물망 속에서 심지어 자유를 잃어버리는 것"처럼 보이게 한다. 한나 아렌트,《인간의 조건》, 298쪽.

11 　한나 아렌트,《인간의 조건》, 57쪽.

12 　벤하비브에 따르면, 아렌트의 행위 개념은 행위자와 행위 자체가 서사의 망에 의해 구성되며, 행위의 수행성performativity은 일상적인 담화와 숙고deliberation를 매개로 이루어진다. 이는 인간관계망 속에서 이루어지는 행위의 관계적 성격과 행위 개념이 해석에서 있어서 비결정적임을 제시한다. Seyla Benhabib, *Critique, Norm, And Utopia: A Study Of The Foundations Of Critical Theory*. NY: Columbia University Press, 1986.

적이나 위대한 것이 현실성을 잃지 않을 수 있게 보증한다.

폴리스는 지리적 위치를 가진 도시국가만을 뜻하지 않는다. 폴리스는 복수성을 인간의 조건으로 삼는 인간이 함께 행위하고 말함으로써 생겨나는 공간이다. 아렌트에게 있어서 폴리스의 참된 공간은 그들이 어디에 있든, 함께 행위하고 말하려는 목적을 위해 더불어 살아가는 인간들 사이에 존재한다는 것이다. 사람들이 흩어지고 행위가 없으면 폴리스는 사라진다. 아렌트에게 공간은 행위가 가능한 조건인 정치적 공간이자, 정치적 평등이 보장되는 공적 공간의 의미를 지닌다. 공적 공간의 중요성은 인간은 나면서부터 평등한 것이 아니라는 사실에서 기인한다.[13] 더욱이 정치를 위해서 평등이 요청되기에, 이를 인위적으로라도 구현할 필요가 있다.

아렌트에게 정치적 평등의 핵심은 평등을 인위적으로 만들어 내고 행위를 가능케 하는 공간을 구현하는 것과 밀접한 관계를 맺는다. 《전체주의의 기원》에서 20세기 전반기에 국적 없는 사람들, 권리 잃은 사람들의 상황에 관해 설명한 인권의 역설은 바로 행위를 가능케 하는 정치적 평등을 보장하는 공간의 부재에서 비롯한다.

결국 인권은 정부와 관계가 없다고 생각되었기 때문에 '양도할 수 없는' 것으로 정의되어 왔다. 그러나 사람들에게 자국 정부가 없어지고 그래서 최소한의 권리에 의지해야만 하는 바로 그 순간, 그들을 보호해 줄 권위도 없어지고 그들을 기꺼이 보장해 줄 제도도 없어진다는 사실이

13　아렌트에게 복수성은 함께 행위하고 말하는 본질적 인간의 조건이다. 아렌트에게서 '정치적 자유'는 기본적으로 공적인 사안에 참여할 권리, 공적 공간에서 자기 자신을 드러낼 수 있는 권리이며, 함께 살아가고 새로운 것을 시작할 수 있는 능력인 행위와 밀접하게 결부된다.

밝혀졌다.[14]

　행위를 실재적으로 가능케 하는 공간은 자연적으로 주어진 어떤 것이 아니라, 인공적으로 구성한 장소이다. 인간은 행위를 할 수 있게 하는 공간이 있어야만 권리를 실행할 수 있는 것이다. 이는 거주하며 행위하는 공간의 박탈이 인권의 근본적 박탈로 나타남을 드러낸다. 아렌트에 따르면, 난민은 "자유에 대한 권리를 박탈당한 것이 아니라 행동할 권리를 박탈"당했고, "사유할 권리를 박탈당한 게 아니라 의견을 제시할 권리를 박탈"[15]당한 것이다. 주권을 상실한 무국적자, 난민 등과 같이 거주의 공간을 잃은 사람은 행위 가능 공간이 사라져서 행동의 권리가 박탈된다. 동시대에 발생하는 전쟁 그리고 영토와 국권 상실에서 알 수 있듯, 국가와 국민주권의 바깥에서 인간은 국민이 아니며, 시민도 아닐 뿐 아니라 비인간으로만 존재할 수 있다. 이러한 상황을 아렌트는 인권의 역설로 칭한다.

　양도 불가능한 고유의 권리인 인권은 '어디엔가' 소속이 필요하고 그로부터 보장될 수 있다는 아렌트의 통찰로부터 기인한 인권의 역설이 보여 주는 것은 인권 개념에 권리를 가질 권리right to have rights가 내포한다는 것이다. 이러한 권리를 가질 권리는 인류에 속할 수 있는 모든 개인의 권리이며, 인류 자체로부터 보장받아야 하는 권리이다. 아렌트가 강조하는 바는, 권리를 가질 권리가 단수의 권리가 아니라 복수의 권리이자 자연이나 역사로부터 당연히 부과된 것이 아닌 인공적인 것, 공적 영역으로부터 보장된다는 것이다. 그러하기에 권리를 가질 권리는 행위

14　한나 아렌트, 《인간의 조건》, 525쪽.

15　한나 아렌트, 《인간의 조건》, 532쪽.

를 가능케 하는 인공적 공간의 구축과 그 소속으로 비롯한 보편적 세계 시민권의 개념에 가깝다.[16]

인권의 역설이 드러내는 권리를 가질 권리는 '인간의 조건'을 단지 한 사회나 국가의 범위로 한정할 수 없으며, '지구'를 권리의 공간으로서 등장하게 한다. 이로부터 아렌트는 "지구는 가장 핵심적인 인간 조건"이며, "우리 모두가 아는 것처럼, 지구는 우주에서 유일한 인간의 거주지"[17]임을 명시한다. 이러한 인간의 조건은 무엇보다도 "이 지구에서 살아가는 모든 사람men"[18]의 조건이자 이들이 세계에 거주한다는 사실에 기반하는 조건인 폴리스로서 지구를 의미한다.

행성적 시간성
그리고 비인간과 인간의 공거

아렌트는 지구를 인간 조건의 가장 핵심적 조건으로 삼고, 인공적 세계로서 폴리스에 인간 실존을 위치 지운다. 아렌트에게 인공적 세계는 "모든 동물의 환경과 구별"[19]되며 "인공품의 지속하는 영속성이 없다면 '장차 올 사람들과 함께 오게 될 사람들의 어떤 기억도 존재할 수 없'"[20]다는 점에서 강조된다. 이런 점에서 아렌트에게 폴리스는 정치적 행위

---

16 임미원, 〈아렌트의 '권리를 가질 권리' 개념의 기초적 고찰〉, 《법철학연구》 22(1), 2019, 203~234쪽.

17 한나 아렌트, 《인간의 조건》, 50~51쪽.

18 한나 아렌트, 《인간의 조건》, 51쪽.

19 한나 아렌트, 《인간의 조건》, 267쪽.

20 한나 아렌트, 《인간의 조건》, 267쪽.

를 가능케 하는 공간이자, 복수성으로 나타나는 인간의 '거주'를 위한 것이다. 이 공간은 현재 살아 있는 자의 생애를 넘어 지속하는 인공-자연물의 생성과 상호세대적으로 연루된 시간성을 필요로 한다. 폴리스는 말과 행위가 사라지지 않게 하는 기억의 지속성을 보증하기에, 소속될 권리를 보증하는 공간과 이를 지속하는 시간의 차원 모두가 존재하며 중요하다는 것이다. 아렌트의 폴리스 개념은 과거의 기억을 사라지지 않게 하고, 현재에 시작하는 행위의 영향을 존재하게 하고, 미래까지 말과 행위를 보존하는 기억의 공동체이자 공통의 커먼즈commons[21]에 가깝다.

그러나 아렌트의 폴리스에서 새롭게 시작할 능력인 행위로부터 일어나는 이야기, 역사는 일종의 지구화의 서사이자 인간의 시간을 다룬 인간의 역사이다. 차크라바르티Dipesh Chakrabarty가 지적했듯, 아렌트의 폴리스 서사는 "대지earth에 대한 인간의 경험에 초점을 맞춘 것"[22]이라는 점에서 한계를 지닌다. 그러나 지구에 인간만의 시간이 있는 것은 아니다. 아렌트 역시 인간의 조건으로서 지구에서 벗어난 1957년 구소련 우주선 스푸트니크호의 발사 광경과 인공위성의 지구궤도 회전을 목도하고 서술한 바 있다.

일시적으로 지구궤도를 회전할 수 있는 수준에서 근 70여 년 후 동시대는 민간 우주여행 상용화와 상품화를 눈앞에 두고 있을 뿐 아니라, 최

---

21 커먼즈commons는 더 이상 단순히 중세 유럽의 공유 목초지나 산림을 뜻하는 것이 아니라, 오늘날에는 지식, 언어, 디지털 네트워크, 생태계, 대기와 기후처럼 누구도 독점할 수 없는 자원과 그것을 공동으로 관리, 유지하는 사회적 실천을 가리킨다. 이제 커먼즈는 특정 자원만이 아니라, 공유와 협력을 통해 구성되는 관계적 질서와 정치적 가능성을 포괄하는 현대적 개념으로 이해된다.

22 디페시 차크라바르티, 《행성시대 역사의 기후》, 19쪽.

종적으로 지구에서 완전히 벗어나 다른 행성으로의 이주를 목표로 삼는다. 이러한 동시대의 상황은 지구 바깥으로 나가는 로켓이 지구의 대기 시스템에 분명한 영향을 끼침을 드러내면서, "지구적인 것이 인간에게 행성적인 것의 영역을 드러내는 역사의 한 지점의 도래"를 알린다.[23] 지구가 태양계의 나머지 일곱 행성과 마찬가지로 태양 주위를 공전하면서 자전하는 행성이라는 사실은, 지구가 인간만이 살아가며 언제든 '뉴 스페이스'로 확장 가능하게끔 구획된 유클리드적 공간만은 아니며, 대기 시스템의 순환에 영향을 주고받는 인간과 비인간의 서식지라는 것을 제시한다. 지구 행성에서 일어나는 탄소 순환은 빠른 순환부터 수백만 년의 느린 순환에 이르기까지 다양한 시간성을 지닌다. 이 시간성은 복수의 시간성들이며 인간이 고려할 수 없는 범위를 벗어난 매우 큰 규모의 시간이다. 지질학적 시간에 관한 사유는 인간 역사 시간의 척도로 헤아리기 어려운 비인간적으로 긴 시간성을 요한다. 이 점에서 행성적인 것은 인간을 탈중심화하는 시간성을 지닌다.

행성적 시간성은 흔히 자연사로 설명되나, 기후변화와 지구온난화의 서사는 자연사와 인간 역사의 인간주의적 구별에 붕괴를 가져온다.[24] 행성적 관점에서 비로소 인간 행위의 지구온난화라는 행성적 파급력으로 대기와 산소의 역사를 가시화한다. 인간이 오염시키는 바다는 산소 공급원인 플랑크톤을 파괴한다. 기후변화는 지구의 수용력을 넘어서는 생

---

23 디페시 차크라바르티, 《행성시대 역사의 기후》, 125쪽.

24 차크라바르티는 시간성의 문제를 언급하는데, 기후변화를 해소하려는 유엔 수준에서의 협상은 급박한 행위에 대해 아직 정해지지 않은 막연한 일정을 가정한다. 1987년 몬트리올 의정서는 기후변화를 지구적 문제로 다룬 대표적인 예시인데, 상승 폭을 '섭씨 2도' 이내로 사수하기라는 의제는 막연한 일정을 가정하는 경향이 있는 유엔과, 예측에 근거해 유한한 일정을 제시하는 과학자들 사이의 타협의 표현이라는 것이다.

태학적 용량 초과로 인한 것이며, 그 영향의 범위나 규모는 행성적 수준이다.

특히 행성적 수준의 시간성은 아렌트가 강조하는 탄생성과 관련된 다른 활동적 삶인 "인간 유기체의 생존에 필요한 모든 것을 생산"[25]하는 노동과 "우리 신체의 거주에 필요한 모든 것을 제작"하는 작업에 관해 생각할 필요를 제기한다.[26] 작업은 사물의 세계를 생산하고, 이 세계는 효용의 논리로 모두 소비되지 않는다. 이러한 사물의 세계는 사용되고 활용되나 부서지지 않게 유지되어서 상호세대적 시간성을 담지하고, 세계를 만들어 내는 작업은 각기 다른 세대들을 건너 행위를 보장하는 지속적 거주의 가능성을 보장하는 것이다. "우리 신체의 거주에 필요한 모든 것을 제작"하는 작업은 "세계가 인간이라는 불안정하고 유한한 피조물을 수용하는 데 필요한 안정성과 견고성"[27]을 준다. 작업은 "유한한 삶의 덧없음과 인간적 시간의 떠도는 성격에 영속성과 지속성을 부여할 수 있는 수단을 제공"하며, 작업의 "결과물인 인간의 인공품"[28]은 견고성을 보장한다. 도시라는 인공물은 "모든 서구 정치조직체의 전형"이 되며, 그러한 "도시의 건설은 따라서 권력의 가장 중요한 물질적 필수 조건"[29]이기에, 인공물로서 도시는 정치적 공간의 의미를 지닌다. 정치적 행위는 인간의 행위와 말을 지금 살아 있는 자의 시간을 넘어 지상에 머물게 하는 것이기에, 거주와 공간 그리고 이 거주 공간의 지속을 행위의

---

25 한나 아렌트, 《난간없이 사유하기》, 신충식 옮김, 문예출판사, 2018, 421~422쪽.

26 한나 아렌트, 《인간의 조건》, 50~51쪽.

27 한나 아렌트, 《인간의 조건》, 289쪽.

28 한나 아렌트, 《인간의 조건》, 57쪽.

29 한나 아렌트, 《인간의 조건》, 263쪽.

전제 조건으로 삼고 지금 여기 있는 존재자의 생애를 넘어 지속하는 인공물을 필요로 한다는 것이다.

하지만 아렌트는 작업과 노동을 다수 인간의 공동 생활을 조직하는 데 필요한 행위가 지닌 시작의 능력과 확연히 구분하면서, '정치적 삶 bios politikos'이자 정치적 자유의 영역인 비오스bios에 속하는 행위와 분리하여 생명 유지의 필연성에 속한 조에zoe로 분류한다.[30]

행성적인 것 앞에서 비오스와 조에 사이의 위계가 더 이상 작동할 수 있을까? 차크라바르티는 다음과 같이 서술한다. "지구적 역사들은 이 행성에서의 인간 지배적 생명질서에 관한 것이다. 반면에 이 행성의 지구 생물학적 역사는 우리가 생명 형식의 소수자이며 행성 위에서 생명 형식의 다수자는 미생물적이라는 사실"[31]을 깨닫게 한다. 인간과 세계적 환경 사이에 상호성의 관계를 가정하는 근대적 역사철학의 가정과 달리, 대지 시스템으로서 행성에서 인간은 행성적 과정이 이바지해야 할 목적이 아니다. 행성의 생명사에서 살피면 인간은 우발성의 산물이다.

차크라바르티에 따르면, 행성 개념은 인간이 정치적인 것의 분야로 간주하는 것에 맞서는 특유한 도전을 한다. 또한 지구 행성의 온난화에 지대한 영향을 미치는 대지 시스템인 지질학에 얽힌 인간의 활동적 삶과 그 영향을 지적한다. 이 활동적 삶은 인간의 생명 활동인 노동으로,

---

30 비오스는 그리스인들이 삶(생명)을 두 가지 용어 조에zoē와 비오스bíos로 구분한 바에서 그 의미를 보통 찾는다. 비오스가 어떤 개인이나 집단에 특유한 삶의 형태나 방식을 가리킨다면, 조에는 모든 생명체에 공통된 것으로, 살아 있음이라는 단순한 사실을 가리킨다. 단순한 자연 생명인 조에는 공적인 것과 철저히 구분되어 본래적 의미에서 폴리스에 포함되지 않는, 단순한 재생산을 위한 삶이었으므로 오이코스economy(가정경제)의 영역에 국한되어 있다. 생물학적 삶 및 사적 영역의 삶을 의미하는 조에와 위대한 행위에 따른 고유한 정치적 삶을 가리키는 비오스 사이의 엄격한 구별과 분리가 활동적 삶의 영역 내에 존재한다.

31 디페시 차크라바르티,《하나의 행성, 서로 다른 세계》, 이신철 옮김, 에코리브르, 2024, 69쪽.

인공적 사물 세계를 구축하는 작업으로, 공동의 조직으로 대문자 인간의 기준에 걸맞는 공동체를 구축하라는 명령과 의지를 동반하는 행위로, 기후위기의 상황을 야기했다.

기후위기와 행성적인 것 앞에서, '자연적' 생명으로 특정된 조에와 사회·인공을 가리키는 비오스를 가로지르는 분명한 구분과 위계질서의 유지는 사실상 어렵다. 또한, 동시대 세계의 인간은 인공적으로 축조한 사물의 세계에 의존한다. 종으로서 인구를 통치하는 생명정치의 차원에서 살피면, 인간은 자연과 인공의 이분법을 넘어선 인간-사물로 작동한다. 근대 국민국가의 궤적과 동시대 정치 체계에서 정치적 행위는 필연적으로 상호세대적이다. 정치적 행위와 결단은 다음 세대, 그 다음 세대 그리고 여러 세기를 견뎌 내는 물질인 핵폐기물, 오랜 기간 썩지 않는 플라스틱을 만들어 내거나 혹은 인간의 승전을 자랑하는 기념비를 세운다. 확실히 정치적 행위는 지금 여기를 넘어 유지되고 계속 있을 수 있는 자연-인공물을 생성한다. 그리고 그것은 인간적 말과 행위의 우위성, 그리고 인간의 시간 척도에 근거하는 조에와 비오스의 구별을 무력화한다.

무엇보다도 기후위기는 행성에서 지속적으로 거주하기에 적합한가를 묻는 당면한 문제 상황이다. 인간의 시간과 다중의 비인간 시간이 묶여 얽힌 '멸종'을 예비하는 시간성의 차원에서 "인간적 척도와 비인간적 척도가 합쳐지면 정치적인 것이라는 범주를 사유하고 사용하는 이전의 방식에 의문을 제기하는 역설적인 형식의 정치적인 것"[32]을 산출한다. 이러한 정치적인 것은 인간만이 아니라 생명체와 비생명체를 포함한

---

[32] 디페시 차크라바르티,《행성시대 역사의 기후》, 20쪽.

비인간의 영역에서 행성적인 동시에 지역적인 차원에서 작동한다. 인류세의 지층이 보여 주듯, 정치적인 것은 지질학적 시간과 세계 자본주의 경제에서 작동하는 일상적 삶의 시간이 분리불가능하게 겹쳐 있다.[33]

이제 행성적 차원의 정치적인 것과 더불어 인간의 조건을 다시 고찰한다면, 그 조건은 비인간과 인간의 공거co-habitation 조건으로 불릴 수 있다. 이러한 공거는 "우리가 지상에서 공거할 이들은 선택에 앞서, 따라서 우리가 심사숙고한 뒤 맺게 될 사회적이거나 정치적인 계약에 앞서, 우리에게 주어진다"라는 버틀러Judith Butler의 고찰과 맞닿는다.[34]

아렌트가 옳다면 우리는 누구와 함께 살지 선택할 수 없고, 또한 포괄적이고 복수적인 공거의 무선택적 특성을 능동적으로 보존하고 확증해야 한다. 우리는 우리가 결코 선택하지 않았고 어떤 사회적 소속감도 느끼지 않는 이들과 살아갈 뿐 아니라, 그들이 속한 삶과 복수성을 보존할 의무도 진다. 이런 의미에서 이런 공거 양태들의 무선택적인 특성으로부터 구체적인 정치적 규범과 윤리적 처방이 출현한다. 지상에서 함께 산다는 것은 있을 수 있는 모든 공동체나 민족, 이웃에 선행한다. 우리는 가끔 어디에 살 것인지, 누구 옆에서 혹은 누구와 함께 살지 선택할 수 있겠지만, 지상에서 함께 살 이들을 우리가 선택할 수는 없다.[35]

---

33 이와 같은 점을 고려해 보았을 때, 아렌트의 행위 개념은 활동적 삶의 다른 영역인 작업, 노동과 완전히 구별되거나 공적 영역으로 특화될 수 없다. 아줄라이Azoulay의 지적처럼 각기 다른 영역처럼 보이는 행위, 작업, 노동 사이를 넘나드는 움직임과 분화가 이 세계의 불행과 부정의를 타계하는 활동적 삶으로 함께 행해졌다. Arielle Aïsha Azoulay, *Potential History: Unlearning Imperialism*. London: Verso, 2019, p.33.

34 주디스 버틀러, 《지상에서 함께 산다는 것: 이스라엘 팔레스타인 분쟁, 유대성과 시온주의 비판》, 양효실 옮김, 시대의창, 2016, 236쪽. 번역서에서 동거로 옮긴 것을 공거로 바꾸었다.

35 주디스 버틀러, 《지상에서 함께 산다는 것: 이스라엘 팔레스타인 분쟁, 유대성과 시온주의

함께 거주하는 공거는 단순한 삶^{tò zên}과 가치 있는 삶^{tò eû zên}의 대립으로 만든 구별과 경계를 문제화하고, 말과 행위를 사라지지 않게 하는 비오스를 강조하는 아렌트의 논의를 비판한다.[36] 주디스 버틀러와 가야트리 스피박Gayatri Spivak은 아렌트의 배제된 자들의 범위가 국가 공동체로 한정된 바를 문제화하고, 국가 상실과 국가의 단일한 언어의 상실을 동일시하는 논의에 관해 비판적이다. 버틀러와 스피박의 비판은 미국 국민nation에 속함의 결정 기준으로서 '영어' 또는 '하나의 공통된 언어a common language'의 일치를 삼는 것에 맞추고 그에 대한 저항을 다루며 비오스 구획을 문제화하는 것이다.[37]

이러한 비판의 선상에서, 공거는 여성, 어린이, 비자유인, 짐승 등으로 묶인 그저 종species에 불과하다고 여겨진 오이코스oikos인 조에를 "모든 바다와 땅을 모험의 장으로 만든 사람들이 아무런 증언 없이 사라져 버리지 않도록 보증"[38]해 온 역할로서 조명한다. 이뿐 아니라, 비인간과 인간의 공거는 행성적 시간성으로 지탱한 거주할 수 있는 공간을 생성해 온 조에인 비인간의 역량을 적극적으로 이해하고 긍정하면서 정치적 공간으로서 폴리스를 다시 사유하게 한다.

비판》, 237쪽.

36 윤성우, 〈난민(의) 철학으로서 아렌트 철학은 가능한가?〉,《현대유럽철학연구》 63, 2021. 아렌트의 비오스에 관해 윤성우는 노예와 외국인, 무국자와 난민들과 같이 비오스에 배제된 자들이 지닌 의견doxa이 복수성을 현상하는 공론의 장에서 물음으로 배워야 할 말과 행위에 속하지 않음에 대해 비판적 의견을 개진한 바 있다.

37 주디스 버틀러·가야트리 스피박,《누가 민족국가를 노래하는가》, 주해연 옮김, 산책자, 2008.

38 한나 아렌트,《인간의 조건》, 299쪽.

동시대의 거대 도시와
심-폴리스

행위의 연약함을 보증한 폴리스는 작업, 노동의 활동적 삶에 기대어 있고 이로부터 만들어진 동시대의 거대 도시는 디지털 기술과 매개되어 있다. 동시대의 도시는 거기에 거주하는 삶과 경험, 문제 인식과 해결이 디지털 플랫폼상에서 진행된다는 점에서 디지털 도시성을 특징으로 갖는 도시 공동체의 형상인 디지털 폴리스digital polis로 칭해질 수 있다. 디지털 폴리스는 디지털화 과정urban digitalization을 급속하게 거쳐 물리적 장소와 연동하는 동시에 대규모 빅데이터를 처리, 작동, 운영하는 디지털 플랫폼으로 작동한다.[39]

디지털 폴리스라 불릴 수 있는 동시대의 거대 도시는 사물들의 작용인 디지털 플랫폼으로 작동한다. 디지털 폴리스는 작업, 노동 없이 존재하기 어려우며, 디지털 매체로 작동할 뿐만 아니라 그 자체로 디지털 매체가 되는 도시이다. 매체이기도 한 디지털 폴리스는 데이터 생성의 환경이며 기술과 자연이 얽힌 혼합 환경이다. 이는 디지털 폴리스의 운용을 위한 빅데이터 플랫폼이기에, 그 가동을 위해서는 전산 기록 저장과 빅데이터 하드웨어를 실행하는 데이터센터가 필수적이다. 김은주에 따르면, 매체로서 디지털 폴리스라는 환경은 디지털 대상인 데이터의 생성과 작동에 연동한다.[40]

디지털 폴리스가 수집하는 데이터는 그저 소여된 것, 주어진 것이 아니다. 인간 행위자 역시 데이터를 소비하고 생산하며, 동시에 자신에 대

---

39   김은주, 〈디지털 폴리스의 정의와 커먼즈를 다시 사유하기〉, 《도시인문학연구》 14(1), 2022.
40   김은주, 〈서문: 새로운 공동체의 모색으로서 디지털 폴리스〉, 《디지털 폴리스》, 갈무리, 2024.

한 데이터를 디지털 환경에 남기는 존재로서 디지털 폴리스의 구축과 유지를 담당한다. 도시의 활동이 데이터의 원천이기에 인간만이 아닌 모든 행위자는 자신에 관한 데이터를 제공할 뿐 아니라, 디지털 폴리스라는 환경에서 그를 둘러싼 데이터와 그가 활동하면서 생겨난 데이터를 만든다. 이러한 데이터는 단순한 수치가 아니라, 도시의 기술적, 사회적, 생태적 조건과 얽혀 있는 바를 나타내고 실재성을 지닌다. 데이터는 인간과 환경이 상호작용한 결과이며, 인간적 행위자와 미세먼지, 기후, 날씨, 대기, 수질 등 비인간적 행위자들의 행위가 디지털 기술과 상호작용하여 플랫폼에 등록된 것이다. 행위자는 데이터를 소비, 유통할 뿐 아니라 생산하는데, 이러한 데이터는 도시의 기술적, 사회적, 제도적, 물리적, 상징적 인프라이다. 특히, 데이터센터는 컴퓨터 시스템과 통신 장비, 저장 장치인 스토리지 등이 설치된 시설로서, 빅데이터를 저장하고 유통시키는 핵심 인프라이고 유지와 운영을 위해 대규모 전력을 필요로 한다. 특히 도시 접경지대와 경계 바깥의 인프라는 디지털 폴리스의 지속가능성을 뒷받침하는 핵심 요소로 작동한다. 교통망, 전력망, 통신망, 탄소 배출 인프라 등이 디지털 폴리스를 가능하게 하는 기술-생태 복합체로 기능한다.

디지털 폴리스는 도시를 경계 짓는 것이 아니라, 경계를 넘어 네트워크와 관계 속에서 유지되고 지속된다. 디지털 폴리스의 접경지대와 경계 바깥의 인프라, 탄소배출권 등도 디지털 폴리스의 작동 조건이자 윤리적 고민의 대상이 된다. 이러한 디지털 폴리스는 도시 경계 바깥과 분리된 채 존재할 수 없으며, 인공과 자연, 대도시와 지역local을 넘는 연결을 통해서만 유지하고 지속한다.

디지털 폴리스는 더 이상 인간만의 공간이 아니며, 데이터, 알고리즘, 인프라, 환경 조건들이 얽힌 복합적 배치체이자, 도시의 기술적 인프라

뿐만 아니라 생태적 인프라와 연결되어 있다. 디지털 폴리스의 지속가능성은 단일한 자원 효율성을 넘어, 관계의 확장, 접속의 가능성, 타자성과의 연결에서 비롯된다. 따라서 유클리드적 공간이 아닌 물리적 거리와 무관한 비유클리드적 변이의 공간이자 장소들의 연결을 통해 공간성을 창출하는 관계적 공간이 강조되며, 이는 새로운 형태의 커먼즈를 요청한다. 이 점에서 디지털 폴리스는 커먼즈의 공간이다. 이때의 커먼즈는 고정된 자원이 아니라, 인간과 비인간 행위자가 함께 만들어 가는 커머닝commoning 행위를 통해 구성된다.

커먼즈의 문제는 디지털 폴리스를 디지털 심-폴리스라는 디지털 폴리스의 공존적 확장을 모색하게 한다. 'sym'은 함께를 의미하며, 도시 공동체를 뜻하는 폴리스와 결합함으로써, 디지털 폴리스를 윤리와 정의의 지평에서 그 의미를 되짚게 한다. 디지털 심-폴리스는 착취와 이용이 아닌 공존, 공생을 지향하고 기술과 생태의 이분법적 구분을 넘어 지속할 수 있는 공동체의 모색을 요구한다. 이는 동시대 폴리스의 미래를 선형적 진보로부터 비껴 세우고 커먼즈의 정의를 제안하는 디지털 심-폴리스digital sym-polis로서만 가능할 수 있을 것이다.

이러한 디지털 심-폴리스가 비인간과 함께 거주하는 비인간과 인간의 공거 조건으로만 작동될 수 있다면, 이제 동시대의 거대 도시이자 디지털 심-폴리스는 사실상 디지털 인프라와 비인간 인프라의 연결과 얽힘으로 작동하는 심-폴리스sym-polis 개념으로 이해될 수 있을 것이다.[41] 심-폴리스는 고대 그리스어로 συμπολις이며, 함께를 뜻하는 σύν과 도시

---

[41] 디지털 심-폴리스의 실재적 작동을 모색하면서, 디지털 심-폴리스의 기능을 상위 차원에서 설명하고, 인간과 비인간이 공거하는 바를 강조하는 심-폴리스 개념을 제안한다.

를 뜻하는 πόλις의 합성어로 도시들의 연합으로 이해할 수 있다.[42]

이 글은 심-폴리스를 이루는 '함께'를 강조하고자 한다. 여기서 '함께'인 '심sym'은 해러웨이Donna Haraway의 통찰을 따라 제작·산출·생산을 뜻하는 단어인 '포이에시스poiesis'의 합성어인 심포이에시스sympoiesis 개념과 불가분의 관계를 맺는다. 심포이에시스라는 제작, 생산은 필연적 실체성을 담지한 개체/개인individual인 더는 나눌 수 없는in-dividual 독자적 존재의 제작이 아니라, "질적인 것들의 우연한 접촉과 먹기, 침입, 감염, 흡수 합병 등 부분적 성공과 부분적 실패"[43]가 만들어 내는 효과이다. 이러한 실패는 새로운 관계를 생성하면서 얽혀서 살아가는 크리터들의 집합체인 "홀로바이온트holobiont"를 제안하고, 인간을 지구사의 필연성을 담지하는 주체가 아니라 비인간 행위자와 연결되고 얽힌 인간 행위자를 존재하게 한다.[44]

홀로바이온트는 개체 생물이 본래부터 미생물 군집과 얽혀 있는 하나의 복합적 존재라는 개념을 가리킨다. 즉, 인간, 동물, 식물과 그 내외부에 공생하는 세균, 바이러스, 곰팡이, 원생생물 등의 미생물 전체를 하나의 통합된 생명 단위로 파악하는 것이다. 이 개념은 단일하고 자율적인 생명 주체라는 근대적 상을 넘어, 생명체가 본래부터 다종적multispecies 얽힘 속에서만 존속한다는 사실을 드러내며, 진화의 단위 또한 개별 개체가 아니라 공생적 집합체로 이해될 수 있음을 시사한다.

---

42 Gary Reger, "Sympoliteiai in Hellenistic Asia Minor," *The Greco-Roman East: Politics, Culture, Society,* Stephen Colvin ed., pp. 45-181. Cambridge, UK: Cambridge University Press, 2004.

43 도나 해러웨이, 《트러블과 함께하기 – 자식이 아니라 친척을 만들자》, 최유미 옮김, 마농지, 2021, 76쪽.

44 크리터란 "미생물, 식물, 동물, 인간들과 비인간들, 그리고 때로는 기계까지 잡다하게 포함하는" 용어이다. 도나 해러웨이, 《트러블과 함께하기 – 자식이 아니라 친척을 만들자》, 233쪽.

홀로바이온트로 존재하는 인간이 거주하는 심-폴리스는 도시를 '야생의' 자연과 분리된 '인간 거주지'로 한정하려는 인간중심주의에서 벗어나 자연-인공 이분법 너머에서 비인간 행위자의 행위와 그 역량에 주목한다. 애나 칭Anna Tsing 역시 '자본주의적 폐허' 속에서 솟아나는 인간 행위자와 비인간 행위자의 얽힌 행위를 제시한다. 칭은 삶, 생명의 거주로서 '오염되고 교란된' 대지를 주의 깊게 살피며, 자연-문화 이분법으로는 포착할 수 없는 다양한 생물종들의 '뒤얽힌 삶의 양식'을 드러낸다.[45]

해러웨이와 칭의 제안과 관찰을 따라 도시의 풍경을 읽어 가면, 도시 지형에 적응하여 삶을 이어 가는 비인간 생명을 일상에서 어렵지 않게 인식할 수 있으며, 도시에서의 '다종적 거주'와 다종의 '공거'의 일상화를 확인할 수 있다.[46] 이런 점에서 심-폴리스는 비인간과 인간의 공거 조건을 이르는 말로서, "미생물, 식물, 동물, 다른 인간들 등 다종적 배치 multi-species assemblage의 일원"[47]을 위한 거주지를 제안하는 개념이며, 도시를 자연-인공의 연속체로 사유한다. 심-폴리스를 이러한 도시의 일상성 구축으로 연루된 인간-비인간 행위자의 네트워크이자 사회적-물질적-기술적 배치assemblage로 제안해 볼 수 있다.[48]

---

45 애나 로웬하웁트 칭,《세계 끝의 버섯: 자본주의의 폐허에서 삶의 가능성에 대하여》, 노고운 옮김, 현실문화, 2023.

46 대한민국의 수도이자 전 세계적으로도 알려진 대도시 서울에서도 비인간 생물들의 삶은 계속 이어지고 있다. 2017~2021 제3차 서울시 야생생물보호 세부계획에 따르면, 서울에는 총 5,515종의 동식물이 서식하고 있으며 북한산국립공원, 월드컵공원, 관악산, 남산과 같은 산림과 더불어 탄천, 청계천, 중랑천, 안양천 등과 같은 하천이 이들의 주요한 서식처로 기능한다. 〈서울의 생태정보〉. https://parks.seoul.go.kr/ecoinfo/ecology/index.do (2025년 9월 14일 접속)

47 도나 해러웨이,《트러블과 함께하기 ‒ 자식이 아니라 친척을 만들자》, 58쪽.

48 제니퍼 울치는 인간과 동물의 공존을 적극적으로 모색하며 다양한 인간 집단과 비인간 생물들의 삶을 중요한 정치적 것으로 다루는 도시를 '주폴리스zoopolis'로 부른다. 도시 공간

심-폴리스의 정치
그리고 비인간 인프라

심-폴리스를 폴리스들의 연합이라는 어원을 따라 정치적 행위의 측면에서 살피면, 심-폴리스는 폴리스를 인간의 조건만이 아닌 인간과 비인간의 공거의 조건으로 제기할 뿐 아니라, 정치적인 것이 인간의 행위만이 아닌 비인간의 행위와 더불어 작동하고 있음을 드러낸다. 물론 사물의 행위력과 비인간 행위자의 행위성만으로 비인간 행위자를 인간 행위자와 같은 방식의 권리 주체로 인정하기는 어려울 수도 있다.[49]

그러나 정치적인 것의 필요성을 제기하는 영역과 효과를 가늠할 때 분명한 것은 행성 차원에서 생명 형식의 다수자인 비인간 미생물이 생명을 개척하고 유지하는 핵심적 역할을 담당한다는 사실이다. 앞서 살폈듯, 기후위기의 심화는 생태계의 변화를 일으키는 홍수와 산불과 같은 교란으로 장소의 거주적합성livability을 불확실하게 한다. 이에 대응하는 정치는 인간 정치체 내부의 합의 도출만으로는 문제를 해결하기 어렵다.

곰팡이의 자실체fruiting body인 버섯을 따라가는 칭에 따르면, 내성균근endomycorrhizal 곰팡이는 세포 사이로 들어가거나 뿌리 바깥을 둘러싸며 식물 내부에서 자란다.[50] 곰팡이와 식물은 각자의 목표와 더불어 엮

을 인간의 거주지만이 아닌 다중의 동물 서식지임을 제시한다. Jenniffer Wolch, "Zoöpolis," *Animal geographies: Place, politics, and identity in the nature-culture borderlands*, Jenniffer Wolch and Jody Emel eds., pp. 119-138. London: Verso, 1998.

49　안병진,《제4부의 상상력: 바이오크리시, 비인간 생명에게도 투표권이 있다면》, 문학과지성사, 2024.

50　송이버섯은 내성균근 식물 연합의 자실체로 숙주 나무와 함께, 이종 간 관계를 통해서만 생성된다. '균근mycorrhiza'은 곰팡이와 뿌리를 뜻하는 그리스 단어들의 합성어로 곰팡이 균

여 있지만 생성과 유지를 위해 서로가 필요한 관계를 형성하며, 숲은 오로지 외생균근균ectomycorrhizal fungi 덕분에 생겨날 수 있었다. 균근은 단하나의 협력 관계에 제한되지 않고 상황에 따라 유연한 네트워크를 형성하면서 장소에 머물던 토양 미생물을 균근의 채널과 연결을 통해 이동하게 한다. 이러한 네트워크는 숲이 위협에 반응하는 것을 돕고 환경복원의 핵심 역할을 한다. 그렇게 숲은 여러 생물종 간의 상호연결로 이루어진 인프라로 잔존한다. 타 버린 숲의 복구는 인간 행위자의 노력만이 아닌, 여러 생물종 간의 상호연결 인프라를 고려해야 하는 것이다.

기후정치의 효과를 자아내는 비인간 행위자의 행위를 살피는 심-폴리스는 근대 정치사상의 한계를 단일한 대문자 인간 다수로만 정치적주체를 확정한 바를 비판한 차크라르티의 지적과 조우한다. 인류세라는문제적 상황에 직면한 데서 출발하는 심-폴리스는 인간의 지식, 이해관계, 열망만을 무대화하는 정치에 저항하며, 생명 형식의 다수자인 비인간 미생물과 더불어 실패하며 공생하는 크리터들의 집합체인 홀로바이온트로 존재하는 인간에 대한 이해로부터 비롯한 새로운 실존 방식의창출을 정치적인 것의 어젠다로 제기한다.[51]

홀로바이온트로서 인간은 단일한 행성적 위협에 맞서는 하나의 인류가 아닐 뿐 아니라, 아렌트가 짚어 낸 정치적 행위를 가능케 하는 "복수성이라는 인간의 조건"를 재사유한다. 복수성은 "한 인간이 아니라 다수의 인간이 이 지구상에 살고 세계에 거주"[52]한다는 바에 그치지 않는다.

폐허에서 삶의 가능성에 대하여》.

[51] Isabelle Stengers, *Cosmopolitiques 1: La guerre des sciences*, Paris et Le Plessis-Robinson: La Découverte/Les empêcheurs de penser en rond, 1997.

[52] 한나 아렌트, 《인간의 조건》, 73~74쪽.

행성적인 것과 정치적인 것을 연결할 때 복수성은 인간에만 적용되는 지엽적 사용과 다르게 생각해 볼 가능성이 열린다. 이는 지구와 인류에 부여된 고정적 표상에서 벗어나서, 인간 생명이 지닌 소수적 형식과 서로 다르게 태어난 차이의 복수성을 강조하는 것이다.

이러한 심-폴리스에서 정치는 인간중심주의적 상에서 비껴 선 복수성과 민중demos에 대한 새로운 상상을 요구한다.[53] 이에 관한 몇 가지 생각은 다음과 같다. 심-폴리스의 정치는 "불안정한 생존을 향한 최선의 희망" 속에서 거주하기habitus의 인프라를 구축하고, 정치적 행위를 보장하는 복수성이 일으키는 활동적 삶을 지향한다. 인프라는 인간을 가치의 기준으로 세워 진보나 퇴보로 진단하는 관점에서 벗어나는 비인간 인프라nonhuman infrastructures이다. 애나 칭에 따르면, "인프라는 인간뿐만 아니라 비인간도 세상을 만들어 가는 행위로 우리를 이끌 수 있다. 때로는 비인간이 인간의 인프라에 필요한 것을 제공하기도 하고, 때로는 인간의 계획을 방해하기도 한다."[54]

비인간 인프라는 장소의 거주적합성과 관련한다. 그리고 이를 판단하기 위해서 단일한 생명체 또는 관계에만 집중하는 것의 부족함을 인정하며, "다양한 삶이 모여 만드는 복수의 시간적 리듬과 궤도"[55]를 따

---

53 들뢰즈는 이러한 민중과 창의의 관련성에 관해 다음과 같이 쓴다. "이것이 바로 피에타 pietàs라고 부르는 것이다. 저항하는 능력 또는 반대로 통제에 대한 복종이 가늠되는 것은 각 시도의 수준에서이다. 우리에게는 창의성과 민중peuple 모두가 필요하다." Gilles Deleuze, *Pourparlers : 1972-1990*, Paris: Editions de Minuit, 2009.

54 Anna Tsing, "A multispecies ontological turn?," *The World Multiple: The Quotidian Politics of Knowing and Generating Entangled Worlds*, Keiichi Omura, Grant J. Otsuk, Shiho Satsuka and Atsuro Morita, London:Routledge, 2019, p. 240.

55 애나 로웬하웁트 칭,《세계 끝의 버섯: 자본주의의 폐허에서 삶의 가능성에 대하여》, 59쪽.

르고 복수적 공존을 기술하는 경관의 "더 넓은 리듬과 역사의 참여자"[56]들을 설명하는 것이다. 다시 말해, 비인간 인프라의 구축은 폴리스가 "'사물res'의 목소리를 듣거나 대변하는 데 무척 취약"했다는 점을 수용하여, "세계 생성에 적극적으로 참여하는 참가자라는 응분의 권리due"[57]를 사물, 비인간에 허용하는 바에 맞닿는다. 비인간 인프라는 "비인간적 사회성과 생계nonhuman sociality and livelihood를 가능하게 하는 경관 구축landscape constructions"[58]이며, 하나의 세계 만들기가 아니라 다종의 세계 만들기이다.

이러한 비인간 인프라는 중립적으로 여겨진 '인간'에 대한 가치 둠의 "배운 것을 잊기un-learn"를 동반하고 수행한다.[59] 배운 것을 잊기는 기존의 가치를 둔 주인의 위치를 소거함으로써, 원래 교육의 장에서 인정되지 않았던 모든 것의 소용돌이치는 둘레contours가 나타날 수 있게 하는 것이다. 그것이 배운 것을 잊기가 자아내는 효과이다. 배운 것을 잊기는 "우리가 아직 설명하지 않았거나 우리에게 오직 주변적으로만 나타난 다른 삶들, 다른 인생 형식들, 다른 것들에 엄청나게 취약해지는 전환적 행위"[60]이다. 배운 것을 잊기는 언제나 배우는 것과 동시적으로 일어나

---

56 애나 로웬하웁트 칭, 《세계 끝의 버섯: 자본주의의 폐허에서 삶의 가능성에 대하여》, 276쪽.

57 Karen Barad, "Posthumanist Performativity," *Signs: Journal of Women in Culture and Society* 28(3), 2003, p. 803.

58 Anna Tsing, "A multispecies ontological turn?," p. 240.

59 가야트리 차크라보르티 스피박, 〈서발턴은 말할 수 있는가〉, 로절린드 C. 모리스 엮음, 《서발턴은 말할 수 있는가?: 서발턴 개념의 역사에 관한 성찰들》, 테혜숙 옮김, 그린비, 2013, 457쪽. 스피박이 제안하는 '배운 것을 잊기'는 비인간화된 배우기 관행들practices로 계속해서 되돌아가 식민지 지배력의 담론을 행함에서 풀려나는, 행함을 행하지 않음undoing에 전념하는 것이다.

60 Julietta Singh, *Unthinking Mastery: Humanism and Decolonial Entanglements*, Durham: Duke University Press, 2018, p. 67.

며 특정 맥락과 이 맥락에서 살아지는 체현에 의존한다. 이 점에서 배움을 잊기를 통과하는 비인간 인프라는 물질로 살아가기이자 존재하기의 기술techne를 창안하는 포이에시스이자 심포이에시스를 작동케 하는 생명 부양 환경이다.

비인간 인프라를 구축하는 심-폴리스에서 정치는 다종의 협상 장소와 조율의 정치를 제기한다. 비인간 인프라가 구축하는 다종의 세계, 다수의 경관은 애나 칭의 말대로 "인간 그리고 종과 배치체, 생물과 무생물을 아우르는 급진적인 차이의 현장"[61]에서 펼쳐친다. 그리고 이뿐만 아니라 미래의 세대와 비인간 행위자를 지금 하는 행위의 평가자, 윤리적 대화자로 상정한다는 점에서 복수의 시간성을 고려한다. 다시 말해, 심-폴리스의 정치는 인간과 비인간, 다양한 존재 방식 사이의 복잡성, 다양성, 다층성을 고려하는 조율과 협상이 일어나는 복수의 현장이자 커먼즈를 생성하는 장과 관련한다. 이 점에서 심-폴리스에서 정치의 과제는 복수의 현장을 유지하는 시공간적 연속체를 지탱해 "과거와 미래를 모두 고려하는 거주 형태"[62]로 제안하고 공거의 거주 조건을 마련하는 것이다. 또한 이를 위해, 인간중심주의적 현재의 시간성만이 아닌 각기 다른 시간성과 결합하는 행성의 거주적합성을 탐색하고, 이를 생성, 유지하는 조율coordination, 조정이 중요하다.

조율과 조정을 위해서라도, 정치에서의 계약contract은 특정 시기와 공간에서 약속한 선조의 유산으로서 당연히 물려받은 것으로 간주되어서는 안 된다. 계약은 '함께com'라는 접두사와 '밀기 혹은 당기기trahere'라는 어원상의 기원을 가진다. 이 어원은 우리에게 계약을 수많은 투쟁과 협

---

61   애나 로웬하웁트 칭, 《세계 끝의 버섯: 자본주의의 폐허에서 삶의 가능성에 대하여》, 276쪽.

62   브루노 라투르, 《존재 양식의 탐구: 근대인의 인류학》, 황장진 옮김, 사월의책, 2023, 49쪽.

상이 일어나는 복수의 현장에서 생겨나는, 끝나지 않는 "일시적 결속" 같
은 "결합"[63]의 다양한 방식의 모색과 수행으로 이해하게 한다.

　궁극적으로 심-폴리스는 기존의 인간중심 정치에서 벗어나, 얽힘과
공존의 새로운 윤리와 정치적 실천을 요구하는 정치적 공간이다. 심-폴
리스에서 정치는 인간 행위자만의 것이 아니며, 비인간의 행위 또한 정
치적인 것의 장에서 고려한다. 생태계의 변화, 기후위기, 숲의 회복 등
은 비인간 행위자의 역량과 얽힘 없이는 설명될 수 없다. 심-폴리스는
새로운 정치적 행위성을 상정하며, 복수성, 다양성, 시간성에 관한 정치
의 모색을 요구한다.

　이러한 심-폴리스는 더욱이 생성형 인공지능이라는 비인간 행위성이
작동하고 기존의 패러다임과 가치를 재설정하는 동시대에 중요하다. 생
성형 인공지능은 단지 기술 발전이 아니라, 지구적 자원 흐름, 비가시적
노동, 생태계 파괴가 얽힌 인프라 없이는 구축될 수 없다. 심-폴리스에
서 우리는 더 이상 물리적 도시에만 거주하지 않으며, 데이터, 코드, 전
력, 그리고 생태계까지 포함하는 복합 인프라와의 연결 속에 살아간다.

　생성형 AI는 보이지 않는 기반인 인프라 생태계와 연결됨으로써 작
동한다. 에너지 소비 측면에서 AI는 데이터센터를 필요로 하고, 최대
60kW/rack의 전력을 사용하여 단일 센터가 5만 가구 수준의 전기를 소
비한다. 물 사용량 역시 대규모이다. 구글Google의 경우, 2022년 기준 52
억 갤런의 물을 사용한다. 1kWh당 4~9리터의 물이 필요하며, 이는 지역
수자원에 심각한 영향을 준다. 생성형 AI를 유지하기 위해서는 서버 냉각
인프라가 필수적이다. 수냉식 시스템, 디젤 발전기, 배터리, 변압기 등 폐

63　팀 잉골드, 《모든 것은 선을 만든다》, 차은정 · 권혜윤 · 김성인 옮김, 이비, 2024, 29쪽.

기물과 탄소 배출을 유발한다. 소음, 열 오염 역시 수반하여 데이터센터 근처 지역사회 구성원의 건강에 악영향을 미친다. 이는 생성형 AI가 단지 기술 인프라 생태계만이 아니라, 복합 인프라이자 기후위기, 자원 고갈, 사회적 불평등을 재생산하는 생태적 인프라임을 뜻한다. 생성형 AI는 또한 비대칭적 공급망 위에 구축되어 왔다는 점 역시 중요하다. 추출과 채굴, 조립과 제조 과정에서 리튬(볼리비아, 칠레, 아르헨티나), 코발트(콩고), 구리(페루) 등 희귀 광물 추출로 지역 생태계 파괴하고, 폭스콘Foxconn같은 글로벌 사우스 생산공장에서 노동권이 보호되지 않는 조건에서 기기 조립이 이루어진다. 데이터 라벨링은 케냐, 인도, 우간다 등지에서 난민과 저소득 노동자가 AI 학습용 데이터 태깅에 투입된다. 전자폐기물e-wast 역시 문제인데, 유럽에서 수거된 전자폐기물의 64퍼센트가 아프리카로 흘러들어 비공식 소각장에서 환경과 인체를 오염시킨다.[64] 이러한 과정은 AI로 인한 지구적 불균형과 착취의 구조 그리고 접속의 불평등과 생태적 외주화의 공간으로 AI 인프라가 작동하는 바를 제시한다.

AI 복합 인프라 시대를 사유하기 위한 개념적 틀로서 심-폴리스는 정치적 참여자를 단지 '시민'이나 '사용자'가 아니라, 행성에서 공거하는 행위자로 등장시킨다. 이로 인해 '우리는 어떤 인프라 위에 살아가는가?', '우리의 정치적 존재는 어느 생태계에 속해 있는가?', '어떤 공동체를 상상하고, 구축할 수 있는가?'라는 행성적 인프라의 윤리를 묻는 질문과 마주한다. 이는 생성형 AI 시대의 심-폴리스를 단지 기술 중심의 거대 도시가 아니라, 생태적 감응과 물질적 책임을 내포한 공거의 거주지되기로 모색하는 것이다.

---

[64] "cartography of generative AI". https://cartography-of-generative-ai.net/ (2025년 9월 14일 접속)

참고문헌

가야트리 차크라보르트 스피박, 〈서발턴은 말할 수 있는가〉, 로절린드 C. 모리스 엮음,《서발턴은 말할 수 있는가?: 서발턴 개념의 역사에 관한 성찰 들》, 태혜숙 옮김, 그린비, 2013.

권승문, 〈기후위기는 평등하지 않다〉,《인권》, 2020년 10월호.

김은주, 〈디지털 폴리스의 정의와 커먼즈를 다시 사유하기〉,《도시인문학연구》14(1), 2022.

______, 〈서문: 새로운 공동체의 모색으로서 디지털 폴리스〉,《디지털 폴리스》, 갈무리, 2024.

도나 해러웨이,《트러블과 함께하기 – 자식이 아니라 친척을 만들자》, 최유미 옮김, 마농지, 2021.

디페시 차크라바르티,《행성시대 역사의 기후》, 이신철 옮김, 에코리브르, 2023.

______,《하나의 행성, 서로 다른 세계》, 이신철 옮김, 에코리브르, 2024.

브루노 라투르,《존재 양식의 탐구:근대인의 인류학》, 황장진 옮김, 사월의책, 2023.

서울의 생태정보. https://parks.seoul.go.kr/ecoinfo/ecology/index.do (2025년 9월 14일 접속)

안병진,《제4부의 상상력: 바이오크리시, 비인간 생명에게도 투표권이 있다면》, 문학과지성사, 2024.

애나 로웬하웁트 칭,《세계 끝의 버섯: 자본주의의 폐허에서 삶의 가능성에 대하여》, 노고운 옮김, 현실문화, 2023.

윤성우, 〈난민(의) 철학으로서 아렌트 철학은 가능한가?〉,《현대유럽철학연구》63, 2021.

임미원, 〈아렌트의 '권리를 가질 권리' 개념의 기초적 고찰〉,《법철학연구》22(1), 2019.

주디스 버틀러,《지상에서 함께 산다는 것: 이스라엘 팔레스타인 분쟁, 유대성과 시온주의 비판》, 양효실 옮김, 시대의창, 2016.

주디스 버틀러·가야트리 스피박,《누가 민족국가를 노래하는가》, 주해연 옮김, 산책자, 2008.

팀 잉골드,《모든 것은 선을 만든다》, 차은정·권혜윤·김성인 옮김, 이비, 2024.

한나 아렌트,《인간의 조건》, 이진우 옮김, 한길사, 2019.

______,《전체주의의 기원 1》, 이진우·박미애 옮김, 한길사, 2017.

______,《난간없이 사유하기》, 신충식 옮김, 문예출판사, 2018.

Azoulay, Arielle Aïsha, *Potential History: Unlearning Imperialism*, London: Verso, 2019.

Barad, Karen, "Posthumanist Performativity," *Signs: Journal of Women in Culture and Society* 28(3), 2003, pp. 801-831.

Benhabib, Seyla, *Critique, Norm, And Utopia: A Study Of The Foundations Of Critical Theory*, NY: Columbia University Press, 1986.

Deleuze, Gilles, *Pourparlers: 1972-1990*, Paris: Editions de Minuit, 2009.

Reger, Gary, "Sympoliteiai in Hellenistic Asia Minor," *The Greco-Roman East: Politics, Culture, Society*, Colvin, Stephen ed., Cambridge, UK: Cambridge University Press, 2004, pp. 45-181.

Singh, Julietta, *Unthinking Mastery: Humanism and Decolonial Entanglements*, Durham: Duke University Press, 2018.

Stengers, Isabelle, *Cosmopolitiques 1: La guerre des sciences*, Paris et Le Plessis-Robinson: La Découverte/Les empêcheurs de penser en rond, 1997.

Tsing, Anna, "A multispecies ontological turn?", *The World Multiple: The Quotidian Politics of Knowing and Generating Entangled Worlds*, Omura, Keiichi, Grant J. Otsuk, Shiho Satsuka and Atsuro Morita eds., London: Routledge, 2019, pp. 233-247.

Wolch, Jenniffer, "Zoöpolis," *Animal geographies: Place, politics, and identity in the nature-culture borderlands*. Wolch, Jenniffer and Jody Emel eds., London: Verso, 1998, pp. 119-138.

"Cartography of generative AI." https://cartography-of-generative-ai.net/ (2025년 9월 14일 접속)

객체지향 존재론에 의한
디지털 휴먼의 존재론적 전회轉回

| 김소영 |

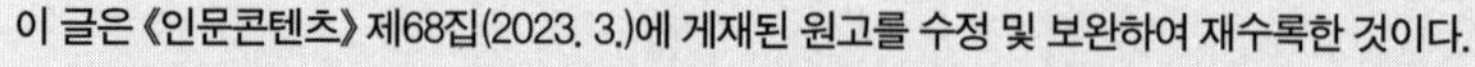

이 글은 《인문콘텐츠》 제68집(2023. 3.)에 게재된 원고를 수정 및 보완하여 재수록한 것이다.

"하나의 유령이 코뮤주의라는 유령 위에 출몰하고 있다

: 바로 비인간the nonhuman이라는 유령이다."[1]

객체로서
인간/비인간 존재

만물의 영장이라 불리는 인간은 일방적인 주권을 행사하는 존재가 아니라, 신음하는 만물과의 조율attunement을 통해 아름다운 세계를 기획해야 하는 존재이다. 그런데 인간을 닦달[2]해 왔다고 여긴 기술처럼 자연을 닦달한 인간은 코로나-19COVID-19와 기후변화라는 위기를 마주하기에 이르렀다. 이러한 사태들이 경고하듯, 세계의 모든 구성물을 인간만의 번영을 위한 수단으로 여기는 유아론唯我論, solipsism적 사고는 철회되어야 할 것이다.

---

1 Timothy Morton, *Humankind-Solidity with Nonhuman People*, New York; Verso, 2017, p. 1. 여기서 티머시 모턴Timothy Morton은 코뮤주의communism가 국제적인 차원이 아닌 지구라는 행성적인planetary 차원이라고 말한다. 이 저서의 제목인 '인류humankind'는 인간human과 달리 비인간적 존재자들non-human people과 연결된 관계를 이해하는 존재이다. 이에 모턴은 비전체적이고 들쭉날쭉한 방식으로 관련된 개체들, 즉 '공생적 실재the symbolic real'의 연대solidity를 강조한다. 그는 이러한 공생적 실재를 왜곡하는 대문자 인간Humanity과 대문자 자연Nature을 반대하며, 분리되어 있으나 서로 깊이 연관된 존재자들의 의존인 연대를 통해 인류라는 생태학적 존재자들의 조율을 모색해 나간다. Timothy Morton, *Humankind-Solidity with Nonhuman People*, pp. 1-3.

2 마르틴 하이데거Martin Heidegger에 따르면, '닦달Gestell(D), Enframing(E), 몰아세움'은 기술의 본질이며 이것은 현실적인 것이 부품으로 탈은폐되도록 인간을 닦아세우는 도발적 요청이다. 그는 이러한 기술의 도발적 요청이 자연의 에너지를 채굴·변형·저장·분배·전환하는 탈은폐의 방식으로 이루어진다고 말한다. 도발적 요청을 받은 인간은 닦달이라는 기술의 본질적인 영역에 있게 됨으로써, 현실적인 것들을 부품으로 만들어 버리게 된다는 것이다. Martin Heidegger, *The question concerning technology and other essays*, Harper & Row trans., New York; HopperCollins Publishers, 1977, pp. 16-24.

바야흐로 지구를 구성하는 비인간 존재들을 향한 관심이 필요하다. 현실 세계만큼 중요해진 디지털 가상 세계에도 여러 형상의 디지털 존재들이 등장하고 있다. 이 글은 그러한 디지털 존재를 단순한 기술 이미지를 넘어 자가생성할 수 있다는 가정하에, 그레이엄 하먼Graham Harman과 레비 R. 브라이언트Levi R. Bryant가 주창한 '객체지향 존재론Object-Oriented Ontology(이하 OOO로 표기)'으로 풀어 보고자 한다. 'OOO'는 인간·사물·자연을 비롯한 모든 존재자를 관계주의적인 행위자actors로 간주하는 브뤼노 라투르Bruno Latour의 행위자-네트워크 이론Actor-Network Theory: ANT을 넘어, 그것을 '객체objects'라는 분리된 실재적 구성물로 바라본다.

이에 비인간 존재로 설정한 디지털 휴먼의 '존재론적 전회ontological turn'를 시도하기 위하여, ANT가 포괄하지 못하는 독립체entities의 내부적 실재성과 외부적 상호작용을 함께 살펴본다. 전통적 인식론에 따르면 디지털 휴먼은 인간과 대척점에 놓인 기술적 산물이지만, OOO에 의하면 특정한 역능이 내재된 객체이자 인간을 포함한 여타의 객체들—문화, 자연, 기술 등—과 상호 교란하고 간섭하는 역동적 객체가 될 수 있다. 따라서 휴먼의 대안적 주체로 재현된 시뮬라크르가 아닌, 디지털 네트워크를 부유하며 현실 세계에 영향을 미치는 인간-비인간의 탈경계적 존재로서 디지털 휴먼을 바라볼 것이다. 이를 위하여 ANT와 OOO를 비교하여 디지털 휴먼의 확장된 정의도 시도해 본다.

라투르의 '행위자'에서
하먼의 '객체'로

디지털 휴먼을 행위자가 아닌 객체로 설정하기 위하여, 먼저 하먼의 논지를 따라 ANT의 한계와 이를 보완하는 OOO를 비교해 보자. 객체지향 존재론은 객체에 관한 인간의 지식, 표상, 태도를 구별하고, 객체 그 자체에 주목한다. 따라서 주체의 개념은 소멸되고, 객체라는 단일한 종류의 존재들이 남게 된다. 이로 인해 객체는 인식론적 실재론에 대립하는 존재론적 실재론으로 연결된다.[3]

하먼은 《쿼드러플 오브젝트The Quadruple Object》(2010)에서 객체가 "그것들의 자율적 실재성에 의해서만 규정될"[4] 것이라면서, 아래와 같이 말한다.

객체의 정확한 의미는 점차 발전될 것이지만, 물리적이거나 실재적이지 않는 독립체들을 포함해야만 한다. 다이아몬드, 밧줄, 중성자와 더불어 군대, 괴물, 사각의 원, 실재적 국가와 허구적 국가의 연맹을 포함한다. 그 모든 객체는 그저 폄하되거나 치졸하고 가치 없는 것으로 환원되지 않은 채 존재론적으로 설명되어야 한다. … 모든 객체가 등등하게 실재적equally real이라는 것이 아니라, 그것들이 동등하게 객체equally objects라는 것이다.[5]

---

3 하승우, 〈객체지향 존재론: 밋밋한 존재론인가 대상지향 존재론인가〉, 《문화과학》 107, 2021, 183쪽.

4 Graham Harman, *The Quadruple Object*, Alesford, Hants: Zero Books, 2011, p. 19.

5 Graham Harman, *The Quadruple Object*, p. 5.

이에 반해 ANT는 모든 객체에게 행위를 실행하기만 하면 무엇이건 실재적인 행위자라는 동등한 지위를 부여한다. 그러나 하먼은 ANT가 객체를 행위로만 환원하면서 그 내부의 심연을 놓쳤다고 보았다.[6] 자신이 발생시키는 효과 이상의 실재성이 부여되지 않은 ANT와는 달리, OOO는 모든 객체가 동등하게 실재적이지 않을지라도 그것의 관계, 성질, 작용을 넘어서는 잉여물로 간주한다.[7] 이처럼 ANT 관련 학파들은 공통적으로 객체가 관계를 매개한다는 점과 행위주체성을 강조한다. 여기서 하먼은 다시 비판한다. 전자는 인간이 직접 개입되지 않은 객체들의 상호작용을 무시한다는 점이며, 후자는 객체가 오로지 행위를 실행하기 때문에 존재하는 행위자로만 여김으로써 존재가 행위에 앞선다는 사실을 간과한다는 것이다.[8]

이처럼 인간, 비인간, 자연물, 사회적 구성물을 행위함으로써 존재하는 행위자로 바라보는 ANT는 객체지향적이지만 관계주의적이므로 객체의 실재성에 있어 한계를 지닌다고, 하먼은 말한다. 대부분의 신유물론에 따르면 "모든 것은 뚜렷한 경계와 단절 지점을 갖기보다 오히려 연속적인 구배勾配를 따라 발생"[9]하는 반면, OOO는 "모든 것이 연속적인 구배를 따라 발생하기보다는 오히려 특정한 경계와 단절 지점에 의해 분할"[10]된다고 주장한다. 또한 OOO에서 객체는 "부분적으로 스스로를 다른 독립체와의 관계로부터 지연시키는 한편, 그것의 조각을 넘어서는

---

6 그레이엄 하먼, 《비유물론-객체와 사회 이론》, 김효진 옮김, 갈무리, 2020, 43~44쪽.

7 그레이엄 하먼, 《비유물론-객체와 사회 이론》, 45~46쪽.

8 그레이엄 하먼, 《비유물론-객체와 사회 이론》, 47~49쪽.

9 그레이엄 하먼, 《비유물론-객체와 사회 이론》, 59~60쪽.

10 그레이엄 하먼, 《비유물론-객체와 사회 이론》, 61쪽.

무언가로 나타난다."[11] 다시 말해 ANT는 그것들이 맺는 관계성을 중요하게 여기며, OOO는 근본적으로 단절되어 있다는 입장을 견지한다고 볼 수 있다.

이를 근거로 하먼은 라투르를 객체지향 철학의 선구자로 명명하되, 그가 말한 행위자 혹은 행위소 개념의 한계를 극복하고자 하였다. 하먼의 객체에 해당하는 라투르의 행위자는 매개자로서 그것의 실재적인 내부적 구성물이 아닌 다른 사물에 미치는 외부적인 관계적 효과에 주목하기 때문이다.[12] 아래 글은 창발emergence을 기능적인 문제로 바라보는 라투르의 관계주의적 입장을 보여 준다.

사물이 실재적이라는 유일한 이유가 그것이 어떤 다른 존재자를 변형시키거나 교란하기 때문이라면, 이는 사물이 자신이 다른 무언가에 영향을 미칠 때만 창발함을 의미한다.[13]

이와 같이 라투르는 크기나 복잡성에 상관없이 모든 행위소에게 동등한 존재 권리를 부여하고, 그것이 다른 사물들에게 어떤 종류의 영향을 미치는 한 모든 자연적 사물과 인공적 사물을 행위소로 여겼다.[14] 그러나 하먼은 사물의 잠재태가 부재한다고 보는 라투르의 견해에, 실제적 창발은 단순히 기능적이거나 관계적인 것이 아니라, 그것이 다른 것과 관계를 맺건 아니건 자율적 성질을 지닌 새로운 자율적 생성체로 간

---

11   Graham Harman, *The Quadruple Object*, Alesford, Hants; Zero Books, 2011, p. 19.

12   Graham Harman, *Prince of Networks-Bruno Latour and Metaphysics*, Melbourne; re. press, 2009, pp. 159-162.

13   Graham Harman, *Prince of Networks-Bruno Latour and Metaphysics*, p. 162.

14   Graham Harman, *Prince of Networks-Bruno Latour and Metaphysics*, p. 17.

주되어야 한다고 주장한다.[15] 또한 "명백한 것은 그들(객체들)의 형이상학적 평등성이다. 세계는 행위자들로 가득한 무대이다; 즉 철학은 객체 지향적 철학이다"[16]라고 하였다. 이러한 견해로 미루어 볼 때 라투르의 행위자보다 하먼의 객체는 독립체 그 자체의 실재성을 더욱 강조하는, 이른바 모든 것의 존재론이라고 할 수 있다.

그럼에도 불구하고 하먼은 라투르가 자연과 문화를 이분법적으로 구분해 온 근대적 구성을 대체하면서 모든 행위자를 똑같은 기본적인 구성물로 여기는 '평평한 모델flat model'을 제시했다는 점을 높게 평가한다. 라투르의 저서 《우리는 결코 근대인이었던 적이 없다Nous n'avons jamais été modernes》(1991)에서 이러한 논지를 찾아볼 수 있다. 라투르에게 있어 '근대적'이란 시간에 있어 새로운 체계, 가속, 파열, 혁명을 의미하는 것으로, 이를 실행하기 위해서는 '번역translation'과 '정화purification'의 두 가지 실천이 필요하다. 전자는 자연과 문화의 하이브리드를 만들어 내는 완전히 새로운 유형의 존재들 간 혼합을 뜻하며, 후자는 전적으로 구분되는 인간-비인간의 존재론적 지대의 창출을 의미한다.[17]

이처럼 ANT는 인간과 비인간 사이에 형성되는 행위자들의 연합association의 효과인 네트워크에 주목한다. 인간의 모든 행동은 인간 육체를 넘어 네트워크를 통해 생성되는 것이므로, 행위자는 언제나 행위자인 동시에 네트워크actor-network가 된다는 것이다.[18] 라투르의 또 다른 저서 《실험실 생활-과학적 사실의 구성Laboratory life-The Construction of

---

15 Graham Harman, *Prince of Networks-Bruno Latour and Metaphysics*, p. 163.

16 Graham Harman, *Prince of Networks-Bruno Latour and Metaphysics*, p. 16.

17 브뤼노 라투르, 《우리는 결코 근대인이었던 적이 없다》, 홍철기 옮김, 갈무리, 2009, 40~42쪽.

18 브루노 라투르 외, 《인간·사물·동맹 – 행위자네트워크 이론과 테크노사이언스》, 홍성욱 엮음, 이음, 2010, 46쪽.

Science Facts》(1979)에서도 이러한 견해가 유지된다. 그는 실험실 내의 관찰을 비롯한 과학적 행위에 영향을 미치는 사회적 요인들에 주목한다. 이를 질서와 무질서의 관계로 설명하면서, 조직적·체계적·논리적·일관적인 과학적 실천에는 질서를 산출하려는 과학자들의 무질서한 관찰이 수반된다고 보았다.[19] 그는 과학에서 무질서가 배제되는 것이 일반적 인식이지만, 정작 실험실의 구성원들은 우연, 변이, 서식처, 무질서와 같은 용어로 유기체를 설명한다는 사실을 지적하였다. 즉, 예외인 것은 질서이고 오히려 무질서가 규칙이며, 생명 역시 무질서를 향한 부(넥)엔트로피적nequentropic 사건이 된다는 것이다.[20]

또한 많은 독립체들은 인간과 비인간으로 이루어진 혼성체hybirds이므로 문화와 자연을 별개로 구분하기가 어렵다는 라투르의 논의에, 하먼은 지지를 표한다. 그러나 OOO는 혼성체라는 용어 대신 '구성체compounds'를 사용한다. 왜냐하면 모든 것을 복합체라고 할 경우, 자연과 문화가 항상 섞여 있다는 의미를 내포하기 때문이다. 하먼은 순수한 자연적인 독립체나 순수한 문화적 독립체도 존재한다는 점을 강조한다.[21]

모든 것은 행위자이고, 모든 관계는 호혜적이며, 모든 관계는 대칭적이자 동등하게 중요하다고 여기며, 서로 다른 유형의 존재자들을 구분할 수 없다고 보는[22] ANT와 달리, OOO에 따르면 존재자는 부분적으로 물러서 있는 객체이며, 객체들 사이의 관계는 비호혜적이거나 비대칭적

---

19 브루노 라투르·스티브 울거, 《실험실 생활 – 과학적 사실의 구성》, 이상원 옮김, 한울아카데미, 2019, 50쪽.

20 브루노 라투르 · 스티브 울거, 《실험실 생활 – 과학적 사실의 구성》, 329~330쪽.

21 Graham Harman, *Object-Oriented Ontology - A New Theory of Everything*, Pelican books, 2018, p. 57-58.

22 그레이엄 하먼, 《비유물론 – 객체와 사회 이론》, 158~166쪽.

일 수 있으며, 중요한 관계와 사소한 관계 사이에 차이가 존재하며, 객체의 서로 다룬 유형이나 집합을 분류하는 새로운 방식을 찾아낸다.[23]

OOO의 기본 원칙들

하먼의 저서 《Object-Oriented Ontology: A New Theory of Everything》(2018)에서는 OOO의 기본적인 원칙을 아래의 일곱 가지로 밝히고 있다.[24]

- 인간이건, 인간이 아니건, 자연적이건, 문화적이건, 실제이건, 허구이건, 모든 객체는 동등하게 주의를 기울여야 한다.
- 객체는 그 속성과 동일하지 않고 그 속성들과 팽팽한 관계를 맺고 있으며, 바로 이 긴장이 세상에서 일어나는 모든 변화의 원인이 된다.
- 객체는 두 종류로 나뉜다. 실재적 객체는 현재 다른 것에 영향을 미치든 그렇지 않든 존재하는 반면, 감각적 객체는 일부 실재적 객체와 관련해서만 존재한다.[25]
- 실재적 객체는 서로 직접적으로 관련될 수 없으며, 감각적 객체를 통해 간접적으로만 관련된다.
- 객체의 속성은 두 종류, 즉 실재적인 것과 감각적인 것으로 나뉜다.

---

23 그레이엄 하먼,《비유물론 – 객체와 사회 이론》, 167쪽.

24 Graham Harman, *Object-Oriented Ontology - A New Theory of Everything*, p. 9.

25 앞서 기술했듯 하먼은 모든 객체들이 동등하게 실재적이지 않더라도 모두 객체라는 점에서는 동등하다고 보았으며, 그러한 객체는 자율성을 지닌 실재적 객체와 자신과 마주치는 어떤 존재자에 의존성을 지닌 감각적 객체로 구분된다. 그레이엄 하먼,《비유물론 – 객체와 사회 이론》, 44~45쪽.

- 이 두 종류의 객체와 두 종류의 특성은 네 가지의 기본적인 순열로 이어지는데, 그것은 OOO가 시간과 공간의 근원으로서 다루는 것이며, 또한 둘은 본질과 형상으로 알려진 용어와 밀접하게 연관된다.
- 마지막으로 OOO는 일반적으로 철학이 수학이나 자연과학보다 미학과 더 밀접한 관계가 있다고 주장한다.

지금까지의 내용을 정리하면, OOO는 비록 ANT가 비인간 존재를 인간과 동등한 행위자로 격상시켰음에도 불구하고, 여전히 인간과의 관계에 주목했다는 점에서 그 한계를 극복하려 함을 알 수 있다. 이는 번역, 동맹, 네트워크처럼 인간과의 관계적 행위를 수행하면서 존재화된다는 관점으로부터 한 단계 나아간 것이라 할 수 있다. 왜냐하면 ANT의 행위자들 간 네트워크는 인간-비인간의 상호작용에서 발생하는 것이므로, 비인간 존재의 독립적 실재성이 배제된 관계주의적 입장이기 때문이다. 이러한 연유로부터 하먼은 행위 없이 실재하는 구성물로서 객체의 존재론적 위상을 논구하여, 인간-비인간 및 비인간-비인간 등 모든 객체들 간의 상호작용으로 나아간다.

따라서 OOO는 독립체 혹은 객체가 인간과의 관계뿐 아니라 그 자체로도 독립적으로 존재할 수 있다는, 객체의 존재론적 전회를 논구한—그의 표현대로 신유물론이 아닌—비유물론이다. 추후 디지털 휴먼의 존재론적 전회를 위해 OOO의 입장을 적용하는 이유는, 비인간 존재들 중 인간과 대단히 흡사한 디지털 휴먼을 인간과의 관계적 존재로 바라보는 동시에 독립적 실재성을 지닌 객체로 바라보기 위함이다. 디지털 휴먼은 인간과의 상호작용을 통해 존재화되는 행위자를 넘어, 인공지능을 비롯한 급변하는 기술 발전으로 말미암아 고유한 존재론적 위상을 지닌 또 다른 객체로 점차 더 인간화될 수 있기 때문이다.

하먼의 '사중구조'와
브라이언트의 '기계'

OOO를 이해하기 위하여, 하먼의 '사중 구조quadruple structure' 모델을 살펴보자. 하먼에 따르면 사중 구조는 네 개의 긴장인 시간, 형상, 공간, 본질을 유발한다. 먼저 감각 객체와 감각 성질의 '시간'의 축은 현존하지만 항상 우연적인 특징과 외관을 지니며, 감각 객체와 실재 성질의 축은 실재 '형상'들의 성질들이며, 실재 객체와 감각 성질의 축인 '공간'은 하이데거의 도구-분석의 주제로 감각적 현존으로 드러나며, 실재 객체와 실재 성질의 축인 '본질'은 다른 객체들과 서로 구분되는 것이다.[26]

하먼은 이러한 사중구조를 통해 두 가지 성질을 지닌 두 가지 객체를 제안한다. 사중 구조란 모든 경험으로부터 물러나는 '실재 객체real object', 지적으로 접근할 수 있는 '실재 성질real quality', 경험 속에서만 존재하는 '감각 객체sensitive object', 모든 경험에서 발견되는 '감각 성질sensitive quality'을 의미한다.[27] 이는 객체지향적 사유를 제안한 현상학의 두 거장 에드문트 후설Edmund Husser과 마르틴 하이데거Martin Heidegger로부터 영향을 받은 것이다.[28]

---

26   Graham Harman, *The Quadruple Object*, p. 50.

27   하먼의 사중 구조는 하이데거가 1949년 브레멘에서 강연한 '존재하는 것에 대한 통찰'의 핵심 개념으로 '땅, 하늘, 신들, 사멸하는 자들'이라는 사중fourfold의 형태와 관련된다. 이는 '은폐된 것/탈은폐된 것, 부재/현존, 물러난 것/치워진 것, 암시적인 것/명백한 것' 사이의 존재론적 차이와 구조를 다룬다. 부재와 현존 사이의 지속적 대립을 논하는 하이데거의 사중 구조는 각각 다음을 의미한다. 먼저 땅의 과제는 모든 접근으로부터 물러나는 것이며, 스스로 드러내기보다 암시만 주는 신, 뚜렷한 가시성에 대한 '로서-구조as-structure'와 연결되는 사멸하는 자들, 그리고 하늘은 땅의 끊임없는 물러남에 대립하는 명확히 가시적인 존재자를 가리킨다. Graham Harman, *The Quadruple Object*, pp. 83-84.

28   감각 객체는 최초의 객체지향 관념론자인 후설이 주장하는 바대로 지향하는 것은 의식 안

한편 하먼과 함께 OOO를 이끈 브라이언트는 하먼의 감각 객체를 '객체의 자기타자화'를 통해 설명한다. 그는 객체가 물러서 있는 동시에 자신을 타자화하는 것이 객체의 본질이라 하고, 이러한 상호 물러섬으로 인해 객체들은 서로 직접 만나는 것이 불가능하고 보았다.[29] 브라이언트는 '존재지도학Onto-Cartography'이라는 이론을 내세우면서, 객체라는 용어를 조작operation과 역능을 강조하는 기계로 대체한다. 이는 객체가 경험하는 주체와 결부된 개념으로 인식될 수 있으며, 일련의 성질이나 특성을 소유하는 술어적 서술의 주어로 여기도록 만드는 단점 때문이라는 것이다.

그가 정의 내린 기계란 "입력물에 변형을 가함으로써 출력물을 생산하는 조작들의 체계"이다. 이를 근거로 브라이언트는 객체를 '자기생산적 객체'와 '타자생산적 객체'로 구분한다. 먼저 자기생산적 객체란 자신의 구성 요소를 생산하면서 그 조직을 유지하기 위하여 노력하는, 즉 그것을 조성하면서 상호작용을 통해 자신을 생산하는 객체 혹은 기계[30]를 말한다. 반면 타자생산적 객체는 다른 것에 의해 생산되는 것으로, 일반적으로 생명이 없는 객체를 가리킨다.[31]

에 있는 것으로서, 경험의 내면에 존재하는 내재적 객체성을 지니는 지향적 객체와 그것의 변화하는 성질 사이의 긴장으로부터 도출한 개념이다. 즉, 후설의 객체는 의식에 있는 현상이자 순수한 감각적 다양체이다. Graham Harman, *The Quadruple Object*, p. 26–33. 역시나 객체지향적 사상가인 하이데거는 그의 도구-분석에 근거하여 후설의 감각 객체를 실재 객체로 대체한다. 그는 도구가 도구인 한에서 비가시적이며, 세계는 의식적 접근으로부터 물러나 있는 실재들로 구성된다고 보았다. 따라서 모든 사물은 손안에 있음과 눈앞에 있음이라는 두 가지 존재 방식을 공유한다. Graham Harman, *The Quadruple Object*, pp. 36–40.

29 레비 R. 브라이언트, 《객체들의 민주주의》, 김효진 옮김, 갈무리, 2021, 190쪽.

30 Levi R. Bryant, *Onto-Cartography-An Ontology of Machines and Media*, Edinburgh; Edinburgh University Press, 2014, pp. 37–38.

31 레비 R. 브라이언트, 《객체들의 민주주의》, 229~230쪽.

디지털 휴먼이란
무엇인가?

OOO를 토대로 디지털 휴먼의 존재론적 전회를 시도하기 위하여, 먼저 디지털 휴먼에 관해 살펴보자. 1998년 한국의 최초 디지털 휴먼인 아담과 2022년 4월 등장한 유아YuA 등, 디지털 휴먼은 여러 영역에서 인간과 유사한 행위를 해 왔다. 디지털 휴먼은 인간과 동일한 외형과 표정을 지닌 가상 인간으로 등장하여 아이돌 가수, 브랜드 모델, 아나운서, 쇼호스트 등의 인플루언서로 활동하면서, 현실 세계의 인간 일상에 큰 영향을 미치고 있다.

디지털 휴먼의 정의로는 ① 가상 공간에서 마치 실제로 존재하는 사람처럼 움직임을 재현하는 디지털 기술로 만들어진 사람과 동일한 외형을 갖추고 있는 가상 인간, ② 컴퓨터에 의해 만들어진 사람 형상의 3D 모델로 인간의 대체물, 사용자의 아바타, 실사화 구현 등에 사용되며, ③ 특정 업무를 수행하는 대표 작업자들의 신체 특징, 자세 및 모션 등을 모사할 수 있는 객체, ④ 일반 인간과 소통 가능한 사람 외형의 디지털 데이터, ⑤ 인간의 모습과 언어 행동을 사실적으로 모사한 3D 인간 모델 등이 있다.[32]

---

32 각 정의는 다음의 논문을 참고하기 바란다. 남현우, 〈디지털 휴먼 개발 기술의 현황과 전망〉, 《정보와 통신》 39-5, 2022, 68쪽; 곽보은·정상훈·허정윤, 〈서비스 분야에서 가상 인간의 비언어적 표현 방법 도출을 위한 청취 행태 연구〉, 《디자인융복합연구》 21-4, 2022, 37쪽; 강수호·손미애, 〈온톨로지 기반 디지털 휴먼모델의 작업 적응성 제고 방안 연구〉, 《한국 CDE학회 논문집》 17-2, 2012, 79쪽; 정태섭, 〈'디지털 휴먼'의 인문적 고찰〉, 《차세대융합 기술학회논문지》 6-9, 2022, 1766쪽; Bomi Choi, Seojin Jang and Hyunmmin Kang, "Effect of anthropomorphism level of digital human banker speech on user experience: Focusing on social presence, affinity, trust, perceived intelligence, and usefulness", *The Journal of the Convergence on Culture Technology* 8-4, 2022, pp. 469-476.

상기한 내용들로부터 디지털 휴먼은 3D 기술을 기반으로 인간의 형상으로 유사한 행위를 수행하면서 상호작용하는 디지털 존재라는 공통점이 도출된다. 상호작용을 위한 얼굴 이미지 생성 기술의 대표적인 예로—다층의 인공 신경망 하나를 학습하는 딥러닝Deep Learning과 달리—랜덤 분포 기반의 2차원 얼굴 이미지 생성법인 '적대적 신경망Generative Adversarial Networks: GANs'을 들 수 있다. GANs는 인공 신경망이 다양한 노이즈의 입력을 받은 후, 기존에 존재하지 않는 새로운 이미지를 생성해 내거나 입력된 이미지·비디오를 다른 형태나 정보를 지닌 이미지·비디오로 변환하는 기술을 말한다.[33]

그런데 이러한 기술을 처음 만드는 객체는 인간이지만, 입력된 이미지의 생성·변환 작업을 시행하는 컴퓨터 혹은 프로그램 역시 객체가 될 수 있다. 왜냐하면 그것은 기술적으로 자기생성을 수행하는 일종의 기술적 장치 혹은 기술적 프로그램이라는 존재론적 위상을 지니기 때문이다.

OOO에 의한
디지털 휴먼의 확장

상술한 하먼의 사중 구조에 디지털 휴먼을 적용하면, 먼저 그것은 인식의 영역 내에서만 존재하는 '감각 객체-실재 성질'의 축인 형상으로 간주할 수 있다. 앞서 보았듯 감각 객체는 지각하는 행위자agent(예를 들

---

33 조영주·배강민·박종열, 〈GAN 적대적 생성 신경망과 이미지 생성 및 변환 기술 동향〉,《전자통신동향분석》35-4, 2020, 92쪽.

어 인간)의 경험 속에서만 존재하면서, 지적으로 접근할 수 있는 객체이다. 따라서 감각 객체-실재 성질을 지닌 존재로 디지털 휴먼을 규정할 경우, 이는 상기한 내부적 실재성보다 관계적 행위성에 주목한 것이다. 그러므로 이러한 입장은 OOO보다 ANT에 더 가깝다. 또한 브라이언트의 주장을 따르면, 디지털 휴먼은 인간에 의해 생산된 생명이 없는 객체이므로 타자생산적 객체에 해당한다.

다음으로 디지털 휴먼은 '실재 객체-감각 성질'의 공간 축으로 확장될 수 있다. 이는 디지털 휴먼을 실재적 구성물로 바라보는 관점으로, 하이데거의 도구-분석의 축에 따라 현존과 경험으로부터 물러나 있으나 때로는 불러 냄에 의해 드러나기 때문이다.[34] 하이데거의 논지를 따르는 이러한 실재 객체-감각 성질의 공간 축은 "접근할 수 있는 영역 너머에 놓인 실재 객체와 마주칠 때만 존재하는 그것의 감각 성질 사이의 긴장"[35] 이다. 감각의 장에는 존재하지 않는 실재 객체는 감각 성질과의 융합을 통해서만 드러나는 것이다. 따라서 디지털 휴먼의 융합은 다름 아닌 물러나 있는 실재 객체(디지털 휴먼)와 접근 가능한 표면 성질(디지털 인터페이스)의 공간 사이에서 이루어지는 상호작용으로 볼 수 있다.

물론 디지털 휴먼은 유기체가 아닌 일종의 사물이지만, 이러한 해석은 브라이언트가 말한 자기생산적 객체와 유사점을 공유한다. 남현우의 연구에 의하면, 최근 디지털 휴먼의 상호작용은 사용자와 대화하기, 사

---

34 하이데거는 사물 그 자체를 논하면서 단지의 사례를 든다. 즉, 일종의 사물로서의 단지는 도공에 의해 제작되어 그릇으로 존재하는 것이 아니라, 그러한 그릇이기 때문에 제작되어 야 한다는 것이다. 이는 단지의 고유함을 강조한 것으로, 이러한 사유를 디지털 휴먼이라는 디지털 사물에 적용하면 위와 같은 존재론적 전회를 시도할 수 있다.

35 Graham Harman, *The Quadruple Object*, p. 103.

용자의 지시/명령대로 행동하기, 주위 환경과의 상호작용[36] 등과 같은 적극적인 행위들로 나타나고 있다. 이처럼 인공지능이 더욱 발전하여 디지털 휴먼의 행위 혹은 상호작용의 방식이 확장된다면, 그것은 자기생산적 객체의 특성을 일정 부분 공유할 수도 있을 것이다.

한편 브라이언트에 의하면, 자기생산적 객체는 정보[37]를 통해서 특정한 방식으로 현실화될 수 있는 동시에, 존재의 내재적인 조작을 통해서도 스스로 현실화할 수 있다. 반면 타자생산적 객체는 오로지 정보를 통해서만 현실화된다.[38] 그런데 객체나 실체의 조작적으로 닫힌 특성—자기생산적 객체의 조작적 폐쇄성—으로 인해 객체가 자신과만 연관된 것뿐이라면, 객체들의 상호작용이 문제시된다. 이에 브라이언트는 그것을 정보라는 개념으로 풀어 나간다. 즉 실체들은 서로에 대해 닫혀 있지만, 교란되거나 자극받는 체계[39]에 의해 정보가 산출된다는 것이다.[40]

---

36 남현우, 〈디지털 휴먼 개발 기술의 현황과 전망〉,《정보와 통신》39(5), 2022, 71~72쪽.

37 전통적인 정보이론은 클로드 섀넌Claude E. Shannon이 말한 "Is(r) = I(r) − noise (or, I(s) − equivocation)"이다. 이 공식은 수신된 정보의 양은 받은 정보의 양에서 노이즈를 제거한 양이라는 것을 의미한다. 이는 노이즈를 최대한 줄이며 정보를 그대로 전달하는 것에 주목한 것이다. 여기서 I는 정보Information, S는 정보원Source, R은 수신기Receiver를 가리킨다. Claude E. Shannon & Warren Weaver, *Mathematical Theory of Communication*, University of Illinois Press, 1963, p. 31.

38 레비 R. 브라이언트,《객체들의 민주주의》, 김효진 옮김, 갈무리, 2021, 230쪽.

39 여기서 체계는 니클라스 루만Niklas Luhmann의 체계 이론에서 영향을 받은 용어이다. 기존의 이론들이 요소들 및 그 관계를 정태적 관점에서 사유했다면, 루만의 체계는 작동을 중심으로 하는 역동적 이론이다. 즉, 체계는 요소들 간 관계의 결과가 아니라, 작동들의 순차적인 이어짐이다. 니클라스 루만,《사회적 체계들 − 일반이론의 개요》, 이철·박여성 옮김, 한길사, 2020, 21~22쪽. 이러한 작동 원리는 주체/객체 혹은 참/거짓의 이분법적 도식처럼 자기 준거에만 의존하는 주체와 다르며, 환경으로부터 자신을 구분하는 작동들의 연속인 자기생산체계로서 전통적인 존재론적 사고를 해체한다. 니클라스 루만,《사회적 체계들 − 일반이론의 개요》, 34쪽.

40 레비 R. 브라이언트,《객체들의 민주주의》, 215쪽.

객체들은 이러한 정보를 통해서 상호작용하는데, 중요한 점은 정보가 체계에 의해 구성된다는 사실이다.

정보는 순전히 체계 특정적이고, 단지 특정한 체계나 실체의 내부에서 현존할 따름이며, 오로지 그 체계 또는 실체에 대해서 현존할 뿐이다. 요약하면 선재하는 정보는 전혀 없다. 오히려 정보는 체계에 의해 구성된다. … 따라서 정보는 그것을 경험하는 체계와 독립적으로 세계 속에 현존하는 것이 아니라, 오히려 그것을 경험하는 체계에 의해 구성된다.[41]

상기한 논지를 좇으면 디지털 휴먼 역시 그가 생산한 정보를 통해 인간과 상호작용한다. 또한 디지털 휴먼이 생산하는 정보는 그것을 경험하게 하는 가상 세계의 체계에 의해 구성되며, 다른 객체(인간 등)와 상호작용한다. 인간, 기계, 자연을 포괄하는 시스템 내부의 제어와 통신, 즉 커뮤니케이션과 피드백을 종합적으로 연구하는 '사이버네틱스Cybernetics' 이론의 주창자인 노버트 위너Norbert Wiener도 정보를 "우리가 외부 세계에 적응하고 또 우리의 적응이 외부 세계에 감지되는 상황에서 외부 세계와 교환되는 내용을 일컫는 말"[42]이라고 규정한 바 있다.

그런데 한 연구는 디지털 휴먼을 포함한 디지털 이미지를 이용하여 만든 영상에서 가상과 실재 사이의 존재론적인 중첩이 발생할 수 있다

---

[41] 레비 R. 브라이언트, 《객체들의 민주주의》, 216~218쪽. 브라이언트는 이를 자신이 고양이와 맺는 관계로 설명한다. 즉, 고양이가 자신에게 비벼 대거나 뛰어오르면 이는 일종의 상호작용으로서의 교란인데, 그것을 정보로 번역함으로써 애정의 기호가 된다는 것이다. 레비 R. 브라이언트, 《객체들의 민주주의》, 215쪽.

[42] 노버트 위너, 《인간의 인간적 활용: 사이버네틱스와 사회》, 이희은 · 김재영 옮김, 텍스트, 2011, 23쪽.

고 보았다. 이는 디지털 이미지와 실사 이미지 사이에 존재하는 감성적 교합을 강조한 것이다. 즉, 디지털 휴먼의 기술 이미지는 단순한 몽타주 방식이 아닌 디지털 아우라를 지닌 가상의 합성 이미지로서, 인간에게 감정의 전달과 이입을 발생시킨다는 것이다.[43] 이러한 감정적 상호작용은 브라이언트가 말한 일종의 교란인데, 이는 양자 사이에 발생하는 디지털 기호를 상기한 정보로 번역함으로써 이루어진다.

위의 인용문에서 언급되었듯이 정보는 디지털 휴먼과 인간이 경험하는 특정한 체계 내에서 구성된다. 따라서 그러한 경험적 환경으로서의 체계는 디지털 휴먼이 존재하는 가상 세계와 인간이 존재하는 현실 세계의 이중적 공간에서 구성된다. 이는 공간적 중첩이 선재해야만 정보가 번역된다는 것을 의미한다.

디지털 휴먼, 관계적 행위자인가
혹은 실재적 구성물인가?

지금까지의 내용을 정리하면, OOO은 여타의 신유물론보다 객체 그 자체의 독립적 실재성을 강조한다. 기존의 신유물론이 인간중심의 주체적 사고를 전복하고 모든 비인간의 행위성을 기반으로 동등한 지위를 부여했다면, OOO은 인간과의 상호작용을 일으키는 행위성뿐 아니라, 그 자체로—하이데거의 도구-분석처럼—뒤로 물러나 있다가 재등장하는 객체의 존재론적 위상을 강조한다. 다시 말해 OOO는 비인간적 존재

---

[43] 정태섭, 〈 ' 디지털 휴먼 ' 의 인문적 고찰〉, 《차세대융합기술학회논문지》 6-9, 2022, 1768쪽.

들의 행위성을 강조한 ANT가 포괄하지 못하는 객체 그 자체의 독립적 실재성에 주목한다. 디지털 휴먼은 행위를 통해 인간과 상호작용하는 존재이지만, 나아가 그 자체로 디지털 가상 세계에 내재하다가 인간의 불러 냄에 의해 등장하는 객체가 될 수 있기 때문이다.

상술한 두 가지 관점에 따라, 디지털 휴먼은 아래의 〈표 1〉과 같이 규정될 수 있다.

| 표 1 | 디지털 휴먼의 존재론적 전회

타자생산적 객체		(디지털화된) 자기생산적 객체	
후설의 현상학 (형상의 축)	감각 객체(SO)-실재 성질(RQ)	하이데거의 도구-분석 (공간의 축)	실재 객체(RO)-감각 성질(SQ)
OOO & ANT	관계적 행위성	OOO	내부적 실재성

위의 〈표 1〉을 다시 서술하면, 아래와 같이 디지털 휴먼의 확장된 정의를 시도할 수 있다.

① 디지털 휴먼을 관계적 행위자로 바라볼 경우
: 디지털 휴먼이란 3D 기술로 생성된 휴먼 형상의 디지털 데이터로서, 경험 속에 존재하면서 지적으로 접근 가능하며 정보의 교환으로 현실화되는 (감각 객체-실재 성질의 타자생산적) 객체이다.

② 디지털 휴먼을 실재적 구성물로 바라볼 경우
: 디지털 휴먼이란 3D 기술로 생성된 휴먼 형상의 디지털 유기체로서, 스스로 존재하거나 경험 가운데 등장하면서 자기생성하는 (실재 객체-감각 성질의 자기생산적) 객체이다.

에드가 모랭Edgar Morin은 사이버네틱스를 주체의 이성적 생각이 아닌 생리학적 자기조직self-organization이 자기의식self-consciousness/self-awareness 으로 연결되는 이론이라 하였다.[44] 이러한 논지를 좇으면, 사이버네틱스가 말하는 기계 혹은 인간은 전술한 브라이언트의 자기생산적 객체(기계)와 유사하다. 비록 유기체적·생리학적 자기조직 시스템이 없는 디지털 휴먼일지라도 인간의 통제나 제어를 벗어난 자동생성 데이터로 대화·행동·환경에 반응할 경우, 디지털 시스템으로 작동되는 자기조직과 자기의식의 확장으로 볼 수 있기 때문이다. 따라서 디지털 휴먼의 디지털화된 자기조직·자기생성 기능이 강화될 경우, 두 번째 정의에 더 근접하게 될 것이다.

공생과 유대의 객체로서 디지털 휴먼

미술사학자 W.J.T. 미첼W.J.T. Mitchell은 이미지를 '욕망을 지닌 살아 있는 유기체'로 보고, "욕망은 그 자체로 볼 수 없으며 보여 줄 수도 없지만, 예술은 이러한 금지를 거부하며 욕망 자체의 대상뿐 아니라 욕망의 얼굴과 욕망의 장면과 형상 등을 묘사하려 한다"[45]고 말한 바 있다. 이 글은 비인간 존재를 인간 존재와 유사한 행위자로 바라보는 신유물론의 일반적 논의에서 나아가, 인간의 욕망이 투영된 디지털 기술 이미지

---

44   Edgar Morin & Robin Postel, *On Complexity*, New York; Hampton Press, 2008, p. 23.

45   W. J. T. Mitchell, *What do pictures want? - The lives and loves of images*, Chicago; The University of Chicago Press, 2005, p. 57.

인 비인간 존재로서의 디지털 휴먼을 독립적 실재성을 지닌 객체로 바라보고자 하였다. 이는 디지털 가상 세계에 거주하며 인간을 비롯한 객체들과 존재화되고 행위하는 객체로서 디지털 휴먼을 논구한 것이다. 이러한 논의를 통해 디지털 휴먼에 관한 확장된 정의를 시도하고, 인간의 통제와 제어로부터 벗어나 자율적으로 자기조직하고 자가생성하는 디지털 휴먼의 미래에 관한 짧은 기술적 상상을 시도하였다.

인간 행위의 고유 영역인 글쓰기가 인공지능에 의해 대체될 것이라는 우려가 커지고 있다. 앞으로 일어날 변화는 예측 불허하나, 새로운 현상이 나타날 경우 과거의 유사한 사례를 상기할 필요가 있다. 역사적으로 기술적 장치가 인간의 글쓰기에 개입된 것은 타자기와 컴퓨터의 등장이었다. 타자기는 기계에 의해 글의 내용과 그것을 구상하는 인간 사유 형식의 변화를 초래하였다. 이에 관해 프리드리히 키틀러Friedrich A. Kittler는 "글을 쓰는 도구가 우리(인간)의 사유에 영향을 끼친다"[46]는 프리드리히 니체Friedrich Nietzsche의 말을 인용하면서, 인간의 글쓰기 행위에 기계적 기능이 개입함으로써 다른 양상의 사유와 선별된 글쓰기를 하게 되었다고 말했다. 이는 타자기를 거쳐 컴퓨터의 사용으로 더욱 강화되었으며, 이제 인공지능이 그것을 더욱 새로운 양상으로 대체하고 있다. 그렇다면 이러한 역사의 변화와 기술의 발전을 어떻게 바라보아야 할 것인가?

앞서 다룬 디지털 휴먼은 인간의 형상을 기술적 이미지로 재현한 것에 한정하였다. 그러나 반드시 외적인 인간의 형상을 닮지 않더라도, 컴퓨터 프로그램의 형태로 인간을 대체하는 포스트-디지털 휴먼의 등장

46　Friedrich A. Kittler, *Gramophone, Film, Typewriter*, Geoffrey Winthrop-Young and Michael Wutz trans., Stanford Univ. Press, 1999, p. 200.

을 예견할 수도 있다. 이미 케서린 헤일스Katherine Hayles는 이러한 맥락에서 인간을 다음과 같이 규정한 바 있다. "인간은 우주적인 컴퓨터에서 작동하는 프로그램이며, 인공 생명 프로그램을 운영하는 지능적인 컴퓨터를 만들 때 자기 자신을 존재하게 만든 과정을 다른 매체에 똑같이 복제하는 것이 된다"[47] 앞으로 디지털 휴먼을 포괄하는 포스트-디지털 휴먼은 인간 존재의 전통적 규정을 해체하는 것은 물론이고, 모든 기술적 조건 하에서 그 의미를 다시 확장해 나갈 것이다.[48]

언어는 문화의 대표적인 상징적 생산물이다. 또한 글쓰기의 주체가 바뀐다는 것은 문화적 생산물의 주체가 대체된다는 것을 의미한다. 인공지능을 활용한 글쓰기는 여전히 인간의 행위가 선재되어야 가능하지만, 글을 쓰는 과정에서 형성되는 인간의 고유한 상상력이 감소되는 것은 사실이다. 따라서 디지털 휴먼이나 인공지능을 포괄하는 포스트휴먼은 인간과 더불어 문화적 실천 행위의 상호주체적 존재이자 역동적 객체로서의 창작자가 되는 셈이다. 그 존재와 행위를 두려움으로만 바라보기에는 이미 그들이 인간과 마주하고 있다.

디지털 휴먼을 OOO에서 주장한 객체로 바라보는 의견이 급진적일 수 있다. 그러나 COVID-19와 기후변화를 비롯하여 지구 곳곳에서 일어나는 강진 등, 여러 형태의 생태학적 위기와 전 지구적 공포에 직면한 작금의 시대는, 인간과 긴밀히 얽혀 있는 비가시적·비인간적 존재에 관한 확장된 사유와 기획을 요청한다. 디지털 휴먼을 비롯한 비인간 객체

---

47 캐서린 헤일스, 《우리는 어떻게 포스트휴먼이 되었는가: 사이버네틱스와 문학, 정보 과학의 신체들》, 허진 옮김, 플래닛, 2013, 426쪽.

48 이에 관한 논의는 다음의 졸고를 참조하기 바란다. 김소영, 〈포스트휴먼에 관한 존재론적 해석: 〈공각기동대〉, 〈이노센스〉, 〈아바론〉을 중심으로〉, 《영상문화》33, 2018.

들이야말로 앞으로 더욱 활발하게 인간과 상호작용하거나, 인간을 대체
하는 행위를 수행하는 존재가 될 수 있기 때문이다. 이제 모든 객체들과
의 공생과 유대는 필수적이며, 만물의 영장으로 군림해 온 인간은 그러
한 기획을 위한 조율과 파종의 책임을 부여받은 존재임에 분명하다.

참고문헌 ───────────────────────────────────

강수호·손미애, 〈온톨로지 기반 디지털 휴먼모델의 작업 적응성 제고 방안 연구〉,
  《한국CDE학회 논문집》 17-2, 2012.
곽보은·정상훈·허정윤, 〈서비스 분야에서 가상 인간의 비언어적 표현 방법 도출을
  위한 청취 행태 연구〉, 《디자인융복합연구》 21-4, 2022.
그레이엄 하먼, 《비유물론-객체와 사회 이론》, 김효진 옮김, 갈무리, 2020.
김소영, 〈포스트휴먼에 관한 존재론적 해석: 〈공각기동대〉, 〈이노센스〉, 〈아바론〉을
  중심으로〉, 《영상문화》 33, 2018.
남현우, 〈디지털 휴먼 개발 기술의 현황과 전망〉, 《정보와 통신》 39-5, 2022.
니클라스 루만, 《사회적 체계들 – 일반이론의 개요》, 이철·박여성 옮김, 한길사, 2020.
레비 R. 브라이언트, 《객체들의 민주주의》, 김효진 옮김, 갈무리, 2021.
마르틴 하이데거, 《강연과 논문》, 이기상·신상희·박찬국 옮김, 이학사, 2008.
브루노 라투르 외, 《인간·사물·동맹 – 행위자네트워크 이론과 테크노사이언스》, 홍
  성욱 엮음, 이음, 2010.
브루노 라투르·스티브 울거, 《실험실 생활 – 과학적 사실의 구성》, 이상원 옮김, 한울
  아카데미, 2019.
브뤼노 라투르, 《우리는 결코 근대인이었던 적이 없다》, 홍철기 옮김, 갈무리, 2009.
윤주홍·권용훈·박민규·김제우, 〈디지털 휴먼을 위한 인간 3차원 모델링, 감정 인식
  및 행동 상호작용 관련 기술 동향〉, 《정보와 통신》 39(5), 2022.
정태섭, 〈'디지털 휴먼'의 인문적 고찰〉, 《차세대융합기술학회논문지》 6-9, 2022.
조영주·배강민·박종열, 〈GAN 적대적 생성 신경망과 이미지 생성 및 변환 기술 동
  향〉, 《전자통신동향분석》 35-4, 2020.
하승우, 〈객체지향 존재론: 밋밋한 존재론인가 대상지향 존재론인가〉, 《문화과학》
  107, 2021.

Bryant, Levi R., *Onto-Cartography-An Ontology of Machines and Media*,
  Edinburgh; Edinburgh University Press, 2014.
Choi, Bomi, Seojin Jang and Hyunmmin Kang, "Effect of anthropomorphism

level of digital human banker speech on user experience: Focusing on social presence, affinity, trust, perceived intelligence, and usefulness", *The Journal of the Convergence on Culture Technology* 8-4, 2022.

Harman, Graham, *Object-Oriented Ontology - A New Theory of Everything*, Pelican books, 2018.

Harman, Graham, *Prince of Networks-Bruno Latour and Metaphysics*, Melbourne; re.press, 2009.

Harman, Graham, *The Quadruple Object,* Alesford, Hants; Zero Books, 2011.

Heidegger, Martin, *The question concerning technology and other essays*, Harper & Row trans., New York: HopperCollins Publishers, 1977.

Kittler, Friedrich A., *Gramophone, Film, Typewriter*, Winthrop-Young, Geoffrey & Michael Wutz trans., Stanford Univ. Press, 1999.

Mitchell, W. J. T., *What do pictures want? - The lives and loves of images*, The University of Chicago Press, 2005.

Morin, Edgar and Robin Pstel, *On Complexity*, New York; Hampton Press, 2008.

Morton, Timothy, *Humankind - Solidity with Nonhuman People*, New York; Verso, 2017.

인류세의
인프라

2025년 12월 31일   초판 1쇄 발행

지은이 | 김태희 최일만 심효원 김희원 김성은
        고봉준 최인호 박성우 김은주 김소영
펴낸이 | 노경인 · 김주영

펴낸곳 | 도서출판 앨피   출판등록 | 2004년 11월 23일
주소 | (01545) 경기도 고양시 덕양구 향동로 218(향동동, 현대테라타워DMC) B동 942호
전화 | 02-710-5526   팩스 | 0505-115-0525   블로그 | blog.naver.com/lpbook12
전자우편 | lpbook12@naver.com

ISBN 979-11-92647-79-1